MES VIES SECRÈTES

DOMINIQUE BONA
de l'Académie française

MES VIES
SECRÈTES

GALLIMARD

« Ô vie ! Tu n'es que signes, masques et symboles : et peut-être qu'un jour nous saurons de quoi. »

Paul-Jean TOULET

1

Le soleil de Majorque

J'étais nue, complètement nue, au milieu de gens nus, sur le pont d'un bateau écrasé de soleil, au large de Majorque. Situation inhabituelle pour une ancienne élève du cours Dupanloup, élevée par les religieuses en cornette de la congrégation des Dames de Saint-Maur. J'avais une excuse, d'ordre professionnel : j'écrivais une biographie de Romain Gary.

Loin de me confiner dans l'univers austère et poussiéreux des archives, associé à ce genre d'entreprise, j'étais venue poursuivre mon travail dans cette île des Baléares, plus fameuse pour son chaud climat, ses fêtes nocturnes et la passion torride de ses amants légendaires que propice à l'étude. Gary avait eu une maison, à Port d'Andratx, au sud-ouest de Palma. Réfugié dans un bout du monde, où il fuyait les critiques littéraires malveillants et les tracas de la célébrité, il avait aimé ce petit paradis et, dans les années soixante, soixante-dix, il y avait eu des amis.

Autour de moi, sur le bateau, on parlait russe, allemand, anglais, espagnol. Les six à huit personnes à bord se

11

comprenaient parfaitement dans ces divers langages. Invités comme moi à une croisière improvisée, tous habitaient l'île à l'année et partageaient le même exil sans fin. Un exil insouciant et oisif qui me charmait, en bousculant mes repères.

Nicole Otzoop était à la barre. Cette grande femme, à la chevelure grisonnante, qui devait dépasser le mètre quatre-vingts, belle encore avec ses longues jambes et ses bras de déesse, me paraissait très âgée — je n'avais pas trente ans. J'avais fait sa connaissance la veille, sur la terrasse du petit hôtel où j'avais posé mes valises. Son apparition, semblable à celle d'une goélette, avait fait tourner vers elle toutes les têtes qui jusque-là contemplaient les yachts somptueux amarrés au quai et leurs équipages en uniformes d'opérette. On aurait cru qu'elle était poussée par les alizés. Nous avions visité ensemble les environs, les collines couvertes de maquis où se cachent, avec pelouses et piscines, les maisons de Palma. Elle m'avait conduite jusqu'à celle de Gary, baptisée *Cimarron* — cheval sauvage, en espagnol. Puis j'avais dîné chez elle, et elle m'avait ensuite ramenée à mon hôtel où j'avais passé une nuit bercée par les soupirs d'amour de mes voisins de chambre. Le matin, qui commence tard en Espagne, elle était revenue me chercher mais cette fois avec son bateau, un vieux pointu qu'elle chérissait. J'allais vite comprendre que Nicole Otzoop — comme Romain Gary — était amoureuse de la mer, qui la rappelait sans cesse à elle. Sur terre, elle n'était qu'impatience, sur mer une autre femme.

Elle avait sorti le *Maria Dolorès* du port avec la poigne

d'un marin de métier et le poussait vers le large. Le relief tourmenté de la côte, découpée de rochers rouges et parsemée d'innombrables îlots, n'avait pas de secrets pour elle. Certains de ces îlots appartenaient aux contrebandiers : elle n'y accostait pas. D'autres étaient peuplés de *dragones*, des lézards géants, tout aussi redoutables. Elle choisissait les criques à l'abri de ces dangers où s'ébauchaient des romans d'aventures. Sitôt l'ancre jetée, elle mettait un masque, enfilait des palmes et, armée d'un couteau, sautait dans un grand jet d'écume pour aller pêcher notre déjeuner : des coquillages, des oursins, des violets. Nous lézardions sur le pont. Il y avait là un photographe allemand, assez beau, quoique déjà dans la cinquantaine. Son Leica en sautoir autour du cou, il photographiait tout, non seulement la mer et les îles, mais aussi les passagers et de préférence les passagères — il est possible que mon corps nu soit resté quelque temps dans sa collection, parmi une kyrielle de jeunes femmes blondes et bronzées, si nombreuses à Palma. Autre silhouette anonyme — je n'ai jamais su les noms de mes compagnons d'un jour —, une jeune danseuse, d'une troupe de Madrid, aux yeux cernés de mauve et aux bras d'une maigreur squelettique. Elle avait plutôt l'allure d'un mannequin, arborait sa nudité comme une jolie robe et prenait des poses. Un très jeune homme, aux fines moustaches, ne la quittait pas des yeux. Mais il accompagnait une grosse dame, de l'âge de Nicole, à laquelle il devait servir d'escorte. Elle arborait des lunettes papillon à la Peggy Guggenheim et des seins tout aussi peu discrets, probablement refaits — les premiers que je voyais. Le jeune homme, curieusement, quand il s'allongeait au soleil, posait son chapeau de paille sur son sexe. Nous n'avons pas échangé dix phrases au cours de la journée. Toute élévation intellectuelle était proscrite. Toute conversation aurait paru factice. Il n'y avait d'important que le soleil. Nous nous jetions parfois à l'eau pour faire quelques brasses, puis remontions par l'échelle pour bronzer pile et face. C'était une belle journée de vacances : j'en oubliais le livre qui restait à écrire. En fait de vin rosé, nous buvions du jus de groseilles ! Quand Nicole remontait parmi nous avec son précieux butin, elle s'enveloppait le bas du corps dans un jupon de gitane. À bord, elle était la seule à garder son maillot. Nous repartions un peu plus loin, en suivant la courbe du soleil.

Dans une précédente existence, Nicole Otzoop avait été danseuse aux Folies-Bergère. Elle avait fini sa carrière à Madrid comme entraîneuse de Bluebell Girls. Depuis, elle avait pris du poids et quand elle nageait pour gagner le rivage à coups de crawl, sa puissance athlétique ne se souvenait plus de sa grâce de ballerine. Mais son rire en cascades, qui survenait à tout propos, donnait envie de rire avec elle. Cette femme chaleureuse m'avait prise sous son aile, dès notre première rencontre. J'avais l'impression de l'avoir toujours connue. Le pointu, qui est une sorte de barque de pêche à la proue effilée, lui appartenait : en bois noirci, presque vermoulu, si rustique en comparaison des riches embarcations qui fréquentent Port d'Andratx, je le revois exactement comme si c'était hier, avec ses voiles blanches, dans la lumière violente et crue.

C'est son mari, Pedro Otzoop, qui avait construit la maison de Gary. En première ligne, au milieu d'un terrain sec, planté de cactus, qui s'en allait vers l'eau et finissait en plage, elle ressemblait aux autres maisons blanches de la côte, piscine comprise, avec cette particularité : Gary y avait fait adjoindre une tour, véritable donjon où il s'enfermait pour écrire, en regardant la mer. Moins pour réaliser un rêve de gosse que pour mieux s'isoler. La solitude qu'il recherchait commençait insidieusement à le ronger. Les murs blanchis à la chaux qui entouraient le domaine renforçaient son isolement et protégeaient sa famille des regards indiscrets. À Palma, toujours amoureux de Jean Seberg — leur fils Diego venait de naître —, Gary pouvait encore croire au bonheur. Il se baignait devant la maison, nageait longtemps, puis remontait se sécher sur le toit — un toit plat en forme de terrasse, où il pratiquait lui aussi le bronzage intégral. Nicole m'avait raconté tout ça, en s'arrêtant devant le portail. Les nouveaux propriétaires étant absents, nous ne sommes pas entrées.

La villa des Otzoop se trouvait non loin de *Cimarron*. J'y avais passé la soirée, la veille, dans l'espoir vite déçu de faire avancer mon enquête. Une enquête qui prenait des chemins de plus en plus buissonniers. Malgré son prénom trompeur, Pedro Otzoop était russe, né à Saint-Pétersbourg. Il avait en commun avec Gary un destin cosmopolite et une vocation de citoyen du monde. Après Berlin, après Madrid où il avait connu Nicole, il s'était fixé aux Baléares. Devenu une star, cet ancien élève du Bauhaus construisait sur l'île les maisons des stars. Avec

15

Nicole, il formait un couple uni, mais plein de contrastes. Lui se montrait fermé, taciturne au premier abord ; elle, d'origine niçoise, était gaie et volubile. À la fois architecte et homme d'affaires, Pedro était un travailleur acharné ; Nicole, devenue cigale, n'aimait plus que la danse, la mer, les chiens et les enfants perdus. Je devais être pour elle une enfant perdue, comme l'étaient ses amis sur le bateau de pêche. Cette femme sans enfants se comportait avec tout le monde comme une mère. Sa seule présence était rassurante. Alors qu'Otzoop, malgré sa barbe de père Noël, me faisait un peu peur. Peuplée presque tous les soirs d'amis exubérants, la villa des Otzoop avait un air de lendemain de fête quand j'y pénétrai, à l'image de l'hôte intimidant avec lequel Nicole avait tenu à me réserver un moment tête à tête. Elle y joua à la perfection un rôle à ce jour inédit pour elle : celui du témoin mutique. Nous avons bu du whisky irlandais dans l'immense patio, décoré de volières et d'une forêt de palmiers en pots. Le bassin en mosaïque bleue invitait à un bain de minuit, où je me serais plongée avec joie en d'autres circonstances. Mais le maître de maison me glaçait. J'entendais le chant des grillons et celui des glaçons dans les verres. Si Otzoop me laissait poser des questions, il ne répondait à aucune. Il me regardait avec une intensité troublante, et ce regard soutenu, que l'alcool ne voilait d'aucune brume, me mettait mal à l'aise. Comme il ne parlait pas, sinon pour inviter Nicole à lui resservir du Bushmills, j'avais l'impression d'être scrutée par un sphinx qui en savait plus long sur moi que moi-même mais qui ne me dirait rien, rien de rien, de son ami Gary. J'en étais désolée, car Otzoop, de fait, connaissait très bien Gary — des amis parisiens, familiers d'étés à Majorque, me l'avaient affirmé. À Majorque, il était une de ses relations les plus proches. Nicole m'avait raconté, en riant, que les deux hommes, liés par leur passé et toute une communauté de vues, partaient souvent se promener ensemble vers des zones inhabitées, au-delà des derniers chantiers qui gagnaient sans cesse sur le maquis. Sans être bavards ni l'un ni l'autre, ils avaient tout de même dû échanger en marchant quelques opinions, quelques idées... Au moins sur les éléphants. Car Otzoop comme Gary adorait les éléphants, défendait leur cause contre les ennemis de la planète et collectionnait comme lui les objets les plus bizarres ou les sculptures à leur effigie. J'avais pu en voir dans sa villa. Marqués tous deux par un même sort d'apatrides, de Russie blanche ou des confins, ils avaient fui des territoires hostiles pour s'établir dans ce paysage solaire et voluptueux, où ils semblaient avoir trouvé un répit, une escale. S'étaient-ils entendus ou même compris l'un l'autre, ce dont Nicole était persuadée ? Je n'ai obtenu ce soir-là aucune confidence de la part de Pedro Otzoop. Mais, faute des renseignements attendus, il m'avait au moins été permis d'effleurer une part de vérité cachée. Comme si le mystère, qui se dérobait, était associé à l'enquête et demandait à être considéré. Ce sentiment douloureux de rester à la marge, je l'éprouverais souvent par la suite, en écrivant des biographies.

Le regard d'Otzoop, riche d'expérience de la vie, était éloquent. Je le comprenais sans avoir besoin d'interprète.

Peu enclin à se confier et sur la défensive, Otzoop était avant tout stupéfait de ma jeunesse et que je puisse à mon âge prétendre essayer de comprendre la complexe et tumultueuse histoire de Romain Gary. Il me disait, en clair : est-ce qu'on écrit une biographie quand on n'a pas trente ans ? Est-ce qu'on n'a pas mieux à faire ? Est-ce qu'il ne vaut pas mieux vivre, par exemple ? Ou au moins profiter de l'été et des vacances ?... Ce soir-là, Otzoop n'a prononcé en vérité qu'une seule phrase : toutes les autres en ont découlé pour mon plus grand profit. Cette phrase unique d'Otzoop, je l'ai bel et bien entendue, tout comme Nicole qu'elle a dû sans doute moins marquer. De sa voix grave et russe, qui apportait un charme de plus à la nuit majorquine, l'ami de Gary m'a dit simplement, comme s'il sortait d'un rêve :

« Une biographie ? Quelle drôle d'idée ! »

Le lendemain, Otzoop n'est pas venu nous rejoindre au port, où attendait le *Maria Dolorès*. La croisière s'est déroulée sans lui. Il ne devait pas beaucoup aimer la petite cour de Nicole dont je faisais maintenant partie, ou peut-être avait-il mieux à faire que de caboter de crique en crique — les projets immobiliers l'accaparaient. Quoi qu'il en soit, je ne l'ai jamais revu. Mais la petite phrase m'est restée, ciselée par le temps où elle s'est mêlée aux éclats de rire de Nicole, au bruit des vagues, au crépitement du Leica. Combien de fois ne me suis-je pas dit par la suite que Pedro Otzoop avait raison, tellement raison : « Une biographie, quelle drôle d'idée ! » Pourquoi s'intéresser à la vie des autres, plutôt qu'à la sienne ? Et pourquoi vivre par procuration des vies qui, pour être multiples, fascinantes, passionnées et passionnantes, ne sont pourtant pas la mienne ?

2

La jeune fille et l'Enchanteur

Son chapeau, ses bottes de cow-boy et le gros cigare qu'il fumait en marchant, toute son allure d'un genre indéfinissable, dandy et rastaquouère, résolument à part, ne passaient pas inaperçus. Vers la fin, Romain Gary surjouait son personnage jusqu'à la caricature. Une manière de provocation ? Ou de se protéger derrière un costume et des masques de théâtre ? Chez Lipp, chez Gallimard, ou simplement montant ou descendant la rue du Bac où il habitait, beaucoup de gens ont pu le reconnaître à Saint-Germain-des-Prés. Je n'ai pas eu cette chance. Le hasard ne me l'a pas permis. J'aurai plus d'une fois emprunté les mêmes itinéraires de l'arrondissement le plus littéraire de la capitale, où ce Juif errant avait posé ses valises et tenté de fixer sa vie. Mais je ne l'y ai jamais vu. Ce n'est pas faute d'avoir rêvé la rencontre : celle-ci n'a pas eu lieu, du moins pas « en vrai », comme disent les enfants.

Curieusement, alors que tout m'y portait, je n'ai jamais songé à l'approcher. Pas même envisagé de lui adresser une lettre, comme tant d'autres admiratrices l'ont fait. Pudeur ?

Timidité ? Horreur à l'idée de ressembler à l'une de ces jeunes filles que Montherlant décrit avec méchanceté dans un roman, amoureuses d'un écrivain et si ridicules de l'être — cette lecture a de quoi décourager toutes les groupies d'un artiste. Quoi qu'il en soit, ma rencontre avec l'Enchanteur reste une occasion manquée. J'aurais aimé croiser son regard. Il avait les yeux bleus, d'un bleu particulier : ni azur ni acier, d'une étonnante clarté.

Romain Gary venait de mourir lorsque j'ai entrepris, quatre ou cinq ans plus tard, d'écrire sa biographie. Après deux romans, sans expérience du métier — l'écriture serait-elle jamais un métier ? —, c'était une aventure risquée. Je n'avais pas conscience des difficultés et, si je l'avais eue, je ne m'en serais pas souciée. Ce livre, je l'ai écrit d'un élan spontané et naïf. Juste pour aller vers lui.

Rien ne m'y avait préparée. Mes diplômes universitaires me seraient inutiles. Et la méthode enseignée dans les classes préparatoires ou à la Sorbonne, la bonne vieille logique et l'esprit cartésien n'étaient sûrement pas les armes qu'il me fallait. Ce furent quatre années de galère pour la biographe inexpérimentée et enthousiaste, partie un beau matin « à la recherche de Romain Gary ». Le chemin était chaotique, semé de ronces, jonché de chausse-trapes, avec des pièges et des impasses : un vrai parcours de la combattante. Jamais je n'ai eu l'idée de renoncer! Rien ne m'a découragée. Entre lui et moi, il y avait une sorte de no man's land : un paysage sauvage, lunaire, très inquiétant. Je l'avais tout de suite vu, ce paysage. Je savais que j'aurais à le traverser pour rejoindre l'Enchanteur.

Personne avant moi ne s'y était aventuré, aucun biographe ne m'avait précédée. Je ne pouvais m'appuyer sur aucun ouvrage préalable au mien, nul commentaire de sa vie ni de ses œuvres n'avait été publié, ni même sous forme de thèse à l'Université. Le désert. J'aurais dû avoir peur. Évaluer mes compétences pour me rendre à l'évidence : je ne serais pas à la hauteur. Alors, vite, choisir la seule voie raisonnable, m'enfuir ! Mais le no man's land m'attirait, avec son étrangeté et ses mirages. J'étais fascinée. Et c'est sans armes, sans aucune préparation, que je suis allée vers lui. En toute innocence.

Romain Gary, je le connaissais pourtant. Je croyais même bien le connaître. Et je l'avais rencontré « pour de vrai » dans un passé pas si lointain — sans que quiconque, ni même lui, en sache rien. Cette rencontre, si importante pour moi, a eu lieu une dizaine d'années avant mon projet d'écrire la biographie de l'Enchanteur. C'était l'été 1971, celui de mes dix-huit ans. Je passais mes vacances dans le sud de la France, au milieu de la bande d'amis que je retrouvais tous les ans. Nous allions à la plage en Espagne, du côté de Roses et de Cadaqués, et le soir les fêtes n'en finissaient pas. Mon anniversaire, qui tombe fin juillet, marquait le départ de certains vers d'autres horizons, le mois d'août nous dispersait. Je retrouvais une relative solitude dans le mas familial, au parfum de pêches et de vignes. Nous avions fêté mes dix-huit ans dans une folie douce et la musique des Rolling Stones. J'avais été comblée de cadeaux : j'ai toujours près de moi, aujourd'hui, le lion en peluche, gardien de la mémoire de mon adolescence heureuse. Et j'ai gardé un autre de ces cadeaux, parce qu'il est lié à moi de la manière la plus mystérieuse et la plus profonde : un petit Poche. Sa couverture n'a jamais fané et ses pages, lues et relues, ont encore le parfum des vacances et de la Méditerranée. Il porte le plus beau des titres de roman : *Les Racines du ciel.* Et c'est dans ses pages brûlantes, au goût de sel, que j'ai connu Gary.

J'hésite à prononcer le mot « coup de foudre » parce qu'il est ressassé, banal, à force d'être utilisé à tout propos. Mais c'est pourtant ce que j'ai ressenti, cet été-là. La rencontre a été violente, définitive. *Love at first sight.* La foudre est tombée sur moi.

Je n'avais encore rien lu de son auteur. Mais ce premier Gary a été une révélation. Dès le premier chapitre, j'ai été transportée, envoûtée : vocabulaire de la passion. Je ne sais trop comment le dire pour être fidèle à ce moment, dont l'intensité ne s'est jamais reproduite — au moins dans un livre. Et j'ai presque honte de l'avouer, tant cette déclaration me paraît exaltée, impudique, de l'ordre du secret et de la confession. Mais elle est pourtant vraie : Gary a changé ma vie.

C'était une voix de basse, une voix d'homme qui racontait cette histoire. Loin du style policé, raffiné, volontiers savant des écrivains français, elle ressemblait à celles que j'avais entendues dans mon enfance : voix de conteur, puissante et caressante, chargée d'expérience et de mystère, elle me semblait ne parler qu'à moi seule. Du moins voulais-je le croire. Gary, c'est le conteur gitan, devant sa roulotte, qu'accompagne un violon tzigane, mais c'est aussi le troubadour des cours d'amour, le barde sous l'arbre à gui, c'est le magicien auquel on ne résiste pas. Je me suis abandonnée, à dix-huit ans, à cette voix qui racontait des choses simples : les hommes, les femmes, les enfants, la nature, la vie. Ces phrases sans fausse littérature, vastes comme un fleuve, m'emportaient dans leur flux, elles soulevaient des orages, des tempêtes, mais savaient aussi être calmes, solaires comme un jour d'été. Il y a chez Gary une force, difficile à définir, un mélange de virilité et de douceur. Car c'est une voix qui m'a charmée, une voix où j'entendais toute la tendresse du monde.

Nul mieux que lui n'a dit la fragilité de la vie et de l'amour mais aussi le désir d'éternité : que la vie et l'amour puissent durer toujours.

Évidemment, je n'en suis pas restée aux *Racines du ciel*. J'ai lu tous les autres Gary. D'*Éducation européenne* aux *Cerfs-volants*, jusqu'à ceux qu'il a signés Ajar, où il est si fidèle à lui-même, j'ai poursuivi le voyage sans jamais me lasser. La voix me parlait toujours. Je l'aimais. Elle m'aidait à grandir, elle m'apprenait à vivre.

Pourquoi aurais-je cherché à le rencontrer, lui, physiquement ? Alors que je le connaissais si bien, ayant tissé avec lui une intimité que seuls donnent les livres : une intimité parfaite.

Pour que la magie d'un roman opère, il faut que le lecteur, en l'occurrence la lectrice, puisse se prendre pour un des personnages, s'assimiler, se fondre en lui, le temps de la lecture et même au-delà, si l'illusion romanesque remplit sa mission. Madame Bovary n'avait jamais été moi :

je n'ai jamais pu partager son mal-être. La princesse de Clèves, ni Anna Karénine, que j'adorais, héroïnes démesurées et tragiques, m'inspiraient surtout la crainte de leur ressembler. Leur sacrifice, le gâchis si total qu'elles font de l'amour m'ont désespérée, puis tenue à distance : quelle femme rêverait de se réincarner dans l'une ou l'autre? Jusqu'à cet été 1971, seules les héroïnes de *La Chartreuse de Parme* m'offraient des modèles auxquels me confronter un peu. L'amour est tellement léger, tellement moins dévastateur sous la plume nonchalante de Stendhal! De là à me prendre pour la Sanseverina, il y avait des cimes et des abîmes.

Les Racines du ciel contiennent selon moi un des plus beaux portraits de femme de la littérature. Elle est vivante, de chair et de sang, et totalement femme, dépouillée en tout cas de ces artifices littéraires, qui semblent venir naturellement sous la plume des romanciers. Elle s'appelle Minna. Allemande, elle a fui Berlin pour tenter de vivre une autre vie en Afrique, tout comme Morel, le héros des *Racines du ciel*. C'est une prostituée, qui a enduré mille souffrances, dont le corps est fatigué, le visage marqué mais beau encore, et qui, en Afrique, retrouve le milieu auquel elle est habituée : le mépris. Ce mépris qu'elle lit dans le regard des hommes. Gary ne la met pas tout de suite en scène. Morel l'occupe tout entier, au début, de même que les éléphants pour lesquels son héros à la triste figure entend se dévouer corps et âme. Morel a une dette envers les éléphants : ils lui ont permis de survivre dans le camp de concentration d'où il est miraculeusement sorti

vivant. Dans la faim et le froid, sous les brimades et la torture, il imaginait les grands troupeaux libres, parcourant
la savane africaine. La belle image l'a sauvé. Minna, dans
son bar de Fort-Lamy où elle exerce le seul métier qu'elle
connaisse, s'éprend de ce misanthrope radical — le seul
homme pourtant dont le regard quand il se pose sur elle
ne comporte pas la moindre lueur de mépris. Tout autour
les coloniaux ont droit à des portraits au vitriol, français,
anglais ou natifs d'ailleurs. Tous sont mauvais, c'est la
vision du monde selon Gary, mais tous ont en eux, enfouie
au plus profond, une parcelle de bonté. Ils l'ignorent et
n'en font pas usage, jusqu'au jour où la conscience leur
vient... des éléphants encore, des éléphants toujours. Ces
troupeaux qui courent sous le ciel d'Afrique et plongent
leurs racines dans la terre la plus ancienne du monde.

Minna est restée pour moi l'héroïne absolue. La femme
à qui ressembler. Je n'avais pas le même passé : j'ai grandi
dans un cocon, protégée, tendrement aimée. Mais cette
prostituée au cœur pur, que la vie n'est pas parvenue à
souiller, et qui va prendre fait et cause pour un idéal qui
la dépasse — celui de Morel, bien sûr —, c'était tout ce
que j'admirais. Gary — comme Stefan Zweig — a une
connaissance subtile, intuitive, de la féminité. On ne peut
pas s'étonner que ces deux écrivains, par ailleurs si différents, aient autant de lectrices : ils parlent tous deux aux
femmes, ils s'adressent à elles, et jamais elles ne deviennent,
sous leur plume, des prototypes littéraires. Leur connaissance vient du cœur, je crois, plus que de l'observation
ou de l'analyse. Ils savent, un point c'est tout. Chez Gary,

Minna n'est pas la seule en laquelle se fondre et communier vraiment. Nina, au nom si proche, la mère de *La Promesse de l'aube*, Mme Rosa de *La Vie devant soi*, ou la Lydia de *Clair de femme*, interprétée au cinéma par Romy Schneider, sont autant d'héroïnes merveilleuses — toutes sœurs de Minna.

C'est ainsi que je suis partie vers Romain Gary : avec une si pleine ferveur que je la déconseillerais aujourd'hui à un biographe. La ferveur est l'ennemie du biographe : elle peut le conduire dans toutes sortes d'errements — elle obscurcit le jugement et peut détourner l'auteur du seul but qui importe — comprendre. La première qualité d'un biographe, ce devrait être la lucidité. Or, je n'étais pas lucide, au départ. Puisque j'étais passionnée.

Cette passion, je dois le dire, n'a jamais faibli au contact pourtant si rude des réalités. Bien que les circonstances m'aient peu à peu ouvert les yeux et forcée à reprendre le contrôle de mes émotions, j'ai ressenti cette passion, d'un bout à l'autre de ce qu'il faut bien appeler mon calvaire.

Quel homme était Romain Gary ? Quelle était son histoire ? Quelle avait été sa vie ? C'est à ces questions simples que je voulais à tout prix trouver des réponses, en allant vers lui. Mais je ne mesurais pas du tout la masse de complications qui m'attendait.

Il m'a fallu quatre ans et beaucoup de persévérance pour le rejoindre — l'ai-je d'ailleurs rejoint ? —, quatre ans de recherches et de rencontres, qui s'avérèrent souvent, elles aussi, manquées. Comme si un mauvais génie — le Dibbouk qui hante chacun des romans de Gary — s'acharnait à multiplier les obstacles, pour éloigner de moi, dès que je croyais l'atteindre, le personnage insaisissable, fugueur, fuyant, qui s'échappait toujours. Hors de portée à chaque fois que je me croyais au plus près de lui, je me demande ce qui m'a donné la force de poursuivre. Ma passion ? Ou ma jeunesse peut-être, cette jeunesse qui rendait perplexe Pedro Otzoop et bon nombre de mes interlocuteurs ? Je crois qu'aujourd'hui je n'aurais plus ce courage : lui résister.

Paul Pavlowitch, le « neveu » de Gary, en fait son petit-cousin, qui avait accepté d'incarner Ajar, refusa de me recevoir.

Lesley Blanch, la première épouse, celle près de laquelle il a trouvé son nom, à Londres, en 1944, me fit venir deux fois à Menton, où elle résidait. Sans pour autant m'ouvrir sa porte. Je restai désolée devant sa boîte aux lettres où plus de dix ans (vingt ans ?) après leur divorce, elle conservait le nom de son grand amour accolé au sien : Lesley Blanch Gary.

L'un des amis d'enfance de Romain, qui figure dans *La Promesse de l'aube*, m'a promis des photos qu'il ne m'a bien sûr jamais données, ni montrées. Il a disparu sans laisser d'adresse, après m'avoir inondée de lettres contenant des informations dont je n'ai jamais pu démêler si elles étaient vraies ou fausses.

Au royaume de Romain Gary, j'allais vite apprendre que la frontière est mince entre la fiction et la vérité. Peut-être n'y a-t-il jamais eu de frontière. Le mentir-vrai est une prouesse des romanciers.

27

Gary était non seulement environné d'un brouillard, où je m'égarais, toujours plus opaque à mesure que je croyais avancer. Il était protégé par des haies d'épineux. Je m'y suis plus d'une fois blessée. Les témoins de sa vie étaient souvent des mythomanes, mais ils se montraient aussi méchants, hostiles à la jeune femme qui leur avouait sa volonté titanesque : écrire une biographie de Gary. Je m'attendais à ce qu'on m'ouvre les bras, avec bienveillance. J'ai eu des portes claquées au nez, des fins de non-recevoir et des commentaires d'une ironie cinglante, où je perdais mon énergie, mon temps. Mais pas du tout la foi absurde, déraisonnable, que j'avais mise dans ce projet : aller vers l'Enchanteur. Tenter de le rejoindre.

Lors de ce parcours chaotique, disharmonieux, j'ai heureusement bénéficié de quelques soutiens : les Compagnons de la Libération se sont montrés coopératifs. Ils m'ont raconté leur guerre et vanté les mérites de ce camarade, copilote amateur, parti en juin 1940 pour l'Afrique à bord d'un avion volé de l'École de l'Air, sans avoir entendu l'appel du général de Gaulle et l'ayant même devancé. Des représentants du Quai d'Orsay, dont Maurice Couve de Murville ou Claude de Kémoularia, ont accepté de répondre à mes questions et ont pu là aussi m'apporter quelques lumières sur ce drôle de diplomate, si peu diplomate, qui finirait sa carrière comme consul général de France à Los Angeles.

Le milieu littéraire, lui, a tenté carrément de me faire changer d'avis. Les éditeurs, les écrivains, la plupart des journalistes faisaient la moue, dès que je prononçais son nom. Même chez Gallimard, sa propre maison d'édition, c'est avec condescendance que des pontes me parlaient de ses livres : Gary n'était pas un grand écrivain, leur message se passait de nuances. Pour les uns, Gary n'écrivait pas comme il se doit. Pour les autres, il ne savait tout simplement pas écrire ! Son art n'était que celui d'un romancier populaire. J'entendis avec stupéfaction un critique réputé dont je tairai le nom (et qui depuis ne tarit plus d'éloges) m'affirmer que Romain Gary valait à peine un Eugène Sue ! Ce qui était tout aussi injuste pour Gary que pour Sue. Écrivain à succès — le pire compliment, à cette époque, à Saint-Germain-des-Prés —, il n'écrivait, prétendait-on, que du roman-feuilleton : mon admiration se fourvoyait. Ce furent les pires épisodes de mon aventure : je me heurtais au mépris de ceux qui auraient pu l'aimer.

Mon obstination se trouva quand même récompensée. Les portes s'ouvrirent peu à peu.

Paul Pavlowitch refusait toujours de me voir, mais non plus de me parler. Nous eûmes à plusieurs reprises de longues conversations au téléphone, plus d'une heure parfois. Et j'eus ainsi tout le loisir d'apprécier son verbe : prolifique, étincelant. Pavlowitch était un poète — et qu'importe qu'il fût un poète sans œuvre ? —, je compris pourquoi Gary l'avait choisi pour incarner le personnage qu'il avait créé, cet Émile Ajar que Pavlowitch allait interpréter jusqu'à la totale et complète identification. Au point que Gary perdrait le contrôle.

Lesley Blanch, à mon troisième voyage, me permit enfin d'entrer chez elle et m'accorda l'entretien deux fois repoussé. Elle habitait une jolie maison, dans un jardin de fleurs, perchée sur les hauteurs de Menton. Tout près de la villa de Katherine Mansfield. Le samovar fumait sur la table basse, les chats ronronnaient. Des piles de tapis orientaux servaient de sofas. Elle ajoutait du gin au thé. Lesley avait adoré un Russe, amant de sa mère, avant d'adorer Gary. Je me souviens des larmes dans ses yeux, au regard si froid le reste du temps. Cette Anglaise au self-control caricatural, qui avait écrit un livre intitulé *The Rivershores of Love* (« Les Rives sauvages de l'amour »), ne s'était jamais remise de son divorce avec celui qu'elle continuait d'appeler, devant moi, « le bon petit Romain ». Elle lui avait déconseillé d'abandonner son nom de Kacew, qu'elle trouvait beau avec sa consonance orientale, pour celui de Gary, désagréable à ses oreilles : surtout, trop évocateur selon elle d'un célèbre acteur américain.

Puis, d'autres amis d'enfance — les frères Agid en particulier — vinrent relayer celui qui avait déserté.

En bref, je progressais, moins dans la connaissance peut-être que dans l'approfondissement d'une intuition première. Le Romain Gary de ses livres et celui de sa vie ne faisaient qu'un! Si sa vie était à l'évidence un roman, ses romans étaient sa vie. Comme si sa mère avait pressenti à sa naissance ce que son fils chéri deviendrait, Roman, c'est ainsi qu'elle l'avait nommé. Car il s'appelait Roman Kacew et n'a changé de nom que beaucoup plus tard : pour signer son premier livre. Gary, ce nom de guerre, dont Lesley Blanch détestait les sonorités yankees, lui vient d'une romance russe bien connue : *Gari, Gari, brûle,*

brûle, mon amour. La guerre, l'amour, avec lui, toutes les frontières disparaissent.

Même la couleur du ciel, qui passe si souvent de la clarté à l'orage, connaît l'impermanence. Mon récit, tel que je l'écrivais au jour le jour, si souvent ballottée, chahutée, s'est éclairé de moments lumineux. Et joyeux. Je leur dois ma survie. Et de n'avoir pas enterré, sitôt née, ma vocation de biographe.

C'est ainsi que je suis allée à Majorque, où la mer est si belle, pour voir sa maison de vacances et y rencontrer le cercle bohème de ses amis. J'en rapportai des images radieuses et la certitude que Gary, né dans des pays de brumes et de neige qui ont laissé une trace profonde dans ses livres, était un écrivain du soleil. La plupart de ses romans célèbrent la chaleur et le feu, que ses personnages recherchent tel un remède miraculeux, un contre-poison à la douleur de vivre. Avant Port d'Andratx, Gary avait eu une maison à Roquebrune-Cap-Martin, qu'il avait laissée à Lesley au moment de leur divorce. Puis, avec Jean Seberg, il avait passé plusieurs saisons dans l'île grecque de Mykonos. Quand il vendit *Cimarron*, il retourna en Grèce, essaya l'île Maurice, à nouveau la Côte d'Azur, et finit par se faire construire une bâtisse dans le Lot : autant d'étapes aimées puis abandonnées de sa longue course au soleil. Toutes ses maisons, sauf celle du Lot où on ne le vit presque jamais, contemplaient la mer. C'est tourné vers les vagues, face aux horizons infinis, qu'il a le plus écrit.

À Nice, où il a vécu toute son adolescence et une partie de sa jeunesse, j'ai voulu retrouver les itinéraires qu'il décrit dans *La Promesse de l'aube*. Je l'ai suivi à la trace, jusqu'à avoir l'illusion de me promener avec lui. Il habitait l'hôtel dont sa mère était la gérante, sur le boulevard Grosso, entre la cathédrale russe et le club de tennis impérial (ainsi nommé à cause du tsar qui avait fréquenté Nice, avant la révolution). L'hôtel Mermonts, transformé en appartements, n'était pas un palace : quand l'adolescent passait devant le Negresco, il rêvait de fastes inaccessibles et imaginait sa vie future avec éclat et panache — tout ce qui lui manquait. Au Mermonts, sa mère lui avait donné la meilleure chambre, au rez-de-chaussée, d'où il pouvait aller et venir en toute liberté sans se cogner sans cesse aux pensionnaires. Tandis qu'elle occupait une chambre plus modeste, au dernier étage, malgré son diabète et son cœur malade, il était un fils unique et adoré. La ville de Nice a un parfum de mimosa — la mère de Gary achetait ses fleurs et ses légumes au marché de la Buffa, resté aussi pittoresque, odorant et coloré, que du temps de Nina. Mais les rues de la vieille ville ont aussi un parfum sucré-salé de socca — cette espèce de gâteau à la farine de pois chiche, qui cuit dans d'immenses poêles et qu'on déguste moelleux et doré à point. Du lycée Masséna où Gary fut un bon élève et où le proviseur me communiqua son dossier scolaire, jusqu'au cimetière juif où Nina est enterrée mais où je n'ai jamais pu retrouver sa tombe, malgré les explications de toutes sortes que je donnais au gardien, j'ai beaucoup marché à Nice, sous la pluie et sous le soleil, dans un état de grâce. Je me souviens du petit hôtel, où j'ai dormi, et écrit, en haut d'une rue très sombre. Et d'avoir monté et descendu la Promenade des Anglais un nombre incalculable de fois, en essayant de retrouver le jeune homme incertain et rêveur, qui se cherchait un nom en déambulant sans but au bord de la Méditerranée. Tout ce décor de carte postale n'avait pas effacé ses traces. Nice, dans quelques années, se souviendrait de lui, créerait un prix littéraire portant le nom qu'il s'était finalement choisi et songerait à l'associer à ses grands hommes — notamment à Paul Valéry, qui fut souvent à Nice, présida le Centre universitaire méditerranéen, mais est beaucoup plus lié à Erbalunga, Montpellier ou Sète, qu'à la Cité des fleurs.

Malgré ces épisodes heureux, que j'ai vécus comme un cadeau du ciel, les épreuves continuaient. Mon histoire d'amour avec Gary, que j'avais tant souhaitée, se passait mal. Dès avant la sortie de mon livre, une fois mon manuscrit achevé, j'eus des démêlés avec Diego Gary — son fils unique. Mineur au jour de la mort de Gary, le destin ne l'avait pas épargné : avant que son père ne se suicide, sa mère, Jean Seberg, avait disparu tragiquement (meurtre ou suicide, l'enquête n'avait pas abouti malgré un procès contre X diligenté par Gary), et il avait perdu, après une cruelle maladie, la femme qui l'avait élevé et avait pris soin de lui, une gouvernante catalane. Il me reçut à deux reprises chez lui, dans l'appartement de Jean qu'il occupait, mitoyen de celui de Gary, rue du Bac. Durant ces entretiens, il se montra aimable, m'éclaira sur quelques points, mais je le sentais réservé, méfiant, et ne pus obtenir de consulter la moindre archive privée. Leïla Chellabi, qui fut la dernière compagne de son père et se considérait comme sa veuve, y assista chaque fois. Figure sévère et suspicieuse, elle contrôlait nos pauvres échanges.

Toujours est-il que la perspective de ma biographie ne réjouissait ni Diego, ni Leïla. Leïla écrirait bientôt un livre sur Gary, fait de ses souvenirs personnels. Quant à Diego, trouvait-il que ma biographie venait trop tôt ? Ou aurait-il préféré un biographe plus aguerri ? Je crois que le sujet même le tourmentait. Il craignait pour son père, mais plus encore pour sa mère, la blonde actrice américaine au pur visage, héroïne de la Nouvelle Vague, dont Gary était tombé amoureux à Los Angeles et qu'il avait épousée après son divorce avec Lesley Blanch. Il fallut tout l'art de la diplomatie et le charme persuasif de mon éditeur, Simone Gallimard, pour le détourner de son dessein : envoyer mon travail aux oubliettes.

Puis, il y eut ce soir d'*Apostrophes*, où nous nous réjouissions, Simone et moi, d'être invitées pour la parution de « mon » Romain Gary. J'étais fière d'être arrivée au bout de ce défi et de pouvoir présenter mon livre lors d'une émission phare, qui deviendrait bientôt une émission culte et mêlait sur son plateau écrivains confirmés, stars de la littérature française ou étrangère, Marguerite Yourcenar, Milan Kundera et Alexandre Soljenitsyne, à des débutants ou semi-débutants dans mon genre. Je savourais ma chance. Simone Gallimard m'avait emmenée dans sa voiture et s'était garée place François-Ier, à deux pas de la rue Jean-Goujon, où nous étions attendues. *Apostrophes* se déroulait toujours en direct — exercice périlleux, qui ménage souvent des surprises, sinon des coups de théâtre.

Ce fut le cas ce soir-là. L'atmosphère, d'ordinaire conviviale, fut houleuse, désagréable. Pas seulement pour moi, mais pour chacun des invités sur le plateau. Un jeune juge d'instruction, en charge de l'affaire Grégory, surnommé par dérision « le petit juge » et qui s'est depuis suicidé, fut littéralement cloué au pilori. Je ne reçus pas de mon côté des brassées de roses, mais un bouquet de chardons — les épineux sont au rendez-vous, dès qu'il s'agit d'approcher Gary. Bernard Pivot, avec une implacable conscience professionnelle, me lut ex abrupto la lettre, reçue le matin même, dans laquelle Diego Gary lui disait tout le mal qu'il pensait de mon livre. Philippe Labro, autre invité, avait reçu la même. Il n'y avait que le petit juge et moi qui, avec le public bien sûr, la découvrions !

Je me suis défendue comme j'ai pu, avec mes seules armes, la sincérité, la passion. Elles étaient dérisoires face à Pivot, à Labro, forts de leur statut de journalistes aguerris et résolus à utiliser l'effet choc du direct. Pourquoi d'ailleurs m'auraient-ils épargnée ? Mon premier *Apostrophes* (à dire vrai, le second, j'y avais été invitée pour mon roman *Argentina*) ne fut pas une fête ! Simone, assise dans le public, avait pris un air très digne, telle une reine déchue, pour qu'on ne voie pas son émotion. Mon cœur se serrait quand, passé mon tour, tandis que les derniers invités parlaient de leurs livres, je la regardais, cherchant son approbation, son soutien. Elle me souriait, ayant toujours été solidaire de ses auteurs, si modestes fussent-ils.

Après l'émission, revenant toutes les deux à la voiture, nous avons trouvé les pompiers, le Samu et la police. Un motocycliste avait percuté violemment la Peugeot et gisait sur le trottoir, gravement blessé. Gary, que j'admirais, que j'aimais, et dont les livres ont tant compté pour moi, me parut soudain maléfique. La souffrance s'attachait obstinément à ses pas. Il n'y avait pas de rédemption possible. Pas d'espoir. Son nom même en venait désormais à m'effrayer : quiconque approchait, je le comprenais, se brûlait. *Gari, Gari, brûle, mon amour.* Par une logique aussi mystérieuse qu'imparable, toutes les épreuves que j'avais dû surmonter aboutissaient à ce tragique accident. L'Académie française, qui me décerna à l'automne son Grand Prix de la biographie, ne put effacer cette funeste impression. Mon Enchanteur s'était transformé en un inquiétant démiurge. Je m'éloignai de lui, par superstition.

Depuis toutes ces années, je n'ai plus lu Gary. Ses livres sont dans ma bibliothèque, tous sans exception. Mais immobiles, solitaires et reliés d'un cuir rouge qui, loin de leur donner du lustre, les isole de tous les autres. Je ne tends plus la main vers eux. Ils m'inspirent une crainte que je ne peux pas surmonter.

Ma rencontre avec Romain Gary a pris avec le temps le relief et la couleur des songes. S'il m'est arrivé de croire que je l'avais vraiment, intimement connu, je sais aussi que je l'ai perdu. Il m'arrive de penser à lui, de parler de lui — de ses livres avant tout —, comme s'il était vivant. Mais la nuit l'entoure. Une nuit sombre et menaçante, où comme en Afrique, berceau de tous les vaudous, les étoiles sont les âmes des éternels errants.

3

Le marronnier de la rue du Cherche-Midi

Lorsque j'ouvris la lourde porte cochère vert bouteille de la rue du Cherche-Midi et que je marchai sur les pavés disjoints d'une cour à l'atmosphère provinciale et romantique, plantée d'un magnifique marronnier, j'étais loin de penser que ce rendez-vous aurait autant d'influence sur ma carrière littéraire et la naissance de mes futurs livres : je ne savais même pas que j'écrirais un jour. Au premier étage d'un immeuble XIXᵉ, je me retrouvai dans un petit appartement couvert de livres et surtout de tableaux, du sol au plafond. Un véritable nid d'artiste.

Devant moi se tenait un jeune homme, ou plutôt un homme jeune, mais qui avait gardé l'allure de l'adolescent fiévreux, impatient, qu'il ne cesserait jamais d'être. Brun, les boucles rebelles, il parlait à toute vitesse, d'une manière saccadée, comme s'il menait une course contre le temps. Brûlant de passion pour la littérature, il évoquait les auteurs qu'il aimait, Drieu, Aragon, Balzac, Gide, Paul-Jean Toulet — sujets inépuisables —, comme s'ils étaient ses amis. J'avais l'impression qu'ils habitaient tous ici et partageaient sa vie. Cette passion, ce bouillonnement d'émotions me captivaient. Il venait de publier un roman, *Les Feux du pouvoir*, dont le héros tout bruissant d'ambitions et de blessures me paraissait lui ressembler. J'étais devant Jean-Marie Rouart.

Depuis deux ans au chômage, il traversait des moments difficiles, à la suite d'un départ brutal du *Figaro* et d'une brouille avec son idole : Jean d'Ormesson. Il ressassait encore la double injustice dont il avait été victime, au cours de son combat titanesque contre les exactions des compagnies pétrolières. Combat qui me dépassait, auquel je ne comprenais pas grand-chose, sinon qu'il en était sorti blessé et révolté. D'autres que lui auraient été détruits ou tentés par l'amertume. L'injustice l'indignait sans l'abattre : il y trouvait étrangement un tremplin, en avait nourri le roman qu'il venait d'écrire, et portait avec panache son sentiment de l'échec.

Ces blessures, ces drames intérieurs étaient la part sombre de Jean-Marie Rouart. Elle ne m'apparaîtrait que plus tard : ce premier jour, je ne la voyais pas. J'avais devant moi un écrivain — ce qui me paraissait le comble de la réussite. De surcroît, un journaliste qui avait fait ses preuves dans un grand journal. Un homme qui vivait simplement peut-être, mais au milieu de livres et de tableaux, et qui passait ses journées à écrire, sans contraintes, sans horaires. Sans entraves, aurait dit Colette. J'en arrivais presque à envier son chômage, tant ce célibataire m'offrait sans s'en douter l'image d'une liberté que je n'avais pas.

Je n'avais jamais vu un pareil décor. Les tableaux

aux murs détournaient mon attention de son discours enflammé. Il y avait des paysages de campagne, des bords de mer, des bouquets de fleurs, des vues de Venise : les toiles étaient si nombreuses, proches les unes des autres, par cet accrochage à l'anglaise peu soucieux d'intervalles, qu'elles semblaient n'en former qu'une seule, lumineuse et apaisante. Cet ensemble diffusait un climat d'harmonie, dont je ressentais les ondes, à l'opposé du caractère fiévreux du jeune écrivain, qui en avait hérité. Car c'étaient des tableaux de famille, peints par son père, son arrière-grand-père, ses oncles ou ses grands-oncles, et l'une de ses grands-tantes. Des portraits de lui à tous les âges, commençant au berceau, se détachaient au milieu des délicats paysages et des natures mortes, aux traits naïfs ou enfantins. Un jeune pêcheur avec une épuisette. Une jeune femme allongée sur un édredon jaune. Un intérieur mordoré, où une silhouette féminine s'effaçait. Tout cet univers, qui évoquait un monde ancien, rayonnait d'une grâce légère.

Intriguée par le portrait d'un bourgeois coiffé d'un gibus, posant en capitaine d'industrie devant ses usines, j'appris que c'était le patriarche du clan : Henri Rouart, l'arrière-grand-père, peint ici par Degas. Il y avait, paraît-il, quatre autres portraits de la même signature, disséminés dans de grands musées. Celui-là n'était qu'une copie, me dit Jean-Marie Rouart, qui s'empressa de me donner, à toute vitesse, quelques explications. L'arrière-grand-père, polytechnicien, propriétaire d'une entreprise florissante de fers creux, dont le siège se trouvait à Paris et les usines à Montluçon, était le premier artiste de la famille. Son œuvre demeurait peu connue — je n'en avais jusque-là jamais entendu parler! — et pourtant, il avait exposé avec les impressionnistes et, toute sa vie, soutenu leur mouvement. Corot était son maître, Degas, son meilleur ami, Manet, Renoir, Monet, ses compagnons de route. Il les aimait, les admirait au point de s'oublier lui-même et de ne montrer ses propres toiles que de loin en loin. Chez lui, dans un hôtel particulier de la rue de Lisbonne, ce sont les chefs-d'œuvre de ses amis qu'il exposait sur les murs, gardant ses toiles au secret de son atelier. Il avait constitué l'une des plus belles collections de peinture du siècle — j'en apprécierai l'ampleur et l'originalité par la suite, en écrivant des livres inspirés de cette époque de l'histoire de l'art. De Goya à Monet, en passant par Tiepolo et par Gauguin, dont il fut un des premiers acheteurs, il avait choisi avec cœur chacun des quelque cinq cents chefs-d'œuvre accumulés chez lui. Marcel Proust en rêvait la nuit. « C'est une musique à la française, claire, mélodique, mais si discrète, si intime, qu'elle risque de ne pas se faire remarquer. Aussi bien c'est cette musique de chambre qui sonnait si juste dans l'hôtel de la rue de Lisbonne. »

À la mort d'Henri Rouart, en 1912, la vente de ses trésors fit date : la cote des impressionnistes, qui n'avaient été goûtés jusque-là que d'un cercle très restreint d'amateurs, explosa. Mais elle marqua aussi le déclin d'une famille, où se succéderaient avec une inéluctable régularité drames intimes, divorces, suicides et faillites. Degas, qui avait peint le patriarche sous ses airs triomphants, n'y avait pas inclus la griffe du malheur futur. La galaxie des Rouart, à laquelle je consacrerai un livre, et même plusieurs livres, était très loin de mes préoccupations. Mais je trouvais à cet arrière-grand-père, qui trônait au-dessus de la cheminée, un éclat singulier : il détonait au milieu des iris, des coquelicots, des crépuscules et des aubes, des levées d'étang dans la brume qui l'entouraient. Quel dommage que ce portrait ne fût qu'une reproduction! Le Degas original se trouvait aux États-Unis.

Proche de la cheminée, qui devait servir d'autel de la mémoire, je découvris un portrait de Christine Lerolle, brodant : la grand-mère de Jean-Marie. Signé, lui, par Renoir. Ce n'était là aussi qu'une reproduction, l'original ayant rejoint un autre musée américain.

Renoir avait peint un second portrait de Christine Lerolle, cette fois au piano, en compagnie de sa sœur : deux jeunes filles souriant à la vie. Cette reproduction m'était familière, j'avais dû la voir sur des calendriers des postes, des couvercles de boîtes de chocolats, où elle est aussi souvent représentée que cet autre chromo, *La Nuit étoilée* de Van Gogh. L'original d'*Yvonne et Christine Lerolle au piano* se trouvait au musée de l'Orangerie, parmi les joyaux de la collection Walter-Guillaume.

Ces deux sœurs Lerolle avaient épousé deux fils Rouart — des « énergumènes », me dit leur descendant! L'une et l'autre avaient été très malheureuses, par la faute de Degas qui avait été leur « marieur » et trouvé judicieux de lier des familles qu'il aimait. Dans les deux cas, son génie s'était fourvoyé. Les mariages furent également catastrophiques. L'un des frères, Eugène, grand ami de Gide qui lui avait dédié *Paludes*, avait déposé son homosexualité dans la corbeille de noces. L'autre, Louis, le grand-père de Jean-Marie, tumultueux, fantasque, avait paraît-il raté l'aventure de la NRF. On évoquait encore ses frasques et ses colères homériques en famille. J'en saurai un jour bien davantage mais pour lors, j'avais un peu de mal à suivre l'histoire que racontaient ces tableaux... Je comprenais qu'il y avait eu des destins brisés, des rêves fracassés. Ils jetaient quelques ombres inquiétantes sur le charme romantique du nid d'artiste.

Je mesurais ce qui me séparait de cet univers : chez moi, personne ne peignait, mais les grands-mères et leurs petites-filles auraient adoré poser pour les peintres.

Sur l'arbre généalogique complexe de la famille, les artistes traversaient les générations et se bousculaient sur les branches. L'art était bizarrement inscrit dans leurs gènes : tout le monde peignait ou écrivait, de père en fils, dans la lignée de Jean-Marie Rouart. Certains composaient de la musique ou jouaient du violon, du piano, en virtuoses. Renoir avait représenté les deux sœurs Lerolle à ce piano noir, sur lequel elles avaient joué à quatre mains avec leur ami Debussy. Je trouvais tout cela extraordinaire. Une chose pourtant m'intriguait, sans que j'ose aborder le sujet. Pourquoi certaines de ces toiles, signées des peintres les plus fameux, le Degas, les deux Renoir, et ce petit Corot — un sous-bois, bordé d'une rivière — n'étaient-elles ici que des copies, et pourquoi fallait-il aller chercher leurs originaux dans des musées? Tous les autres tableaux, œuvres moins cotées mais authentiques, paraissaient d'autant plus attachants à côté de ces traces à demi effacées, comme s'ils étaient rescapés d'un naufrage. Quelles ruines, quels drames avaient poussé les héritiers à s'en défaire?

Avec l'éclat perdu de ce passé artistique, Jean-Marie Rouart entretenait des relations sans gravité. Il racontait avec drôlerie les péripéties familiales, comme s'il s'était agi d'un roman. Les prouesses techniques d'Henri Rouart, qui ne s'était pas contenté de peindre, l'amusaient. Il aimait rappeler qu'il était l'inventeur du « petit bleu » (la lettre par pneumatique), d'un système de réfrigération, si performant qu'il équipait des usines en Amérique et aussi la morgue!, ainsi que d'un des premiers modèles de bicyclette qu'il me proposa d'aller voir au musée des Arts et Métiers. Il me rapporta une anecdote cocasse : Henri Rouart, scientifique doué, souvent visionnaire, avait inventé un moteur fameux. Mais lorsque le carrossier Levassor lui proposa de construire une voiture, il martela : « L'automobile n'a aucun avenir! », ce qui amena Levassor à s'associer avec Panhard.

De cet aïeul, qui avait tout réussi dans la vie, sauf l'aventure automobile, et dont le destin ne ménagerait pas la descendance, Jean-Marie conservait les toiles discrètes et les belles gravures : elles retenaient mon regard.

Il y avait d'autres visages autour du jeune écrivain. Une photographie de Malraux jeune, un mégot fumant à la bouche et les rides dessinées sur le front comme des hiéroglyphes. Une autre, d'une jeune fille noyée, dont le masque mortuaire était sculpté dans la pierre, l'Inconnue de la Seine — vision macabre, où il devait trouver le reflet de ses propres démons intérieurs, la fascination pour le suicide et pour toutes les formes de désespoir. Enfin, une affiche montrant une femme en deuil, superbe, dans une robe et sous un chapeau d'un noir presque joyeux : *Berthe Morisot au bouquet de violettes*. Un de ses célèbres portraits par Manet. Aujourd'hui à Orsay, il était encore à l'époque chez l'oncle du romancier des *Feux du pouvoir*. Et je le voyais pour la première fois.

Plus que l'histoire de l'art, dont cette famille était un condensé inouï, une mixture, un véritable tapioca, c'était le climat de mélancolie qui me frappait, un halo d'impressions diffuses. Alors que le jeune homme au chômage, viré pour non-obéissance aux puissants de ce monde, non-respect de l'idéologie dominante, continuait sur sa lancée sa diatribe contre les multinationales, je ne me lassais pas de regarder les tableaux parmi lesquels il vivait, absorbée par leur charme. Ils avaient l'extraordinaire pouvoir de suspendre le temps. Je m'éloignais sur des dunes atlantiques et des bords de Seine, des allées bordées de hêtres ou de saules, des rues de Venise où des palais fantômes se reflètent dans l'eau. Il y avait une certaine tristesse dans ces paysages : la peinture ne procurait-elle donc pas le bonheur attendu — ce bonheur dont j'avais une idée simple et naïve. De quoi l'art pouvait-il être le reflet ? De quelles souffrances étais-je le témoin surpris et plein d'ignorance ?

Mes yeux fixaient une toile en particulier : une maison au toit rose, posée sur une terre mouvante, où elle semblait flotter, bercée par les eaux. C'était le père de Jean-Marie,

Augustin Rouart, qui l'avait peinte à Noirmoutier. De tous les artistes de la famille, Augustin avait le pinceau le plus lumineux. Ni impressionniste ni post-impressionniste, évadé d'un monde où Degas régnait en maître absolu, il avait renoué avec les premiers temps de la peinture, avec les primitifs italiens surtout qu'il vénérait. Il aimait la simplicité, la sincérité, le chant du vent dans les feuilles plus que les conversations brillantes ou policées. Je le connaîtrais à la fin de sa vie : un vieux monsieur, très mince, aux yeux rêveurs. Je lui aurais à peine dit bonjour qu'il me réciterait un poème entier de Verlaine : « Voici des fruits, des fleurs, des feuilles et des branches, et puis voici mon cœur qui ne bat que pour vous. » C'était l'exact résumé de son œuvre, proche de la nature et de la vérité des choses. Il avait une prédilection pour les natures mortes : elles paraissaient vivantes sur les toiles, où les fleurs, les fruits, les vases en porcelaine, les assiettes, les pichets, les couteaux à manche d'ébène racontaient une histoire, en marge du temps. Préservée des fureurs modernes, ayant traversé miraculeusement toutes les révolutions picturales du XXᵉ siècle sans s'y intéresser, elle avait la magie de la petite madeleine de Proust. Elle réveillait des images d'enfance, dans des maisons douillettes, où il fait bon vivre, mais où on pleure parfois, des larmes inconsolables. J'aimais particulièrement ses fleurs, peintes avec une précision et une délicatesse d'enlumineur, qui formaient sur les murs de l'appartement de son fils un merveilleux bouquet composite.

Sur ses tableaux de Noirmoutier, la mer, le sable et le ciel en arrivaient à se confondre, dans des vagues de gris et de bleu ; parfois un petit voilier pointait à l'horizon. Augustin Rouart était un artiste solitaire. Il fuyait ses contemporains, cherchait sa vérité en lui-même. Sa peinture lumineuse ne laissait rien voir des tourments, des doutes qui le torturaient. L'art était pour lui une ascèse. Le grand-père, Louis Rouart, personnage jouisseur et truculent, avait été amateur de femmes, de vins de Bordeaux et de voyages en Italie. Augustin, tout au contraire, ne semblait connaître le bonheur que sur les tableaux qu'il peignait. Jean-Marie Rouart en avait souffert — il me le dit. Comme Malraux, dont la photo au mur était moins là pour lui rappeler la gloire de l'écrivain que sa jeunesse difficile dans la banlieue de Bondy, il avait le sentiment d'un échec social. Il en voulait à la peinture qui exigeait de tels sacrifices. Rien ne l'épouvantait davantage que le destin des artistes maudits. Aussi s'était-il juré de rompre avec la malédiction familiale et de faire entrer dans sa vie la lumière de l'art, obsession de tous les siens, et non plus ses poisons.

J'étais venue rue du Cherche-Midi, envoyée par un journaliste de France Culture, dont j'étais la toute neuve assistante : Jacques Paugam. J'avais remplacé dans son équipe un précédent collaborateur, nommé Jacques-Rémy Zéphir. Chargée de préparer les rencontres avec ses invités, je lui remettais des fiches. À charge pour lui d'y ajouter au micro son étincelant talent radiophonique. C'étaient mes débuts, et ils étaient modestes. J'étais là pour poser des questions et pour prendre des notes. Au lieu de quoi je rêvais, assaillie d'images, de destins, de citations d'auteurs, où se perdait le fil conducteur de mon entretien.

Tout comme le héros des *Feux du pouvoir*, Jean-Marie Rouart cachait sa révolte et riait de tout — d'abord, de ses mésaventures. Mais d'avoir perdu le combat contre la pieuvre pétrolière aggravait son sentiment d'injustice, le même qui animait son roman d'une flamme vengeresse. D'avoir dû démissionner du *Figaro* et d'avoir perdu l'amitié de Jean d'Ormesson le renvoyait à une situation de paria. Il craignait d'avoir renoué avec l'échec social. C'était là tout le sujet de son roman, fresque ambitieuse et maîtrisée, dont le style mordant contrastait avec sa personnalité romantique et survoltée. Il avait enfin abandonné le terrain de son combat, pour parler non pas de lui, encore moins de la peinture, mais des écrivains qu'il aimait. Dans ma famille, nul n'aurait cité Aragon, Mallarmé, Malraux dans une même phrase ! Il les associait à son profond sentiment d'exclusion, et cherchait près d'eux, comme si des liens fraternels les liaient, un soutien, une consolation. Rien de livresque, rien d'érudit chez lui. La Littérature, c'était sa vie, voilà ce que je comprenais. Je renonçai à consigner les livres qu'il avait lus, ceux qui avaient compté pour lui, ceux qu'il connaissait par cœur. Je l'écoutais me parler de son avenir : il avait beau être au chômage, il restait enthousiaste, plein de projets que je trouvais fous. Ses deux livres précédents n'avaient eu que des succès d'estime. Qu'importe ? Ce qu'il désirait, c'était un destin d'écrivain. Il plaçait tous ses espoirs dans la Littérature. Son ambition, il la déclarait ouvertement : il désirait la gloire et l'attendait de ses livres. Ce jour-là, j'ai retenu au moins une citation de Chateaubriand : « de la gloire pour se faire aimer ».

Dans l'appartement de la rue du Cherche-Midi, il y avait sans que j'en aie conscience, sans que je puisse même en deviner l'augure, tout ce qui serait la matière et la trame de mes livres futurs. La joie et les affres de la création artistique ; les tragédies familiales ; les désordres amoureux ; le sort incroyablement romanesque des œuvres quand elles quittent l'atelier ; et l'illustration de cette vérité, que j'étais alors très loin de comprendre, n'ayant côtoyé les artistes que dans les musées où ils apparaissent trop propres et bien ordonnés, hors de tout contexte humain, figés dans une renommée posthume : l'art est en deuil du bonheur. Tout ce qui me passionnerait par la suite, le pourquoi, le comment de mes livres, était en place ici et je n'en savais rien.

Comment aurais-je pu imaginer, moi qui n'avais jamais écrit, pas même un article, que ce garçon au bord du gouffre social, avec ses plans sur la comète, je me retrouverais avec lui à l'Académie française ? C'est le roman le plus inimaginable, le plus inattendu, de ceux que j'aurais pu écrire.

4

Les enfants du Mercure

Avec ses cheveux bruns, légèrement auburn, coiffés en un carré impeccable, et sa bouche teintée d'un rouge orangé, sans fards et sans bijoux — coquetterie suprême —, sinon une broche de loin en loin, Simone portait avec fierté, comme une duchesse de sang bleu, son nom de Gallimard. Divorcée de Claude Gallimard, qui dirigeait alors la célèbre maison de la rue Sébastien-Bottin, et mère de ses quatre enfants, elle me parlait de « Gaston », leur grand-père, avec affection et un naturel déconcertant. Il l'avait accueillie à bras ouverts dans la famille, quand elle avait épousé Claude, puis l'avait toujours protégée. C'est lui qui lui avait confié les rênes de cette filiale, un peu somnolente, pour laquelle il éprouvait, disait-elle, « une vieille tendresse », le Mercure de France.

J'étais étonnée : tout le monde, à Paris, appelait Simone Gallimard Simone — même ses enfants.

Mais Gaston Gallimard ? Comment pouvait-on appeler « Gaston » le fondateur de la NRF, ami de Gide, de Proust et d'un nombre considérable de vieilles barbes de l'édition ? Je m'habituerais peu à peu à parler de lui comme si je l'avais toujours connu, à la manière d'un aïeul respectable qui vous a fait sauter, enfant, sur ses genoux. Mais il me fallut un peu de temps.

Dans des tailleurs d'Yves Saint Laurent, en soie ou en très fin lainage, Simone avait une élégance intemporelle et le charme de ces grandes dames du XVIIIe siècle, qui telle la Du Deffand, tenaient salon. Comme à ces lointains modèles, on lui prêtait des liaisons qu'elle n'avait peut-être pas eues. Une surtout, brève et déjà ancienne, avec Roger Nimier. La mort de l'écrivain y avait mis fin. Il s'était tué en voiture, en compagnie de la mystérieuse Sunsiaré de Larcône. Simone avait plus tard quitté son mari, ses enfants, un foyer confortable et sûr, pour une passion tout aussi éphémère — un homme plus jeune et d'un milieu beaucoup moins huppé que le sien. C'est une des premières phrases d'elle dont je me souvienne : « Ma petite fille, la vie commence à soixante ans ! »

Sentimentale, et même fleur bleue, sous ses dehors classiques, cachant une âme d'adolescente qui aurait nui au sérieux de sa fonction, elle adorait les histoires d'amour et, quand elle ne les lisait pas en manuscrits, essayait d'en construire autour d'elle, imaginant des alliances, forgeant des couples fictifs et réussissant quelquefois à installer des liaisons. Leur caractère officieux, secret, adultère, l'enchantait plus que tout. C'est ainsi qu'elle m'avouerait un jour avoir eu plusieurs fois le projet de me marier — alors que je l'étais déjà !

Le Mercure de France se prêtait à ces rêves d'amour.

Son siège, au 26 rue de Condé, était en effet l'hôtel de Beaumarchais. L'écrivain y avait écrit ses fameuses lettres à Amélie Houret de La Morinaie : « J'ai sucé ta bouche rosée. J'ai dévoré le bout de tes tétons... » Le vénérable édifice à la façade noircie où j'entrai presque en dansant le premier jour, par une porte cochère datant du temps des équipages, ne laissait pas prévoir ces secrets d'alcôve. L'amour, pourtant, habitait ses murs. Le Mercure de France, qui allait bientôt fêter ses cent ans, possédait le catalogue le plus chaud, le plus hardi, de l'édition française. Dans la tradition du Beaumarchais érotique, sinon tout à fait porno, dont le Mercure conservait la correspondance, Apollinaire y avait publié son *Enfer* : un florilège tenu longtemps hors de portée, dans les caves de la Bibliothèque nationale. Y figurent *Les Treize Sonnets du doigt dedans*, du dénommé M. de la Braguette, initialement publié à Domrémy-la-Pucelle (Vosges) — l'une des fleurs de cet *Enfer*, rassemblé avec le plus grand soin par le poète d'*Alcools*.

C'est au Mercure de France que Pierre Louÿs, plus délicat, publia *Aphrodite* : « Elle est la grotte humide, le gîte toujours chaud... »

Et Remy de Gourmont ses *Lettres à l'Amazone*, où il dispense peu de chastes conseils : « La chasteté en amour n'est qu'une espèce d'avarice. » Des passages trop osés avaient été expurgés du *Journal* de Paul Léautaud — autre vedette de la maison. Le catalogue comptait peu de guides de vertu ! En tout cas, ni Jean de Tinan, auteur de *Maîtresse d'esthètes*, ni Paul-Jean Toulet n'étaient du nombre.

De ce dernier, j'avais lu et relu *La Jeune Fille verte*, où dans une scène mémorable les amants font l'amour au rythme d'une balle de pelote basque qui frappe contre les volets mi-clos de leur chambre. À tous ces poètes licencieux, à ces romanciers de la luxure et du péché, Henri de Régnier, dont les poèmes ne sont que caresses, délices et perversités, apporte son panache particulier : tous les mardis, pendant des années, il est venu passer ici des fins d'après-midi voluptueuses, en compagnie de Rachilde, la belle maîtresse des lieux.

Bien des auteurs du Mercure, dont Régnier, Louÿs et Tinan, mais aussi Colette, qui, enfin débarrassée de Willy, y publia pour la première fois sous son seul nom (*La Retraite sentimentale*), entreraient un jour dans mes livres : je l'ignorais, évidemment. L'idée ne m'en a pas effleurée.

En attendant, je dévorais leurs ouvrages, disponibles à la demande dans la petite bibliothèque du Mercure, au rez-de-chaussée de l'hôtel particulier, derrière des grillages à poules.

Un établissement qui, à première vue, avait des allures d'institution pour jeunes filles de bonne famille, dirigée par une mère supérieure de l'édition, libérale et raffinée. Mais, loin d'être un couvent, il recelait toutes sortes de charmes très excitants, un entêtant parfum de musc et d'ambre.

C'est là que je signai mon premier contrat. Là que je publiai mon premier roman : *Les Heures volées*. Une histoire d'amour, bien sûr.

Les auteurs de Simone, du moins les vivants, avaient en

commun la jeunesse : la plupart débutaient comme moi. Nous succédions à d'augustes aînés, dont la gloire aurait pu être écrasante, mais nous étions insouciants, si légers! Même la réputation, quasi universelle, de deux immenses poètes vivants, Yves Bonnefoy et Pierre Jean Jouve, ne parvenait pas à nous rejeter dans l'ombre, tant nous vivions l'instant présent et la joie d'être publiés. D'ailleurs, ces grands poètes, bénéficiant d'un statut particulier, nous ne les fréquentions pas. Ils ne venaient pas au Mercure, Simone se rendait auprès d'eux. Tels des fantômes tutélaires, ils nous paraissaient avoir l'âge du patrimoine, qui était le « fonds » historique et prestigieux de notre séculaire maison. Autrefois d'une couleur crème, la couverture de nos livres était bleue, d'un bleu pastel à la Marie Laurencin, autre grande amoureuse, l'une des sensuelles muses de Guillaume Apollinaire. Cette couverture, assez peu commerciale, il faut le reconnaître, était ornée d'un « pétase », nom savant qui désigne le casque ailé d'Hermès dans la mythologie — j'en découvris la définition à la parution des *Heures volées*. Comble de sophistication, l'année de publication y était indiquée en chiffres romains, tout en bas. Pour moi : MCMLXXXI.

Je ne sais en quelle année Simone — ou peut-être sa fille Isabelle, qui lui succéderait — oserait changer ces hiéroglyphes, d'un élitisme hors d'âge, pour afficher le millésime en chiffres arabes. Pour moi, 1981.

Quoi qu'il en soit, grâce à Hermès (Mercure pour les Romains), nos livres avaient des ailes, c'est tout ce qui comptait pour nous.

Un seul écrivain, mort tout récemment, apportait ici un vent de modernité, rageur et décapant. C'était Romain Gary, qui avait secrètement publié au Mercure de France quatre romans à succès, sous le pseudonyme d'Émile Ajar. *Gros-Câlin* et *La Vie devant soi*, pour les plus célèbres. Une manne pour la maison, mais aussi un scandale. Simone Gallimard venait de l'apprendre, par la publication récente du livre de Pavlowitch qui, après la mort de Gary, révélait « l'affaire » : elle avait été bernée par les protagonistes. Ils l'avaient fait venir à Copenhague, destination loufoque et choisie au hasard, pour signer le contrat avec Ajar — en fait Pavlowitch, le neveu qui n'avait pas écrit une ligne mais accepta d'incarner le rôle, pour mieux encore brouiller les pistes. Elle avait admiré le pseudo-écrivain et lui avait fait tellement confiance qu'elle lui avait offert le poste de directeur littéraire, occupé jadis par Vallette, Rachilde et Georges Duhamel. Pour moi, ce n'était pas de chance : Pavlowitch-Ajar venait de quitter la maison, quand j'y arrivai. Il m'échappait déjà, sans que je le sache, n'ayant pas encore eu l'idée d'écrire sur Gary.

Nous, les auteurs du Mercure, formions une troupe joyeuse et dissipée, soudée autour de Simone. Non seulement nous nous croisions souvent rue de Condé, où nous tenions des conciliabules en sirotant du thé dans la bibliothèque, mais nous déjeunions et dînions chez elle, plusieurs fois par semaine, dans son appartement de la place de Furstenberg. Parfois nous partions en week-end avec elle, dans l'une ou l'autre de ses jolies maisons, en Bretagne ou à Pacy-sur-Eure. Elle emportait alors un panier en osier, chargé de provisions, pour avoir tout sous la main en arrivant : le pain et les fruits, le saumon fumé et les blinis, qui composaient ses sobres menus. La maison de Bretagne, meublée de tables et d'armoires choisies autrefois avec un amateur de beaux objets nommé Paul Morand, dominait l'océan ; par un sentier de douaniers, semé d'ajoncs et de bruyères, on pouvait marcher des heures dans l'air iodé et vivifiant. Elle emportait de Paris une ravissante terre cuite du XVIIIe siècle, représentant une tête de jeune fille, dont elle ne se séparait jamais. Elle la remportait en partant. C'est en Bretagne, près d'un feu de cheminée, que j'ai plus tard corrigé les épreuves de mon *Romain Gary*, en tâchant d'inclure les corrections proposées par Georges Kiejman — futur secrétaire d'État à la Justice de François Mitterrand —, l'avocat de la maison Gallimard. Simone avait fait appel à lui pour sauver mon livre d'une interdiction de paraître.

Pacy-sur-Eure était un ancien presbytère, où par une fantaisie assez rare chez elle, qui n'estimait et ne goûtait que le beau le plus classique, la sobriété des lignes et des couleurs, elle avait mis une moquette à ramages verts — sans doute pour prolonger la pelouse, à l'intérieur. Cette moquette l'agaçait elle-même quand nous arrivions : elle se promettait de rendre leur vie aux tomettes qu'elle avait fait disparaître. Mais ce que nous préférions tous, et de loin, c'était son appartement de la place de Furstenberg : au troisième étage d'un immeuble encore plus vieux que celui du Mercure de France, juste au-dessus de l'atelier de Delacroix.

Des géraniums blancs aux fenêtres, qui ouvraient sur les jardins privés de la rue Jacob, c'était l'endroit le plus calme et le plus apaisant que j'aie connu à Paris. À la belle saison, on y entendait les oiseaux chanter. Nous déjeunions dans sa cuisine, où elle faisait griller pour nous des côtelettes d'agneau — elle-même, devenue végétarienne, ne se nourrissait plus que de bouillies de céréales et, les week-ends, du rituel saumon. Ses enfants participaient eux aussi aux repas, qui nous réunissaient à tour de rôle, mêlés à des critiques littéraires et à des journalistes de presse ou de télévision. Elle organisait la promotion de ses jeunes auteurs avec un chic incontestable et une efficacité sans relâche, en déployant des charmes de professionnelle de la séduction. Pour Simone, il n'y avait pas de frontière entre sa vie privée et sa vie professionnelle : la place de Furstenberg prolongeait tout naturellement la rue de Condé, de même que ses maisons de vacances, qui en étaient les annexes douillettes et accueillantes.

Nous étions tous ses enfants, ses « enfants chéris ». J'entends sa voix me dire : mon petit, ma chérie. Nous étions sa famille élargie, elle nous tutoyait — quoique je n'aie jamais osé lui dire « tu ». J'avais — nous avions tous — avec elle, chacun de ses auteurs en particulier, une intimité qui rendait les rapports faciles, ainsi que les confidences ou les aveux. Elle avait l'âge d'être ma mère, mais m'a toujours parlé en amie ou en grande sœur — cette grande sœur que je n'ai pas eue. C'était rassurant et c'était dynamique de l'avoir pour éditeur. Elle ne nous laissait pas nous reposer. De temps en temps, un coup de téléphone opportun venait nous réveiller. « Tu travailles, ma chérie? », il n'en fallait pas plus pour que je retourne à mes cahiers, à mon stylo. Elle passait autant de temps à nous choyer qu'à choisir le papier, les caractères des livres du Mercure et à peaufiner leur beauté — cette perfectionniste ne laissait rien au hasard.

Nous avions adopté sa devise, qu'elle avait reprise du langage des mousses, à bord de la Marine royale : « Hardi, petit! » Car elle était bretonne. Cette devise, je l'ai gardée.

Fille d'André Cornu, ancien préfet, député puis sénateur des Côtes-du-Nord, secrétaire d'État aux Beaux-Arts et membre de l'Institut, elle rappelait volontiers ses hauts faits : les premiers chantiers de rénovation du château de Versailles ou la nomination de Jean Vilar au TNP. Elle qui prisait l'éclat du nom des Gallimard mettait une certaine coquetterie à rappeler qu'elle était née Cornu. Rien cependant ne lui donnait plus de joie, plus de rose aux joues, que nos succès à nous, ses enfants chéris.

Comparé à Grasset, à Gallimard, au Seuil, le Mercure était une petite maison, trop marginale pour obtenir de grands prix littéraires. Elle avait pourtant réussi à en décrocher quelques-uns, le Femina ou le Médicis. Le Goncourt de Gary-Ajar couronnait son travail et parait de feux l'hôtel de Beaumarchais. Dès mon second roman, *Argentina*, elle eut l'idée de briguer pour moi l'Interallié, prix que la maison n'avait encore jamais remporté. L'entreprise tenait de la gageure, sinon de la mégalomanie : mais *Argentina* fut sélectionné et parvint en finale, avant de perdre la partie. « Nous l'aurons pour le suivant! », elle semblait en être convaincue. *Malika*, mon troisième roman, fut sa bataille, beaucoup plus que la mienne. Cette bataille, tout le monde pouvait la croire perdue d'avance, non seulement à cause du Mercure, mais à cause de la romancière que j'étais, que je suis encore en dépit des apparences : une éternelle débutante. En somme, David contre Goliath. C'était compter sans l'obstination, la farouche détermination de Simone qui, dans ses tailleurs de grande bourgeoise, cachait une âme et une force de guerrière. Ce prix était pour elle un défi personnel. Elle le voulait pour le Mercure autant que pour moi.

Elle organisa des déjeuners, des dîners, invita les jurés à la campagne, leur envoya des caisses remplies de Pléiades, avec l'accord de la maison mère qui devait trouver qu'elle exagérait. Elle se lia même à des épouses de jurés, dans l'unique but d'influencer « ces messieurs », comme elle les appelait, car l'Interallié était un jury d'hommes. Je suivais comme je pouvais ce projet complètement fou, dont la folie me dépassait. À quelques jours du prix, l'inquiétude la gagna — l'affaire se présentait mal. Elle eut alors recours à un mystérieux stratagème : mon Interallié fut une sorte de miracle. *Malika* fut primé à la surprise générale, y compris à celle du jury, qui fut le premier étonné. Aucun des jurés ne se douta qu'il avait été sous l'emprise d'une tentative d'ensorcellement.

Simone, qui sentait venir la défaite, avait fait appel à un mage. Elle publiait justement le livre d'une messagère dudit mage, qui expliquait son action sur terre, ses hauts faits, ses miracles et ses malédictions. Je ne dirai pas le nom du mage : il est tabou et peut porter malheur, si l'on n'y prend garde. Il a sa tombe au Père-Lachaise, toujours abondamment fleurie de gerbes de fleurs jaunes — couleur du soufre. À la demande de Simone, la messagère avait intercédé. Il y avait eu un échange de documents, une bénédiction, des aspersions d'encens, mais je n'y ai pas assisté.

La veille du prix, Simone me confia une photo du mage. Il fallait que je la colle à même ma peau, aux premières heures du jour, et que je la garde sur moi jusqu'à l'obtention du prix. Je m'exécutai : dès l'aube, je fixai soigneusement la photo à ma cuisse avec l'élastique de mon bas. C'est avec ce tatouage invisible que j'ai passé la matinée. Nous avons attendu le verdict ensemble, poussé des cris de joie à l'annonce du résultat tant espéré et nous sommes précipitées chez Lasserre, le restaurant étoilé où se tient le déjeuner traditionnel, pour recevoir mon prix. Les photographes, la télévision, une horde de journalistes nous attendaient. On nous félicita. Les dix jurés étaient à table, sous un énorme lustre ; ils se sont levés pour nous recevoir. Je devais rester déjeuner avec eux. Je me souviens qu'au moment de s'éclipser, Simone, la voix ferme malgré son émotion, leur a lancé un : « Merci, messieurs ! », qui les a saisis. Ils l'ont applaudie. Puis, je me suis assise entre Lucien Bodard et Pierre Schoendoerffer. C'était une tablée virile, qui n'avait presque jamais couronné de femmes (bien avant moi, Raphaële Billetdoux). Je dus chanter — rite de passage imposé à tous les lauréats. Je ne sais plus quel air j'ai fredonné. J'appris que le scrutin avait été très serré et qu'une seule voix l'avait fait basculer en ma faveur.

Je suivis les conversations sur un petit nuage, toujours avec mon talisman scotché à la cuisse. Je le garderais jusqu'à ce que la nuit tombe, car j'avais peur, si je l'enlevais, de briser l'ensorcellement. Peur de me retrouver dans mes habits de Cendrillon.

Simone a payé très cher notre victoire. Quelques années plus tard, pour une dérisoire question de droits d'auteur, elle se brouilla avec la messagère. Celle-ci se vengea et, dans ce but, fit appel au mage. Simone tomba malade. Elle attribua à des forces obscures la récidive d'un ancien cancer du sein, dont la guérison avait été déclarée certaine. Le cancer l'emporta. Mais il fallut qu'elle entre en agonie pour lâcher les rênes du Mercure de France et le souci de ses chers auteurs. Avant de mourir, très affaiblie, torturée par les traitements, elle eut encore la force de lancer un petit nouveau : un jeune Russe, récemment débarqué en France et qui n'écrivait qu'en français, Andreï Makine. Elle me téléphona une dernière fois pour me recommander la lecture du roman qu'elle allait publier : *Le Testament français*. Simone partait sur un triomphe. Elle s'occupa personnellement, depuis son lit de souffrance, de son protégé et n'eut pas besoin de recourir pour lui à la sorcellerie. Elle était encore vivante quand il reçut le Prix Médicis. Le Goncourt, obtenu de surcroît quelques semaines plus tard, elle l'avait aussi préparé, désiré, orchestré — mais quand Makine le reçut, elle n'était plus là.

Je suis allée lui rendre une dernière visite, place de Furstenberg. Plus élégante que jamais, on l'avait habillée dans un tailleur de soie bleue — Saint Laurent bien sûr —, et on lui avait joint les mains sur un crucifix. Elle avait enduré de terribles souffrances, pourtant sur ce lit de mort elle était encore lumineuse et elle souriait. Cette femme courageuse avait rendu les armes, mais elle était en paix.

Une immense douceur l'entourait, dans cette chambre décorée d'aquarelles napolitaines, chinées autrefois avec l'inséparable Paul Morand.

5

Les dames galantes

À deux pas du Mercure de France, cent mètres tout au plus, quartier décidément propice à la promenade et à la fantaisie, j'entrai un jour par hasard chez un marchand de livres anciens de la rue de l'Odéon. En vitrine, un joli coffret en carton noir avait attiré mon attention et piqué ma curiosité : « Collection secrète d'un auteur célèbre ».

Le coffret contenait des photographies datant des années 1900, que le libraire, porté sur les curiosa, avait fait réimprimer à la manière de cartes postales. Il me laissa les consulter. C'était une ribambelle de femmes nues, offertes dans les positions les plus crues. Certaines, exposées sur un piano. Un corset, une jarretière, oubliés en arrière-plan, rappelaient une mode disparue et corsaient la pornographie de l'ensemble. Quel autre mot pour les qualifier ? À leur parfum suranné se mêlait une puissante odeur de transgression. Une particularité m'avait frappée dans l'échantillonnage : toutes ces beautés de la Belle Époque avaient des toisons extravagantes, et brunes, sans exception.

Une notice explicative, très utile pour la novice que j'étais, accompagnait ce drôle d'objet. J'appris que l'auteur célèbre n'était autre que Pierre Louÿs, le poète symboliste, parmi les plus fameux de ceux publiés au Mercure. J'avais lu son *Aphrodite*, sans me douter de ces à-côtés. Ni même qu'il était passionné de photographie : il avait acheté un Kodak pour photographier les paysages algériens, d'Alger à Biskra, découverts sur le conseil de Gide, et l'avait utilisé, de retour à Paris, pour cet autre genre de tourisme. On pouvait reconnaître le poète sur l'un des clichés. Par un jeu de miroirs équivalent à nos actuels selfies, il s'était photographié lui-même, dans une position sans ambiguïté. D'après la notice, les séances de pose avaient lieu dans sa garçonnière, on retrouvait la même tapisserie à ramages, d'une photo à l'autre. Les mises en scène étaient étudiées, les angles de vue précis. Louÿs, d'après ce que j'apprenais, avait été un voyeur invétéré, réputé pour être un consommateur insatiable. Toutes les femmes représentées sur les cartes postales étaient ses maîtresses. On ne pouvait rien ignorer de leur anatomie, ni ce que l'auteur de la notice appelait leur « bouche d'ombre ».

Petit détail pittoresque : le piano, sur lequel l'une des maîtresses de Louÿs avait posé, était un Mustel. Debussy — grand ami de Louÿs — y avait joué dans ce cadre intime la première partie de *Pelléas et Mélisande*.

Parmi les brunes maîtresses de Pierre Louÿs, figurait une des trois filles du poète José Maria de Heredia, Marie : l'épouse d'Henri de Régnier. Un nom doublement respectable pour un modèle qui n'avait pas l'air de se soucier beaucoup de respectabilité. Elle avait un corps souple et gracieux, plus fin que celui des autres muses. Je trouvais délicieux les sourires qu'elle adressait au photographe : elle semblait non seulement prendre à la légère ce qu'il lui demandait, cette suite de poses acrobatiques, joyeusement consenties, mais avoir noué avec lui des liens de connivence. Quand Marie entrait en scène, les clichés, franchement salés, paraissaient un jeu innocent ! C'est ainsi que je rencontrai l'héroïne d'une de mes biographies à venir : *Les Yeux noirs*.

Car Marie avait les yeux noirs, tout comme les deux autres sœurs Heredia.

Que cette jeune femme, offerte au Kodak de Louÿs, ait pu être la fille de José Maria de Heredia m'avait aussitôt intriguée. Quelle parenté insolite avec un auteur qui figurait dans le Lagarde et Michard ! J'avais le souvenir de vers sonores, pleins de vols de gerfauts et d'azurs phosphorescents, qu'il fallait réciter sur l'estrade sans buter sur un mot. *Les Trophées* me rappelaient mes angoisses d'écolière, en uniforme à jupe plissée : un fossé vertigineux les séparait de ces photographies de Marie dévêtue, prises par son amant. Comment s'était-elle échappée de l'univers paternel, officiel et pompeux ? Combien de tabous avait-elle dû enfreindre, pour s'affranchir des codes, faire si peu de cas des interdits ? Deux mondes se télescopaient : l'un conventionnel, académique. L'autre, décorseté, subversif. Comment était-elle parvenue à les concilier ? Vraiment, j'étais curieuse de le savoir.

Ce que j'apprendrais, en écrivant *Les Yeux noirs*, c'est

que ces deux mondes s'imbriquent plus qu'ils ne se télescopent. Ils finiraient par s'emmêler avec une étonnante fluidité. Marie et ses proches avaient de la vie une vision très souple.

Henri de Régnier, dont j'avais pu apercevoir le portrait au Mercure, dans la galerie des auteurs maison, portait un monocle à l'œil gauche et se tenait si droit que ses amis l'appelaient Stick (en anglais, canne ou bâton). Ce maintien hautain, peu engageant, qu'il devait avoir hérité de ses ancêtres chevaliers de Saint Louis, manquait singulièrement de sex-appeal. L'un de ses amis, écrivain amateur, comparait le pauvre Régnier à « une cigogne mâtinée de dindon ». Et Léon Daudet, autre méchant camarade, trouvait qu'il ressemblait à « un cadavre oublié debout sous la pluie par un assassin distrait ».

Avec Pierre Louÿs, ils étaient allés ensemble, à vingt ans, rue Balzac, rendre visite à José Maria de Heredia : le maître recevait, auréolé d'un prestige qu'on peine aujourd'hui à imaginer. Les poètes se bousculaient chez lui, les samedis après-midi. Chacun récitait des vers, pas forcément les siens, on discutait de rimes et de césures, des mérites de l'alexandrin ou du décasyllabe. Des débats passionnés autour du vers libre voyaient s'affronter les générations. Le tumulte s'apaisait dès que Heredia, d'une voix qui faisait tinter les lustres en verre de Venise, se mettait à déclamer : on l'écoutait religieusement. « Tout tremble : c'est Heredia, à la voix farouche et vibrante », on composait des vers sur lui. Et pourtant, le maître bégayait. Mais ce bégaiement sévère, à décourager aujourd'hui un orthophoniste, était un attrait supplémentaire. Heredia avait beau, par cette affliction incurable, rajouter des pieds aux alexandrins, pas un poète présent n'aurait songé à le lui reprocher.

C'est là, dans un appartement rendu opaque par la fumée des cigares, qu'ensemble Louÿs et Régnier avaient connu Marie. L'un était devenu son amant. L'autre, son mari : dans ce rôle, Henri de Régnier s'était sacrifié, car il aurait préféré jouer avec elle aux amants éternels. Mais José Maria avait des dettes, de grosses dettes, qui l'avaient conduit à accepter le poste de directeur de la bibliothèque de l'Arsenal : son premier emploi, à cinquante ans passés ! Régnier remboursa les dettes de son futur beau-père, Marie se maria sans dot. Et c'est à trois qu'ils partirent en voyage de noces en Hollande, pour aller voir les tableaux de Rembrandt au Rijksmuseum : Henri, Pierre et Marie — « Moi, elle et lui », ce serait le titre d'un futur roman de Régnier. Je dois dire que je finirais par m'attacher à Henri de Régnier, sincèrement. Son allure raidissime ne laissait rien présager de sa poésie qui était au contraire souple et voluptueuse, comme le corps de sa jeune épouse. Ni des subtilités amoureuses de ses romans. Régnier chantait l'amour, dans des variations mélancoliques. J'appris par cœur quelques-uns de ses vers, tant je les aimais.

En allant vers la Ville où l'on chante aux terrasses
Sous les arbres en fleurs comme des bouquets de fiancées,
En allant vers la Ville où le pavé des places
Vibre au soir rose et bleu d'un silence de danses lassées…

Marie aurait un jour un fils, prénommé Tigre : un secret de plus à ajouter à la longue liste de ses secrets. Nul n'a jamais su, ni même elle, qui était le père de Tigre. Régnier, dont il porta le nom ? Ou Louÿs, son parrain sur les fonts baptismaux ? À moins que ce ne soit Jean de Tinan, encore un auteur du Mercure de France : « le petit Mercure », comme l'appelait Simone Gallimard, avait décidément le rôle rassembleur d'une maison de famille.

Au soir de sa vie, Régnier était entré à l'Académie française — autre maison de famille, d'un style plus collet monté. J'y voyais une solennité incongrue, propre à souligner les excentricités de Marie : son insolence, sa légèreté, ses audaces érotiques étaient enchâssées de la manière la plus esthétique, dans du velours vert.

Rue Balzac, chez ses parents, Marie, qui ne manquait pas d'humour, avait inventé la Canaquadémie. Ses partenaires de jeu, nommés les Canaques associés, s'appelaient Louÿs et Régnier, déjà, mais aussi André Gide, Marcel Proust, Léon Blum, Philippe Berthelot ou... Paul Valéry. C'étaient les jeunes amis de son père. Sacrée reine des Canaques, ils l'appelaient Sa Majesté, Marie Ire. Elle régnait en despote. Pour faire partie de cette élite, il fallait accomplir un rite de passage. L'épreuve consistait en une grimace, qu'il fallait rendre la plus horrible ou la plus comique possible. Quiconque s'y refusait se voyait exclu. Au cours de son histoire, la palme de la grimace revint à Henri de Régnier : une prouesse assurément, étant donné la placidité, le quant-à-soi du personnage. Je dus réviser mes impressions de façade. Au contact de Marie, les plus hautes sommités abandonnent leur cuirasse. Marcel Proust, qui n'avait encore rien écrit, prêt à tout pour entrer dans les cercles mondains, signait ses lettres à Marie « votre fidèle Canaque ». L'auteur de la *Recherche* a perdu beaucoup de temps dans ce cénacle, s'étant appliqué à grimacer pendant des heures devant son miroir ! Chez Heredia, faute d'être considéré, il dînait en bout de table et, malgré son titre de Premier Canaque — Premier ministre ou Grand secrétaire de la Canaquadémie —, accordé par Marie, tout le monde l'appela toujours « le petit Marcel ».

Mon livre avançait ainsi, de découverte littéraire en surprise érotique, à moins que ce ne soit l'inverse. La promenade me plaisait. La littérature à corsage empesé, boutonné jusqu'au cou, qu'on étudie à l'Université, devenait un univers ludique et festif. L'esprit de sérieux en était banni comme une faute de goût. C'est avec allégresse que je m'aventurais sur ces « rives sauvages de l'amour », initiée par de vieux écrivains qui secouaient leur poussière et retrouvaient pour moi leur jeunesse.

Aucun n'eut plus de charme à mes yeux que Pierre Louÿs. Avec ses moustaches blondes et son iris à la boutonnière, il avait été un jeune homme éblouissant, si beau et si talentueux qu'Oscar Wilde, au sommet de sa renommée, bien avant de connaître la geôle de Reading, lui avait dédicacé ainsi l'un de ses livres :

> *Au jeune homme qui adore la beauté*
> *au jeune homme que la beauté adore,*
> *au jeune homme que j'adore.*
> *Oscar*

Tout le monde adorait Louÿs. Ses dons poétiques, reconnus de tous, particulièrement dans le cercle des Heredia, où Gide, Valéry et Proust, ces jeunes gens prometteurs, seraient les génies de demain, furent à les en croire exceptionnels. D'une précocité et d'un éclat surprenants, à vingt ans, ce prince de la poésie possédait tous les atouts pour accomplir une œuvre magistrale. Chacun de ses recueils ainsi que ses premiers romans furent des événements. Dans les cénacles, il pouvait soutenir le dialogue avec les plus fins lettrés, les érudits les plus doctes, comme avec les poètes les plus exigeants. Mallarmé l'avait adoubé — cela valait alors bien plus qu'un diplôme, bien plus qu'une fortune en banque, c'était pour un poète la consécration absolue. Louÿs voulait être « célèbre au milieu d'un petit groupe d'amis, aimé de vingt personnes », ce qui lui paraissait être le comble de la réussite et du bonheur. Il fut exaucé au-delà de ses vœux.

Avant l'âge de quarante ans, il se retira du monde, pour vivre reclus parmi ses livres. Au hameau de Boulainvilliers, dans le XVIe arrondissement où il habitait, de brunes hétaïres continuaient à venir, il ne renonça jamais aux voluptés. Devenu un ermite, poursuivant des travaux d'érudition, s'efforçant notamment de prouver que Molière n'était pas Molière, mais Corneille !, il s'abîma les yeux à la lumière des lampes à huile — il vivait à contretemps du commun des mortels. Obligé d'avoir recours à ses petites amies ou à de jeunes secrétaires qui, tel Claude Farrère, l'auteur de *Fumée d'opium*, lui lisaient à haute voix les livres qu'il aimait ou ceux dont il avait besoin pour nourrir ses recherches, il finit dans la misère et la nuit la plus complète. Une nuit peuplée de chats et des ravissants fantômes de silhouettes féminines qu'il ne pouvait plus voir.

Ses amis l'ont toujours appelé Pierre Louÿ, ainsi qu'il le souhaitait, sans prononcer le *s* final de son nom et en laissant la voix s'attarder sur le son prolongé du *ÿ*. Pierre Louis pour l'état civil, il en avait changé l'écriture, s'inspirant du travail des moines sur les manuscrits, quand ils embellissaient les lettres, les ornant de volutes, d'arabesques, de fleurs et d'oiseaux, avec leurs plumes d'oie. Pierre Louÿs... Au risque de passer pour snob, j'ai toujours respecté sa volonté et, comme tous ses amis, je prononce fidèlement Lou-ÿ. Les initiés se reconnaissent à cette prononciation du nom de leur idole.

Partie comme je l'étais sur la piste marginale et, de mon point de vue, captivante, de son érotomanie, je me faisais un devoir de creuser la question. Je passerai vite sur mes recherches à l'Arsenal, quoique la bibliothèque, en bord de Seine, soit un lieu empreint de poésie : Heredia put y poursuivre tranquillement jusqu'à sa mort, au milieu des livres rares et des archives, une existence vouée au champagne, aux havanes et à la poésie. Le fonds Heredia y est entreposé : légués par ses filles et ses gendres, des lettres, des manuscrits annotés et d'innombrables photos (très convenables, celles-là) regroupées en albums. J'y consacrai des heures studieuses, pressée pourtant d'en venir au cœur de mon sujet : la fièvre et le désordre de mes *Yeux noirs*.

Le cœur battant de ma biographie se trouvait à Arcachon. J'y pris contact avec un collectionneur, qui accepta de me recevoir et dut beaucoup le regretter par la suite. Bibliophile spécialisé dans les auteurs du XIXᵉ siècle, connu dans le monde entier pour avoir rassemblé au fil des ans un nombre considérable de documents autographes autour des personnalités qui précisément m'intéressaient, il exerçait le métier de pharmacien. C'était le docteur Fleury. Une figure de notable. Maire de sa ville pendant de longues années, il gardait influence et prestige sur tout le Bassin. J'avais rendez-vous dans sa pharmacie. Il m'attendait en costume-cravate, Légion d'honneur à la boutonnière, mais chaleureux, aimable, et prêt à me montrer ses trésors, comme il le faisait toujours quand on lui demandait une consultation. Je succédais à un étudiant japonais, à un professeur américain. Humainement, ce pharmacien gardait des réflexes de thérapeute : il soignait quiconque faisait appel à lui, sans exiger de lettre de recommandation. Peut-être aurait-il dû m'en demander une. Mais c'était un homme généreux, qui aimait partager son savoir. Il voulait écrire un livre sur Marie de Régnier, ce qui ne l'incitait à aucune jalousie à mon égard. Bien au contraire : nous serions deux, voilà tout. Je crus un moment qu'il allait me demander d'écrire ce livre à quatre mains. Il devait manquer de temps, avec son travail à la pharmacie, ses fonctions politiques et municipales. Je me voyais mal en tandem avec ce haut personnage, si sympathique et accueillant fût-il. Quoi qu'il en soit, je le suivis dans son appartement, situé juste au-dessus de son officine. Il n'y habitait pas ; il y entreposait sa collection. Il me fit entrer dans un salon de réception, vaste et peu meublé. Des boiseries claires couvraient les murs. Pas de livre, ni de catalogue, ni de revue, dans ce qui aurait pu être la salle d'attente d'un médecin, tellement le décor était anonyme et froid. J'étais déçue, et même un peu inquiète, me sentais menacée — il me semblait qu'il avait refermé la porte à clef.

Je le vis ouvrir une à une les portes des hauts placards, que dissimulaient les élégantes boiseries claires. Sa bibliothèque, alors, apparut. Ma peur s'envola. Je restai sans bouger, sans parler, médusée. Il y avait devant moi, couvrant un grand mur, un ensemble de reliures chatoyantes, brunes, rouges, de couleur bleu nuit ou havane, noires striées d'or ou d'argent, une nuée de livres anciens. Je n'en avais vu jusque-là que dans la lumière faiblarde de bâtiments publics, à la Sorbonne, à l'Arsenal, à Richelieu, jamais chez un particulier. Cette somptueuse bibliothèque était à portée de main, vibrante, sensible, pleine de l'amour de son propriétaire, qui avait choisi un à un chacun de ses trésors.

Le docteur Fleury possédait un ouvrage des premiers temps de l'imprimerie, un incunable — le premier et l'un des plus beaux spécimens de sa collection. Il l'avait acheté à l'âge de dix-huit ou vingt ans, à la mort de son père : « Tout mon héritage y est passé », me dit-il très fier. C'est lui qui m'apprit le sens du mot incunable — en latin, le berceau.

Puis, il tira d'une étagère, relié en bleu nuit, un exemplaire des *Fleurs du mal*. Pas n'importe lequel, bien sûr, mais la première édition, non expurgée, de Poulet-Malassis, celle d'avant le procès de 1857, d'avant le féroce réquisitoire du procureur Pinard. Il l'ouvrit pour moi. J'en lus la dédicace : « à Victor Hugo, Charles Baudelaire ». Pas un mot de plus, pas un commentaire. Rien d'autre que ces deux noms magiques — Hugo, Baudelaire. La page crissait encore de la plume qui l'avait paraphée.

Ce fut pour moi un moment historique : ma rencontre avec le monde des bibliophiles, secret et marginal, dont je ne ferais jamais partie. Il s'accordait pourtant avec ma passion plus simple pour les livres et les histoires qu'ils racontaient.

Le docteur Fleury me conduisit alors à une sorte de pupitre où je pourrais travailler. Il referma les boiseries à clef, et approcha de moi une espèce de petit meuble en fer, à roulettes, semblable à celui où les dentistes rangent leurs instruments. Puis il me laissa. J'étudiai jusqu'à la tombée du jour les innombrables documents qu'il contenait, subjuguée par leur parfum d'amour. Des lettres de Marie de Régnier à Louÿs ou à Tinan, leurs réponses amoureuses, des cartes postales, des télégrammes avec des messages codés, des coupures de presse à la rubrique des petites annonces — le moyen qu'utilisaient Marie et Pierre pour se donner rendez-vous tel jour, à telle heure, dans les diverses garçonnières que le poète eut à Paris. Il en changeait souvent. Je me souviens de quelques adresses, avenue Carnot, avenue Mac-Mahon, boulevard Malesherbes. Cette vie secrète, étalée soudain en pleine lumière dans l'appartement du docteur Fleury, c'était l'histoire bouleversante d'un amour contrarié. Il avait duré jusqu'à la mort de Louÿs. Un dernier poème, dont la beauté triste me serrait le cœur, en témoignait, *Pervigilium mortis*.

Et puis, il y avait des photos, semblables à celles que j'avais consultées chez le libraire de la rue de l'Odéon. Marie intime, dans la garçonnière de Louÿs. Marie en voyage de noces. Marie dans des draps blancs, tenant son bébé Tigre dans les bras. Mais il y avait les autres amies de Louÿs : au dos de photos, le docteur Fleury — je supposais du moins que c'était lui et en eus confirmation ensuite — avait inscrit des prénoms suivis d'un point d'interrogation. Claudine ? Aline ? Musidora ? Il y en avait quelques-unes d'une dénommée Zohra, une compagne exotique du poète et l'une des plus aimées : Marie avait été très jalouse de cette Ouled Naïl, que Louÿs avait connue à Alger, là même où il acheta le spirituel Kodak. Contre tous les conseils, il avait ramené « Zo » à Paris, et vécu avec elle en concubinage. Il ne la cachait pas, l'exhibait plutôt : une revanche contre le clan Heredia ? Elle fit scandale à la Comédie-Française quand elle apparut à son bras, vêtue d'une djellaba en voile transparent sous laquelle elle était nue. Chez Louÿs, elle recevait ses amis en petites tenues.

Valéry, Debussy étaient présents sur ces photos où je voyais Zohra se pavaner, se prélasser sur le piano, ou assise sur eux à califourchon. D'après une carte manuscrite, Valéry lui apportait des pastilles pour la toux et la trouvait bien roulée.

Le docteur Fleury avait étudié les muses de Louÿs avec la plus extrême attention. L'observation d'un clitoris pouvait l'aider à démêler la question de leur virginité ou de leur bisexualité — il développa ses thèses, devant moi, avant que nous nous quittions. Il apportait à son érudition le sceau indiscutable de sa science médicale. Je le félicitai de sa collection, qui était une œuvre en soi et contenait en si grand nombre des documents inédits, de première main. Je le remerciai surtout, car je mesurais l'ampleur de sa bienveillance : non seulement il tenait sa collection à disposition des chercheurs et des chercheuses qui souhaitaient la consulter, mais il ne montra pas la moindre contrariété en apprenant que mon livre, déjà bien avancé, pût paraître avant le sien, sur un sujet identique (il centrerait son livre sur Marie ; je préférais axer le mien sur les trois sœurs, indissociables). Je partis ce jour-là avec des photocopies de documents originaux que, par comble d'attention, il avait demandé à une jeune laborantine d'effectuer pour moi, à l'étage au-dessous.

Je n'aurais dû lui manifester que de la gratitude. Hélas, dans quelques années, j'écrirais un roman où, par les cheminements de l'inconscient, et pas du tout par une volonté de nuire — mais le résultat est le même —, je le mettrais en scène, travesti sous un autre nom, en le transformant à son désavantage. Contrairement à l'exercice de la biographie, il est difficile de maîtriser les forces obscures quand on écrit un roman. Étais-je guidée par l'irrationnel sentiment de peur, éprouvé un bref instant, lors de ma visite de sa bibliothèque, ou par les âpretés de ses analyses clitoridiennes ? Le docteur Fleury m'a inspiré des traits qu'il n'avait pas, je lui ai attribué des perversités qui n'étaient pas les siennes, en bref, j'en ai fait quelqu'un d'autre : un personnage romanesque, avec un caractère, un esprit, une logique qui n'étaient plus du tout lui. Mais il s'est reconnu, ou a cru se reconnaître. Il en a été blessé. Les excuses posthumes ont peu de valeur : qu'il le sache cependant, je me sens coupable à son égard. Et lui demande pardon d'avoir répondu si mal à tant d'hospitalité.

Dans le meuble à roulettes, chez le docteur Fleury, se trouvait un exemplaire d'un livre de Pierre Louÿs, très recherché des amateurs de littérature pornographique : *Trois Filles de leur mère*. Publié après sa mort, comme tous ses autres textes de la même veine, ce récit d'une rare violence, qui met en scène de très jeunes filles, presque des enfants, et leur mère, fait paraître bien pâlots *Le Con d'Irène* ou *Les Onze Mille Verges*. Si Louÿs, comme le veut la légende, s'est inspiré de la famille Heredia, son érotomanie y atteint des sommets. J'avoue que j'ai eu du mal à le lire et ne suis jamais parvenue, loin de là, aux degrés de fièvre qu'il provoque chez ses admirateurs. Quand *Les Yeux noirs* parurent en librairie, je participai avec cent écrivains à une vente de nos livres pour un gala de bienfaisance. Un illustre banquier me demanda de lui dédicacer un exemplaire des *Yeux noirs*. Puis, il voulut ajouter un compliment : il me dit que mon livre irait rejoindre, sur sa table de chevet, ce « chef-d'œuvre » de Louÿs qui l'accompagnait depuis des années — chef-d'œuvre, c'est ainsi qu'il appelait *Trois Filles de leur mère*.

José Maria de Heredia avait bien eu trois filles, en effet. Trois filles aux yeux noirs. Hélène, Marie et Louise. H.M.L.

était l'un des codes que j'avais pu relever dans la correspondance mise à ma disposition par le docteur Fleury. L'aînée, Hélène, épousa un académicien — encore un ! —, pas folichon, directeur de la *Revue des deux mondes* : René Doumic. La plus jeune, Louise, devint Louise Louÿs en épousant l'amant de sa sœur. C'est Marie qui eut l'idée de ce mariage, sans doute pour resserrer les liens.

Louise de Heredia était tuberculeuse. On l'envoya à Arcachon : l'air, à la fois balsamique et iodé, y était réputé pour soigner les poumons. On lui attribuait des vertus antiseptiques, dues à ce miraculeux mélange de l'air marin tamisé par les pins. Avant l'invention de la pénicilline, le bacille de Koch faisait des ravages. On ne connaissait pour remèdes que les sanatoriums en montagne, comme Davos où irait se soigner une autre de mes héroïnes futures (Gala, l'épouse de Dalí), ou les longs séjours près de la mer. Les malheureux phtisiques n'avaient pas d'autre espoir. Pour Loulouse, ainsi qu'on surnommait la petite dernière, le clan Heredia choisit sans hésiter la mer : elle lui rappelait ses ascendances cubaines, les propriétés des ancêtres sur l'île où José Maria avait vu le jour, le luxe et la volupté, les heures chaudes et paresseuses d'une existence d'avant la naissance des trois sœurs — leur père était l'unique fils d'une famille de Cuba, ruinée par les révoltes d'esclaves. Leur plantation avait brûlé. Elle avait même brûlé deux fois, car la famille, après avoir émigré dans l'île voisine de Saint-Domingue, y avait subi le même désastre. Et fut deux fois ruinée, la deuxième définitivement. Mais les îles tropicales restaient pour les trois sœurs un décor enchanté, peuplé de perroquets et bercé de vieilles chansons créoles. Leurs rêves les plus doux les y ramenaient toujours.

Louise, après beaucoup de chagrins, finit par divorcer de Louÿs, qui, soulagé d'un poids, retrouva ses habitudes de célibataire et s'enfonça dans la débauche. Son second mari, Auguste Gilbert de Voisins, évidemment le meilleur ami de Louÿs, était très riche : il offrit à Louise une belle villa à Arcachon dans la Ville d'Hiver. Elle lui demanda de faire graver au fronton le nom de « La Sympathie », celui de la plantation familiale qui avait brûlé sur l'île chérie, puis y vécut les dix-sept dernières années de sa vie.

Ce quartier d'Arcachon, bâti par les frères Pereire sur une colline, à moins d'une centaine de mètres au-dessus de la mer, gardait l'empreinte d'un passé marqué par les malades en sursis qui en avaient été les premiers habitants. C'était un sanatorium en plein air, isolé sur les hauteurs pour diminuer les risques de contagion, et relié à la ville basse par un funiculaire. Ne l'empruntaient que le personnel médical — médecins ou infirmiers —, les prêtres, mais aussi les commerçants, les artisans, appelés là-haut par leurs fonctions. Les malades étaient confinés, en quarantaine prolongée et certains à perpétuité, dans un décor entièrement conçu pour eux. Le docteur Fleury m'avait raconté que dans son enfance, alors qu'on commençait à vacciner contre la tuberculose (le BCG), il avait eu une réaction violente au vaccin, un œdème au bras accompagné de fièvre. C'est qu'il était déjà immunisé : comme beaucoup d'Arcachonnais, il avait développé un contre-poison au bacille de Koch.

Je visitai la Ville d'Hiver. J'en fis plusieurs fois le tour, suivis le dédale de ses rues tortueuses, me perdis dans son labyrinthe, parmi ses parcs et ses sous-bois. Les villas, aux architectures imposantes, toutes d'un style Napoléon III, avaient des balcons ouvragés, des ornements tarabiscotés. Certaines, immenses, comptaient jusqu'à dix-sept chambres et plusieurs salons en enfilade où se tenaient des réceptions, des bals. La maladie, tant qu'elle laissait valide, autorisait toutes les fêtes. Joies éphémères et trompeuses quand on va mourir. La Ville d'Hiver avait son théâtre, sa salle de concert, et même son casino — un casino Mauresque, dont l'architecture s'inspirait de l'Alhambra. On pouvait y jouer sa fortune. Et y assister à des spectacles qui n'auraient pas déparé d'autres salles fameuses. Il avait brûlé un soir d'orage. Je lisais les noms au fronton des villas, Brémontier, Giroflé, Régina, Eugénie, Osiris, Cyrnos, Maïtea. J'imaginais des vies derrière leurs façades grises, leurs volets clos pour la plupart. Des gens avaient été jeunes dans ces somptueuses demeures, où la souffrance physique et morale exaltait la frénésie de vivre. J'avais envie d'écrire le roman de ces vies. Les phtisiques arrivaient ici du monde entier, de Russie, d'Égypte, d'Angleterre — d'où les noms parfois exotiques des villas. Toutes étaient pourvues de vastes terrasses, pour y accueillir les lits des grands malades. On les y roulait, emmitouflés dans des couvertures. Ils s'appliquaient à respirer. Ces terrasses, je croyais y voir d'inquiétantes silhouettes au teint blafard, épuisées par les attaques de fièvre et les quintes de toux. Dans un climat propice aux hallucinations et aux projets romanesques, je prolongeais ma promenade, avec l'impression d'être moi-même un des fantômes de la Ville d'Hiver.

C'est un des endroits les plus mélancoliques que je connaisse. Les jardins, très boisés, sont voués à l'ombre, les bosquets touffus ne connaissent pas d'autre couleur que le vert lichen ou mousse. Une bougainvillée flamboie ici ou là, mais ses fleurs fuchsia ne parviennent pas à égayer l'ensemble. J'y trouvai des palmiers — il ne fait jamais froid à Arcachon —, les mêmes palmiers qui ont accompagné mon enfance. Mais c'était ici un Sud très différent du mien, sans la violence de la lumière de la Méditerranée, sans l'aridité de la terre, avec des odeurs de varech et d'iode qui montaient de la plage en contrebas. J'ai été séduite. Et je comprends d'autant mieux qu'on soit venu du bout du monde pour respirer l'air d'Arcachon. Il est voluptueux, gorgé d'essences sucrées comme dans ces lointains tropiques qui étaient le berceau de mes trois héroïnes. Je découvrais sa douceur, plus sensible encore en hiver, qui y est clément et fleuri, davantage que partout ailleurs sous ces latitudes. J'aurais voulu ouvrir l'une de ces portes, entrer dans l'un de ces beaux salons. Toutes les villas racontaient une histoire particulière.

Marie de Régnier rendit visite à sa sœur, au cours de saisons qui étiraient un ennui sans fin. Quelquefois, fuyant les odeurs d'éther et de fumigations, elle s'évadait. Elle jouissait d'une excellente santé, les miasmes de la Ville d'Hiver l'oppressaient. Elle se faisait conduire au Moulleau, à quelques kilomètres, pour y passer une journée, parfois une nuit, en vacances. Elle y retrouvait un poète italien : Gabriele D'Annunzio. Il l'appelait Suora Notte, comme toutes ses autres maîtresses, et lui offrit comme à chacune d'elles un certificat d'immortalité. « Gabri » était lui aussi un coureur invétéré. Il avait été l'amant de la Duse qui se pâmait au souvenir de ce « Maître de l'amour ». C'est dire. Son imagination baroque, les brassées d'œillets blancs, puis rouges, et les mots d'amour enflammés qu'il lui faisait porter plaisaient à Marie. L'amour, la poésie : dans les bras de D'Annunzio, elle oubliait la cité des morts vivants.

Une rivale, que le poète n'attendait pas, était venue perturber leur lune de miel : une princesse russe, richissime, la Goloubeff, sans laquelle Gabriele n'aurait pu mener un train de vie si fastueux. Je cherchai la villa du poète, la Saint-Dominique, m'arrêtai devant ses grilles : la Goloubeff avait essayé en vain de les escalader pour confondre son amant — tout le voisinage l'avait entendue hurler et pleurer, des nuits durant. Je me promenai dans la jolie station de bord de mer. D'Annunzio lançait ses lévriers sur la plage. Il y amarrait son *Bucentaure*, une pinasse conduite par deux gondoliers, où Marie avait un jour embarqué. Le lendemain, j'allai jusqu'au Pyla. J'y découvris la dune aussi vaste qu'un Sahara, les baraques à pilotis qui servent de refuges aux oiseaux de mer, et, depuis la terrasse d'un hôtel, les couchers de soleil féeriques qui inondent de rose tout le Bassin — l'eau, le ciel, le sable, tout prend feu en un instant. Je m'épris de ces paysages, sans penser y revenir. Et crus m'être détachée de ses fantômes.

Je me trompais. Ils me hantaient toujours. J'y revins

dix ou quinze ans plus tard. J'avais du vague à l'âme, du gris dans la tête, j'ai repensé tout naturellement à la couleur subtile et douce du ciel d'Arcachon. La Ville d'Hiver me tendait son miroir. J'ai refait le même voyage : mais un voyage immobile. J'ai écrit à Paris un roman avec des villas tristes, des jardins pleins d'ombre, de vieux kiosques à musique et d'inavouables secrets. J'y fis entrer D'Annunzio, la Goloubeff, les lévriers, mais aussi un personnage de bibliophile, qui ressemblait un peu trop à celui que j'avais rencontré. Ce roman s'appelle *La Ville d'Hiver.* Pour une fois, j'en avais trouvé le titre avant d'en écrire la première ligne. Il est empreint de mélancolie, bien sûr, mais aussi de regrets et de quelques remords. Il est le cœur battant d'une séquence de ma vie. Le lien entre un chapitre des *Yeux noirs,* que j'avais intitulé « Louise prisonnière de sa Ville d'Hiver », et ma propre histoire s'est fait naturellement, en dehors de toute chronologie. Sans y retourner, je m'étais approprié un territoire que, sans Loulouse et ses sœurs, je n'aurais sans doute jamais connu.

« Après le malheur de n'être pas aimé, écrit Régnier dans son Journal, je n'en connais pas de plus grand que d'aimer. »

Les sœurs Heredia, pourtant si parisiennes, restent attachées pour moi à cette province du Sud-Ouest, où leurs vies sont passées comme entre parenthèses. C'est là que je les ai le mieux comprises et le plus aimées : quand le vent efface les traces sur les dunes de sable, c'est à elles que je pense. Ou quand les volets claquent dans une maison abandonnée. Ou quand un bouquet de fleurs un peu trop odorantes apporte son parfum de serre tropicale. Leur paysage préféré, loin du monde parisien où s'est déroulé l'essentiel de leurs existences, se situait dans ce Sud océanique et balsamique, si semblable à leur rêve d'une île bienheureuse.

Chez moi, au fond d'un tiroir, j'ai rangé une photographie de Marie de Régnier. Datant de cette époque, elle ne déparerait pas la collection du docteur Fleury, mais ne provient pas non plus de chez le libraire de la rue de l'Odéon. C'est un poète qui me l'a donnée : P.L., son nom correspond curieusement aux mêmes initiales que Pierre Louÿs. Ancien danseur étoile, Paul Lorenz fut le dernier page de Marie. Il allait la voir à l'heure du thé, dans son appartement de la rue Boissière, où elle a vécu seule, les dernières années, aussi recluse qu'une nonne, après la mort de tous les siens — Louÿs, Régnier, Tigre et ses deux sœurs. Devenue une très vieille dame, elle s'habillait de longues robes noires et n'ôtait plus ses voiles de deuil — voiles qui provoqueraient sa mort, à quatre-vingt-huit ans, en s'embrasant au contact d'un radiateur électrique. La photographie que Paul Lorenz m'a donnée, il la tenait de Marie. Elle y est nue, bien sûr, allongée sur un canapé. C'est une rareté : le poète fut formel, Marie elle-même le lui avait confirmé. Cette photo n'a pas été prise par Pierre Louÿs comme toutes les autres, mais par Henri de Régnier. Son mari avait-il emprunté pour cette occasion le Kodak de Pierre Louÿs, ou avait-il son propre appareil ? Le poète, ami de Marie, ne le savait pas.

6

Triomphe du Cœur

Ma première rencontre avec Paul Valéry n'a pas été affriolante. Elle fut même l'inverse d'un coup de foudre. Il n'était pas le poète à faire rêver des jeunes filles entrées comme moi à l'Université après mai 68. Nous étions des Lolitas pressées de vivre, la tête pleine de rythmes de rock et de blues, avec au cœur des maudits, des rebelles, Rimbaud, Verlaine et John Lennon. Non seulement il n'était pas notre idole, mais nos parents, nos grands-parents le vénéraient comme une sorte de Commandeur des Lettres, ce qui était pour nous le pire des pedigrees. Professeur au Collège de France et académicien, accablé de gloire et d'honneurs, pour couronner le tout, le général de Gaulle lui avait offert des obsèques nationales : il n'avait échappé que de justesse au Panthéon. Enterré à Sète, comme Georges Brassens, chanteur tout aussi vieilli à nos yeux, ni le soleil du Midi ni la mer, qu'il avait pourtant adorés lui aussi, ne le rachetaient. Avec sa petite moustache et sa démarche sautillante à la Charlot, qui nous avaient fait sourire en terminale lors de la projection d'un document

84

filmé en noir et blanc, il était loin d'être un sex-symbol, loin de l'idée romantique que nous nous en faisions.

Aussi avais-je été consternée d'apprendre que *La Jeune Parque* figurait au programme de l'agrégation. Nous allions l'étudier pendant tout un trimestre, délai que notre professeur jugeait insuffisant pour venir à bout de ses arcanes. Il nous avait inquiétées dès son premier cours, en citant le critique Albert Thibaudet : ce poème passe en effet pour être le plus obscur de la langue française, plus obscur même que *L'Après-Midi d'un faune* de Stéphane Mallarmé, classé jusque-là champion au palmarès des œuvres difficiles — une performance ! Après quoi, toujours citant Thibaudet, le professeur nous avait annoncé les trois phases de son cours magistral : études psychologique, philosophique, enfin métaphysique. Je crois même qu'il incluait dans cette dernière phase une interprétation cosmogonique ! Nymphettes en minijupes, légères, inconséquentes, nous avions soupiré d'impatience : nous voulions du rêve et de la poésie — mais une poésie qui ressemble aux chansons que nous aimions.

« Harmonieuse moi, différente d'un songe... » : plongées dans l'univers sophistiqué de *La Jeune Parque*, nous avons eu l'impression d'avancer dans l'opacité de profondeurs sous-marines, où la lumière ne pénétrait qu'à de trop rares instants. Qui était cette Jeune Parque ? Quelle était sa nature ? Sinon qu'elle était comme nous une créature du deuxième sexe, puisqu'elle s'exprimait au féminin, de bout en bout, elle ressemblait très peu à une simple mortelle. Plus proche des déesses et des nymphes, mi-animale, mi-humaine, elle tenait de la divinité païenne ou mytho-logique. Certaines d'entre nous la voyaient apparentée au serpent, de nature ondoyante et insaisissable comme Mélusine. D'autres, au phénix, parce qu'elle renaissait sans cesse de ses morts successives. Lancée dans un vibrant monologue, « seule, avec diamants extrêmes », pourquoi était-elle si seule ? Et pourquoi pleurait-elle ? Quel chagrin immense avait dévasté sa vie ? Elle habitait une île déserte, aimait les grottes et la mer. Parfois le soleil dardait ses rayons, ou bien la nuit s'éclairait d'une pluie d'étoiles : aucun être humain ne traversait le décor, aussi vaste et vide que celui de la Création. Ses gestes, ses poses, ses pleurs, ses cris n'avaient aucune commune mesure avec notre monde : était-elle tombée d'une autre planète ? Mais c'était son langage surtout qui nous étonnait, son très haut niveau de langage. Cette complexité de pensée, ce délire rimé étaient pour nous de l'ordre du prodige.

Pendant ce long trimestre, nous avons décortiqué *La Jeune Parque* vers après vers — il y en a 512 ! Notre professeur nous entraînait à l'analyse des rimes et des rythmes. Il nous faisait observer la place des césures, les liens et les brisures entre deux vers. Je l'entends encore détacher fermement les syllabes, distinguer voyelles sonores et voyelles muettes, ou compter les temps forts et les temps faibles, qu'il appelait *thesis* et *arsis*. Ces mots savants me sont restés, sans doute parce qu'ils étaient aussi rares qu'inutiles — « des bibe-lots d'inanité sonore », en langage mallarméen. L'étude du poème était purement technique : nous devions appré-cier l'art de la prosodie, la virtuosité du maître. *La Jeune*

Parque est écrite tout entière en alexandrins, dans la grande tradition classique, ce qui ne la rajeunissait pas, mais sur des rythmes neufs, selon notre professeur, une cadence proche de la musique de Debussy ou de Saint-Saëns, qui par chance ne nous déplaisait pas, même si nos rythmes étaient plus exotiques.

Il y avait eu quatorze états de *La Jeune Parque* : un travail de titan. Valéry s'y était consacré pendant la Grande Guerre, comme si la guerre n'existait pas. Non qu'il ne fût pas patriote, mais en 1914, à quarante-trois ans, il était trop vieux pour se battre. Il avait dû se contenter de ce combat avec les mots et considéré son poème comme un champ de bataille. C'était son retour à la poésie, après vingt ans de silence. Jusqu'à *La Jeune Parque* il avait été obscur, très obscur en effet. Pas au sens où l'entendait Thibaudet, obscur parce que personne ou presque ne le connaissait. Le poème lui avait valu une gloire soudaine et définitive, à propos de laquelle il avait eu cette formule lapidaire : « Mon obscurité me mit en lumière. » Nous avions eu à la rapprocher de celle de Victor Hugo citant *Le Cid* : « cette obscure clarté qui tombe des étoiles. » Deux oxymorons! avait dit le professeur.

La lumière, c'était important dans la vie de Valéry. Il l'aimait et la recherchait, en Méridional qui ne peut pas se passer de ses bienfaits. Mais aussi en homme qui a longtemps souffert de l'ombre, à laquelle il se croyait voué par quelque injustice du sort. Modeste employé à l'agence Havas, n'ayant encore publié comme poète que *Charmes*, un ensemble de poèmes de jeunesse, il était sorti des circuits littéraires et semblait avoir enterré sa première vocation. Ce qu'il aurait peut-être fait, s'il n'y avait eu près de lui, pour l'encourager et le sommer de revenir aux muses, ses deux meilleurs amis : Pierre Louÿs et André Gide. Sûrs que Valéry n'en avait pas fini avec la poésie, ils l'ont harcelé jusqu'à obtenir de lui la promesse qu'il écrirait au moins un dernier poème. *La Jeune Parque*, écrite en ahanant, et pour ainsi dire contre son gré, devait être un adieu à la Poésie.

Gide : « Moi, si on m'empêchait d'écrire, je me tuerais. »

Réponse de Valéry, dans un dialogue cité par André Maurois : « Moi, si on me forçait à écrire, je me tuerais[1]. »

Tout avait commencé à l'âge de vingt ans. Montpellier fêtait en grande pompe le six centième anniversaire de son université. Place de la Comédie, des chahuts monstres d'étudiants venus d'un peu partout, des défilés, des beuveries accompagnaient les célébrations officielles. Parmi la foule, lors d'un banquet qui se tenait à Palavas-les-Flots — la plage de Montpellier —, deux jeunes gens s'étaient trouvés par hasard, assis l'un à côté de l'autre.

C'étaient Paul Valéry, en uniforme de soldat car il effectuait son service militaire, et Pierre Louÿs. Valéry était un provincial, timide et emprunté, à l'accent de son Sud natal ; Louÿs un dandy parisien, délégué des étudiants de lettres à la Sorbonne. Malgré leurs différences, leur entente avait été immédiate autour des auteurs qu'ils aimaient,

1. *Introduction à la méthode de Paul Valéry*, éditions des Cahiers libres, 1932.

des poèmes qu'ils rêvaient d'écrire. Louÿs avait convaincu Valéry de monter à Paris et l'avait introduit dans les salons et les cercles où se jouait l'avenir des jeunes poètes, rue Balzac, chez Heredia, et rue de Rome, chez Mallarmé. Valéry était devenu le disciple préféré de l'auteur de *L'Après-Midi d'un faune*, auquel il vouait une admiration sans réserve. Il avait trouvé son maître, peut-être même en lui un père de substitution. Pourquoi le professeur de la Sorbonne ne nous avait-il pas raconté qu'à l'enterrement du poète, à Valvins, en Seine-et-Marne, Valéry, brisé par l'émotion, dut interrompre son éloge funèbre ? Il s'était mis à pleurer comme un enfant.

À l'Université, nous n'étudiions pas la biographie des écrivains du programme. Seules les œuvres importaient. Nous les abordions pour elles-mêmes, détachées de la vie de leur auteur, sans chercher à établir de liens entre ces deux univers qui devaient rester étrangers l'un à l'autre, la vie et la littérature. C'était presque un péché de s'intéresser aux événements d'une vie, aux anecdotes amusantes, émouvantes ou pittoresques, ou aux traits de caractère d'une personnalité. Un écrivain devait rester une entité abstraite et s'effacer au profit de ses livres. Curieuse de la vie des auteurs, qui me semblait au contraire apporter une lumière à l'œuvre, je lisais les biographies en cachette — défendues, proscrites, elles n'en avaient que plus de saveur.

Elles m'ont aidée à réviser, au moins en partie, le portrait austère que le professeur nous avait brossé, en puisant à d'autres livres de Paul Valéry, l'*Introduction à la méthode de Léonard de Vinci* ou *La Soirée avec Monsieur Teste*, ainsi qu'en faisant référence à ses célèbres *Cahiers* : Valéry écrivait tous les matins, à l'aube, avec une régularité stupéfiante, y consignant sept jours sur sept ses rêves et ses pensées. Notre professeur nous avait encouragées à les consulter « au choix » à la bibliothèque : ces *Cahiers* étaient au nombre de 261, soit 28 000 pages! Très peu d'entre nous s'y sont risquées! Nous en sommes restées à l'image rébarbative d'un Valéry philosophe et mathématicien : un homme de rigueur, de discipline, qui portait comme un œillet rouge à la boutonnière cette arrogante devise : « La bêtise n'est pas mon fort. »

Les biographies racontaient autre chose... Paul Valéry et Pierre Louÿs avaient été liés par une complicité fraternelle, le même formidable penchant pour la poésie, l'amitié et les femmes. Liés aussi par la gaieté de leurs caractères, portés tous deux aux blagues de potaches et aux gauloiseries, aux jeux de mots salés — ce que nos études ne nous laissaient pas soupçonner. Valéry avait intimement connu Zohra, la maîtresse de Louÿs qualifiée de « Mauresque très jolie », et il avait participé avec Debussy, chez Louÿs, dans leur jeunesse, à quelques parties fines autour du piano. Quant à la littérature, c'est peu dire qu'elle les unissait, ils communiaient en elle. Tout ce que Valéry écrivait, il le montrait à Pierre Louÿs, qui suivait la progression de son travail à la manière d'un correcteur zélé et délicat. Louÿs a corrigé des mots, des rimes, des images de *La Jeune Parque*, sur ses états successifs. Il avait même trouvé pour le poème un meilleur titre : *Psyché,* et proposé de lui en faire cadeau. Mais Valéry ne l'a pas accepté — Louÿs avait lui-même le projet d'écrire une *Psyché*, Valéry ne voulait pas le priver d'un titre si beau. Jamais amitié de poète ne fut scellée comme dans ces vers, où la main de Louÿs est partout sous-jacente.

Louÿs..., mon cœur d'étudiante battait déjà pour lui. Je l'avais découvert, bien avant de publier un roman au Mercure de France dont il était un des auteurs majeurs, dans la bibliothèque de ma grand-mère. Il y figurait en bonne place, au milieu des Martin du Gard, des Mauriac et des Bazin, achetés en œuvres complètes, dans des reliures modernes du Cercle du Livre ou des éditions Jean de Bonnot. Ma grand-mère faisait semblant de m'interdire certains livres, tout en les laissant à portée de ma main. *Trois Filles de leur mère* manquait toutefois à sa collection. Mais tous les autres romans de Louÿs, à l'évidence lus et relus, avec de fins rubans de soie en guise de marque-page, m'attendaient aux vacances. Revêtus d'un cuir gris pâle, à l'origine un bleu vif qui avait décoloré à la lumière, ils apportaient dans la maison bourgeoise et provinciale où j'ai été élevée leur bohème, leur fantaisie, la poésie de la transgression. J'avais à mon tour lu et relu *La Femme et le Pantin*, rêvé d'aller à Séville et de découvrir les embrasements de la passion qu'il décrivait si bien. D'apprendre que Valéry avait été l'un des meilleurs amis de Louÿs plaidait évidemment en sa faveur. Je n'en ai été que plus déçue quand j'ai découvert la dédicace de *La Jeune Parque* : en dépit de la tendre affection et du dévouement dont Louÿs avait fait preuve à son égard, tout au long de la création du poème, Valéry l'avait dédié à André Gide. Gide venait de fonder une revue, avec Gaston Gallimard et quelques autres écrivains de leur génération : la NRF débutait et cherchait des auteurs. Flatté d'être choisi, Valéry, qui allait bénéficier du prestige de la toute neuve maison d'édition, rédigea ainsi son en-tête, que Louÿs prit à juste titre pour une ingratitude : « à André Gide. Depuis bien des années, j'avais laissé l'art des vers : essayant de m'y astreindre encore, j'ai fait cet exercice que je te dédie. » Nous avions, au passage, noté le tutoiement.

C'est Louÿs, ami de Gide depuis l'École alsacienne, qui avait présenté les deux jeunes gens l'un à l'autre, ouvrant la voie à la construction d'une amitié parallèle et complémentaire à la leur. Les trois écrivains ont formé un trio soudé à la vie à la mort. Louÿs est parti le premier : le plus brillant, sans aucun doute le plus doué, le plus prometteur des trois dans leur jeunesse, il s'est éteint aveugle et misérable, dans un taudis hanté par les chats et par les figures patibulaires de ses derniers secrétaires. Cette mort de Louÿs, après une longue dégradation, avait horrifié Valéry. Il avait toujours essayé pour sa part de tenir en joue ses démons et, pour s'en protéger, avait construit autour de lui de solides remparts. Le mariage d'abord, cette ascèse plus contraignante que l'art des alexandrins ! Puis, ses exercices matinaux, qu'il pratiquait comme une gymnastique afin de fortifier sa raison et d'amplifier ses capacités d'analyse. Sa plus grande peur était de perdre le contrôle de soi et de finir comme Louÿs dans la perte de ses capacités et la déréliction sociale.

La Jeune Parque n'avait donc été pour lui qu'un « exercice » parmi d'autres, un exercice de dressage des vers ! Ce que notre professeur tentait en effet de nous démontrer, en défaisant l'ensemble pièce à pièce. Le plus étonnant est que je n'ai rien oublié de son cours.

Nous butions sur des rébus innombrables, comme ce « Souvenir, ô bûcher, dont le vent d'or m'affronte », à jamais incompréhensible. Des images bizarres, de « lucides dédains », de « délicieux linceuls », et des « désordres tièdes » nous intriguaient, d'autres nous amusaient. Le vers 37, « J'y suivais un serpent qui venait de me mordre », avait déclenché l'hilarité générale. Pourtant, peu à peu, tel un serpent en effet, la Jeune Parque s'approchait de nous et nous avions l'impression, tout doucement, de l'apprivoiser. Notre professeur, lassé lui-même par l'analyse minutieuse du texte, avait institué un rituel : vers la fin de son cours, il nous faisait lire à haute voix, à tour de rôle, de longues strophes où nos voix alternaient. Les premiers rangs commençaient à « Harmonieuse moi », les suivants reprenaient en chœur, cinquante ou soixante vers plus loin, à « Mystérieuse moi ». Nous quittions enfin le domaine des explications, pour entrer dans le poème. À notre insu, un charme s'est mis à opérer. Nous devenions sensibles au bercement léger des vers, comparable au mouvement d'un voilier sur la mer par temps calme. Il procurait une voluptueuse somnolence et nous faisait parfois tanguer dangereusement, par un réveil soudain du rythme, une accélération imprévue et passagère. C'était très agréable de lire *La Jeune Parque* à haute voix. Nous en sortions dans un état voluptueux d'hypnose, toutes surprises d'avoir éprouvé du plaisir dans ces vers difficiles. Leur sens nous échappait toujours, mais un miracle s'était pourtant produit : au bout de plusieurs semaines, la Jeune Parque avait réussi à toucher notre groupe d'adolescentes versatiles. Nous nous étions mises à l'aimer et même à l'aimer beaucoup.

Le professeur, en dépit d'un vocabulaire souvent plus ardu que le poème lui-même, nous avait au moins enseigné une vérité essentielle : « Ce n'est point avec des idées que l'on fait des vers, c'est avec des mots. » Cette formule de Mallarmé, adressée à Degas, nous avait frappées et nous l'avions scrupuleusement appliquée dans notre étude éprouvante du texte, vers à vers et mot à mot. Il n'empêche que, malgré conseils et consignes, nous en étions restées aux sensations primaires. Nos émotions débordaient notre intelligence. « Qui pleure là, sinon le vent simple, à cette heure[...] Mais qui pleure, si proche de moi-même au moment de pleurer » : à la lecture, nos voix contenaient des larmes. Nous communions avec la Jeune Parque et frissonnions sous la caresse des vents d'or.

À la fin du trimestre, le cinq cent douzième vers atteint, nous l'avons quittée avec un peu de nostalgie, ses images et ses rythmes nous trottaient dans la tête comme un obsédant refrain. Mais Manon Lescaut, puis Nadja nous attendaient, héroïnes plus modernes, sinon plus émancipées. La Jeune Parque s'est éloignée, avec son mystère. Je ne pensais donc pas qu'un jour je la retrouverais, ni que je reviendrais à Paul Valéry, par le plus grand des hasards.

Ce n'était pas la pire voie à emprunter pour le retrouver et tenter de le voir avec d'autres yeux : « Moi qui ne suis que mes hasards » était une de ses phrases préférées.

Subitement, c'est un feu violent qui s'empara de Valéry. Un Valéry s'effaçait, un autre renaissait, aussi vibrant de passion que le précédent m'avait paru poussiéreux, parcheminé et rhétorique. Dans les années quatre-vingt, eut lieu à Monte-Carlo une exceptionnelle vente aux enchères. La presse s'en fit largement l'écho. Ader, Picard et Tajan, célèbres commissaires-priseurs associés, mettaient en vente un lot de mille lettres d'amour. Ces mille lettres avaient été gardées secrètes pendant quarante ans, mais leur destinataire avait décidé de s'en défaire. Une première dans l'histoire : aucune muse n'avait encore vendu ses lettres d'amour en vente publique ! L'accent était mis sur la qualité érotique de cet ensemble. La liaison des amants avait été incandescente, les extraits cités par les divers articles de presse ne laissaient aucun doute sur leur nature sexuelle, particulièrement brûlante. La muse, devenue une vieille dame de quatre-vingts ans, se prénommait Jeanne. Et l'amant fougueux et désespéré, c'était Paul Valéry. Ses lettres étaient si belles et si voluptueuses que la presse unanime les comparait à celles d'Éluard à Gala et d'Apollinaire à Lou — sommets de la correspondance amoureuse.

J'ai reçu un choc. Le catalogue de la vente, un petit livre relié et illustré, était riche d'innombrables extraits — les lettres y étaient largement citées, certaines en entier. J'y découvrais avec stupéfaction un Valéry bien différent de celui que je croyais connaître et cette fois je n'avais pas besoin d'exégète pour le comprendre. Il employait des mots simples, tendres et sensuels — des mots d'amour qui me bouleversaient, comme ils avaient dû bouleverser leur destinataire. Étrangement, la voix du poète de *La Jeune Parque* s'y entendait comme un écho lointain, le rappel d'une histoire ancienne. La bizarrerie d'une image venait me la rappeler. Ou la précision et l'enchantement des phrases. Parfois, une préciosité. À chaque instant, sa haute maîtrise du langage, même et surtout parlant d'amour. Valéry n'était donc pas un pur esprit, exclusivement préoccupé d'exercer son intelligence, un homme de raison et de rigueur, comme son alter ego M. Teste ? L'amour l'avait entraîné au-delà des limites qu'il s'était fixées avec tant de prudence, vers les zones incontrôlables et incendiées de la passion. Enfin humain, il avait eu une vie, il avait eu un corps.

Jean Voilier, de son vrai nom Jeanne Loviton (Voilier était son nom de plume car elle écrivait des romans), avait déjà vendu, deux ans auparavant, à Drouot, des manuscrits de Valéry qu'il lui avait offerts, dont celui de *Charmes* contenant un des premiers états du *Cimetière marin*. Mais là, c'était sa vie — c'était leur vie — qu'elle offrait à l'encan. En toute impudeur.

Est-ce qu'une femme vend ses lettres d'amour ? Est-ce qu'elle ne les conserve pas précieusement en général, au fond d'un tiroir à secrets ? Et plutôt que de s'en séparer, ne préfère-t-elle pas les détruire ?

Apparemment, cette discrétion n'était pas celle de Jeanne Voilier. La muse avait choisi d'apparaître en pleine lumière et, loin de s'inquiéter du scandale qu'elle allait immanquablement provoquer, décidé de divulguer une liaison jusque-là secrète. Sortie de l'ombre après quarante ans de silence, elle jouait les divas devant les nombreux journalistes, français mais aussi américains, anglais ou japonais, accourus pour l'interroger. La famille de Paul Valéry, gardienne de la mémoire, s'alarma : elle aurait voulu sauvegarder la légende si lisse et honorable du grand écrivain. Mais Jeanne Voilier était bel et bien la propriétaire des lettres et n'avait pas besoin de leur accord.

La liaison avait duré sept ans — les sept dernières années de la vie de Paul Valéry. Jeanne l'avait rendu heureux, puis très malheureux. Il était mort peu après leur rupture. Leur histoire ne comptait que des temps forts. La passion avait brûlé Valéry depuis le premier jour, tout au long de ces années, puis l'avait consumé. Il avait été désespéré quand Jeanne l'avait quitté pour un autre homme, plus jeune, qu'elle voulait épouser, l'éditeur Robert Denoël : elle ne le lui avait pas caché. Les dernières lettres de Valéry serreraient le cœur : elles contenaient l'adieu d'un homme à la vie. Car Jeanne, pour lui, c'était la vie.

« Tu sais bien que tu étais entre la mort et moi. Mais hélas, il paraît que j'étais entre la vie et toi. »

Elle avait la moitié de son âge. Grâce à elle, alors qu'il se croyait si vieux, si las, alors qu'il était largement sexagénaire, il avait retrouvé sa jeunesse et le goût de vivre qu'il avait perdu. Jeanne lui avait même rendu l'envie d'écrire des vers, lui qui depuis *La Jeune Parque* croyait avoir renoncé définitivement à la poésie. Il ne s'était pas contenté de lui envoyer mille lettres d'amour, il lui avait adressé une centaine de poèmes, d'une beauté charnelle. Il les avait rassemblés en deux recueils, *Corona* et *Coronilla*, reliés ensemble et illustrés de sa main, tel un artisan du livre. Il en destinait un exemplaire à Jeanne, un autre était pour lui. Il avait envisagé d'en remettre un troisième exemplaire à la Bibliothèque nationale, mais le projet était resté en suspens! L'éditeur Bernard de Fallois devait un jour les publier. D'un érotisme plus cru encore que les lettres, les poèmes chantaient Jeanne en chacune des parties de son corps — un corps tout entier fait pour l'amour. Le poète obscur et difficile, c'était donc cet amant ivre du parfum capiteux de sa belle muse? Et c'était ce poète si parfaitement intelligible, fou amoureux comme un adolescent?

Jeanne avait également vendu *Corona* et *Coronilla*, lors d'une vente à Drouot où elle s'était séparée des manuscrits de Valéry. En somme, elle n'avait rien gardé de lui, rien que son souvenir. Quand les journalistes posaient l'inévitable question — Mais pourquoi vous défaire de ces lettres? —, elle répondait avec un sourire éclatant, couleur d'un rouge baiser à la mode de nos grands-mères, que c'était un cadeau posthume. De son vivant, Valéry qui n'était pas riche ne pouvait lui offrir ni bijoux ni fourrures. Ces lettres, elle était persuadée qu'il aurait été content qu'elles lui profitent. Elles ont d'ailleurs été vendues un bon prix : un million et demi de francs (environ 230 000 euros, aujourd'hui). « Voyez-vous, monsieur, pour me consoler quand j'y pense, disait-elle à un journaliste du *Monde*, je me dis qu'il serait tout de même heureux de ce qui vient d'arriver : c'est comme s'il me rendait aujourd'hui ce qu'il n'a pas pu m'offrir autrefois. »

J'ai tout de suite su que j'écrirais la biographie de cet amour. Pas seulement parce qu'il avait été secret, érotique et tragique — trois qualités irrésistibles —, mais à cause de la Jeune Parque, parce que la sensualité du poète m'avait déjà émue par-devers moi, dans un passé révolu que les lettres faisaient ressurgir. Ces lettres contenaient une part de la vérité d'un homme — vérité subtile et déroutante qui valait la peine d'une biographie. « Je suis fou de toi » : Valéry savait aussi employer les mots de tout le monde. C'est une phrase de lui dans l'une de ses lettres à Jeanne que je reprendrai pour le titre. Une phrase à tout-va, banale à force d'être entendue, mais qui possédait pour lui un plein sens : Jeanne lui avait vraiment fait perdre la tête. Loin des décors officiels, cette biographie m'a ouvert un monde dont la porte avait été longtemps fermée : rue de l'Assomption, une jolie maison entourée d'un jardin de fleurs, avec un saule, une chambre rouge, un boudoir atte-nant... J'entrais dans l'intimité du poète. Je le découvrais dans un contrepoint à la Jeune Parque et portais sur lui des yeux neufs. Il avait cessé de me paraître tel l'écrivain déta-ché de toute vie, dont on m'avait enseigné l'image, pur esprit, pure intelligence, une entité abstraite et sacralisée. Je voyais s'animer le buste de marbre.

À dix-huit ans, Valéry était tombé amoureux d'une pas-sante croisée dans les rues de Montpellier. Il l'avait guet-tée et suivie partout, chaque jour, sans oser lui adresser la parole. Il la suivait jusque dans l'église et s'asseyait derrière elle afin de contempler sa nuque inclinée, quand elle priait. Il ne savait pas comment elle s'appelait. Mme de Rovira — il n'apprendrait son nom que bien plus tard — fut sa première tortionnaire. Ce premier amour platonique l'avait fait souffrir comme un damné. Et puis, une nuit d'orage, alors qu'il se trouvait en vacances à Gênes, dans sa famille maternelle, il avait eu une révélation. Ce fut la fameuse Nuit de Gênes. Devant le ciel parcouru d'éclairs, dans le grondement du tonnerre, il s'était juré de ne plus jamais aimer. Il s'était interdit toute passion future. Il aurait des flirts passagers, des coups de cœur et de sang, mais aucune femme ne lui infligerait plus de traitements cruels.

Toute sa vie, Valéry avait essayé de tenir le serment qu'il s'était fait à lui-même. Et il y était à peu près parvenu. Il avait fait un mariage de raison, en épousant une nièce de Berthe Morisot. Et il avait eu quelques aventures, qui n'avaient cependant jamais remis en cause son programme. Mais, dans les années vingt déjà, il avait failli rechuter dans la passion. C'est une poétesse, Catherine Pozzi, qui l'avait entraîné au-delà de ses prudentes réserves. Avec sa poitrine creuse, ses salières, ses mains comme des osselets, elle possédait une allure et une intelligence qui l'avaient conquis dès le premier soir, un charme acide et je ne sais quelle sensualité dans un corps maigre et souffrant. Elle avait des dons de poète : je lirais avec admiration ses six poèmes, aussi minces et intenses qu'elle, *Ave, Vale, Scopolamine, Nova, Maya* et *Nyx*, ainsi que son *Journal*, un bijou de lucidité et d'impitoyable autoanalyse. Ensemble, Pozzi et Valéry se récitaient ce qu'ils écrivaient, s'éblouissaient l'un l'autre. Ironique, capable de se montrer méchante, Pozzi était subjuguée par le petit homme — c'est ainsi qu'elle l'appelait dans son *Journal*, en notant toutes ses fulgurances. Il l'appelait K ou Karin, dans un *Cahier*. Mais elle était possessive, jalouse, et lui faisait des scènes épouvantables, dont il peinait à se remettre, de plus en plus violentes les mois passant. Il s'éloignait puis lui revenait, pris au piège de son amour. Il n'avait rompu que lorsque Catherine avait mis sa famille en péril : elle était allée voir Mme Valéry et s'était présentée comme la maîtresse de son mari. Il ne le lui avait pas pardonné. Quand il lui avait demandé de lui rendre les lettres d'amour qu'il lui avait écrites — entre deux mille et trois mille, selon leur destinataire ! —, elle avait refusé. Elle avait tenu à les garder. Mais elle avait laissé pour consigne testamentaire de les détruire à sa mort. Laquelle devait rapidement survenir : Pozzi était tuberculeuse, comme son amie de toujours, Louise de Heredia. Claude Bourdet, le fils de Catherine et du mari dont elle avait divorcé, le dramaturge Édouard Bourdet, avait exécuté sa volonté. Dans la cheminée du 47 avenue d'Iéna, il avait brûlé devant notaire, et sans en lire une ligne, les milliers de lettres de Valéry à sa mère. Il m'avait lui-même raconté la scène, lors d'un entretien, peu avant sa propre mort : ce grand Résistant, journaliste de renom, dont les aventures avaient été innombrables, revivait cet instant qui fut un des plus poignants de sa vie. « Tout ce que Valéry a écrit à Catherine est parti en fumée » :

Claude Bourdet avait pleine conscience de détruire un trésor de la littérature. Mais il aimait trop sa mère pour lui désobéir. Rien n'est donc resté de cette correspondance, sinon quelques bribes dans le *Journal* de Catherine Pozzi.

Les unes détruites, les autres vendues, certains pourraient dire que Valéry n'a pas eu de chance avec ses lettres d'amour. Les amateurs de littérature se réjouissent que tout un lot merveilleux ait pu être conservé.

Fallait-il les ignorer ? Se contenter de lire l'œuvre in abstracto ? En rester à l'image impeccable et lisse, toute intellectuelle, du poète ?

J'étais si troublée par la révélation d'un Valéry fou d'amour, peu conforme aux idées reçues, que j'ai relu *La Jeune Parque* à la lumière de ces lettres et de ces poèmes à Jeanne Voilier, écrits vingt ans plus tard. Il y a plus d'une ressemblance entre les deux figures féminines, j'en ai été frappée. Ce sont d'orgueilleuses caryatides, de beaux corps de marbre aux proportions parfaites, avec des pieds, des mains, des seins de statues grecques. Toutes deux solitaires, mais se plaignant d'être seules, elles se gardent libres, personne n'a jamais pu les emprisonner. Assez serpents l'une et l'autre, ondoyantes, infidèles, elles suivent un chemin biscornu, qui déroute leurs partenaires. Ce sont des sensuelles froides, éprises de leur image et qui encourent le même reproche de la part des hommes tombés sous leur charme : elles ne savent pas aimer. Enfin, c'est évident, ces deux grandes narcissiques, douées d'un exceptionnel pouvoir de séduction, partagent un même goût pour le satin, la soie et les joyaux. Aucun luxe ne doit leur rester inaccessible. La Jeune Parque ne cesse d'évoquer diamants et émeraudes : ce faisant, elle tend à Jeanne un miroir où leurs reflets se confondent, par la grâce prémonitoire de la poésie. Car Jeanne a elle aussi la passion des pierres précieuses et Valéry ne le sait que trop, lui qui ne peut lui en offrir : diamants et émeraudes sont également les pierres de prédilection de sa muse. Toute chronologie effacée, je retrouvais en elles deux les mêmes traits de caractère, parmi lesquels le plus fort de tous : un insondable mystère. Au fond, personne n'a jamais vraiment su non plus qui était Jeanne Loviton. Ni même Valéry, l'homme qui de son propre aveu l'avait pourtant le mieux comprise et aimée. Mieux que Saint-John Perse et mieux que Giraudoux, parmi la cohorte de ses amants.

Dernier mystère pour la biographe : Mme Paul Valéry, la douceur et la piété faites femme, a-t-elle glissé dans le cercueil du poète la dernière lettre de Jeanne Voilier à son mari ? Cette lettre, qu'il a eu le temps et la force de lire avant de rendre le dernier soupir et qu'elle avait laissée, avec une sainte mansuétude, à son chevet, est-elle enterrée avec lui ?

Vers la fin de sa vie, Jeanne avait eu le désir de transformer sa maison du 11 bis rue de l'Assomption en musée Paul Valéry. Ce projet, hélas, n'a pas abouti : la Mairie de Paris n'a pas suivi. J'aurais tellement aimé visiter ce lieu que Valéry a décrit comme « un tendre Paradis » ! Il y venait à pied, de chez lui — non loin du Bois, une rue qui porte aujourd'hui son nom. Parfois il prenait le petit train de ceinture. Rarement un taxi — selon Jeanne, il n'en avait pas les moyens. Il arrivait, sonnait à la grille. Un jeune maître d'hôtel le faisait entrer, il posait sa canne et son chapeau. Jeanne descendait l'escalier, somptueuse en déshabillé de satin. Tout était blanc crème dans cet intérieur raffiné, décoré par Madeleine Castaing. Tout, sauf la chambre et le boudoir rouge attenant où, s'il faut en croire un passage des *Cahiers*, Valéry a connu des moments d'extase.

Le tendre Paradis a lui aussi été vendu, comme tout le reste. Un immeuble moderne a été construit sur ses ruines, près de l'ancien cloître mitoyen des sœurs de l'Assomption — par une curieuse coïncidence, que Valéry a lui-même relevée, ce sont les sœurs qui lui ont apporté leurs soins d'infirmières sur son lit d'agonie. Je regrette souvent de ne pas avoir connu le jardin, où Jeanne recevait ses amis à la belle saison sous le saule pleureur. Je n'ai pu entrer que par effraction dans la belle villa, au parfum de jasmin, grâce à des photographies que m'a données l'écrivain Jean Chalon — un des derniers amis de Jeanne et aussi le mien. Qu'aurait été ce musée, rue de l'Assomption, sinon un Temple de l'Amour? Contenant manuscrits lettres et poèmes originaux, plein d'objets personnels et de souvenirs intimes, il aurait été évidemment dédié à la passion amoureuse, ce péché capital aux yeux de M. Teste. Comme au fronton du musée de l'Homme au Trocadéro, on aurait pu y graver dans la pierre, en lettres d'or, les mots que Valéry, dressant le bilan de sa vie, a écrits avant de mourir : « Le Cœur triomphe. Plus fort que tout, que l'esprit, que l'organisme. Voilà le fait. Le plus obscur des faits. »

Le Cœur triomphe. La majuscule est de Valéry.

7

Pour un bouquet de violettes

Je l'imaginais heureuse, radieuse, comblée par l'existence. Jusqu'au jour où je suis allée voir au Petit Palais une exposition consacrée à Manet.

D'*Olympia* au *Déjeuner sur l'herbe*, en passant par *Le Fifre* et *Un bar aux Folies-Bergère*, il n'y avait là que des chefs-d'œuvre. Je me suis figée devant le portrait de *Berthe Morisot au bouquet de violettes*. Une femme en deuil, entièrement vêtue de noir : la robe et le chapeau, les rubans qui l'attachent sont dans une uniforme couleur funèbre. Un bout de linge blanc dans l'étroite échancrure du corsage et, au niveau de la poitrine, à la place d'une broche, un minuscule bouquet de violettes : ces détails à peine suggérés ne parviennent pas à égayer l'ensemble. Le visage est sévère : ni les lèvres ni les yeux ne sourient. Seul le regard a un éclat mordoré et chaud.

Pour Manet, c'était donc le noir, la vraie couleur de Berthe Morisot. J'en ai été d'autant plus étonnée qu'il l'a peinte ainsi neuf fois de suite, en variant les poses : non seulement au bouquet de violettes, mais au manchon, à l'éventail, à la voilette, en plan large ou resserré, et même avec un soulier rose qui laisse voir la cheville, cette part d'anatomie qui était à l'époque plus souvent cachée que les seins, dans un bas de même couleur — d'autant plus rose et plus indécent sous la robe de deuil. Le noir, couleur fétiche de Manet, celle qui aujourd'hui illustre le mieux sa palette, ce noir somptueux, festif, presque voluptueux, c'est Berthe qui l'incarne, sur ces neuf portraits disséminés dans des musées fameux. Manet, je l'apprendrai par la suite, avait peint deux autres portraits de Berthe, toute en blanc — *au balcon,* où elle s'appuie à une balustrade d'un vert strident, et *au repos,* allongée sur une méridienne. Dans les deux cas, sa robe rappelle plutôt ses tableaux à elle, par la délicatesse et la légèreté de la mousseline. Elle y est beaucoup plus jolie que sur les tableaux en noir, où Manet, entraîné par sa palette, lui attribue un air sévère, inquiétant, et va même jusqu'à la caricaturer en sorcière, façon Goya. Tous les critiques de l'époque ont poussé de hauts cris devant ces portraits qui choquaient leur esthétique. Autant que ce noir criard de Manet, jugé radicalement vulgaire, auquel le peintre se refusait à apporter la moindre nuance, ils ont tous relevé la laideur du modèle.

Du blanc, beaucoup de blanc, c'est au contraire la couleur que Berthe préfère. Et puis, du rose, du vert, du jaune, des tons pastel, joyeux, par petites touches. Sa main est si légère quand elle peint! Elle n'appuie pas le trait, ne finit jamais l'esquisse — on le lui a reproché. À l'huile, elle donne des apparences d'aquarelle. Le cygne pourrait être son emblème : elle a peint ses battements d'ailes, à la lisière de l'air et de l'eau transparente d'un lac. La vie apparaît ainsi sur ses toiles : élégante et douce, sans aucun gris, ni surtout de noir. Berthe Morisot ne peint que le bonheur. Un bonheur sans excès ni fièvre, sans gaieté appuyée ou vulgaire, un bonheur harmonieux mais fragile : sa peinture lui est entièrement vouée.

C'est ce contraste qui est à l'origine de ma biographie de Berthe Morisot. C'est ce choc des couleurs. Comment réconcilier le blanc et le noir ? La douceur de la peinture de Berthe et ses âpres portraits par Manet ?

Je me demandais quels avaient été les liens des deux artistes. Comment Berthe qui, contrairement à Suzanne Valadon par exemple, fut peintre mais jamais modèle, en était-elle venue à poser pour Manet ? Au détriment de son travail, pour quelle raison, pour quel profit ? Manet avait-il été son ami, son amant, ou bien un simple camarade, le partenaire élu d'une aventure picturale ? J'avais envie d'en savoir davantage. Leur rencontre improbable et énigmatique m'intriguait. Un homme, une femme, aux personnalités contrastées, dont onze tableaux au moins racontaient l'histoire, c'était assez pour nourrir un livre. Je passai outre les mises en garde de mon éditeur, inquiet que je m'engage dans cette direction — les biographies de peintres n'intéressaient selon lui qu'un nombre restreint de lecteurs. À l'appui, il me citait des tirages calamiteusement bas de vies de Van Gogh, de Toulouse-Lautrec et de Manet lui-même. Et puis, autre argument qui aurait dû me détourner de ce projet, les biographies de peintres étaient et sont le plus souvent le domaine réservé des conservateurs de musées ou des historiens d'art. Qu'allais-je faire dans cette voie étroite et bien gardée, moi une romancière?

Un détail m'avait paru intéressant, sur les onze portraits de Berthe par Manet — détail qu'aucun des plus zélés commentateurs patentés n'avait pourtant souligné. Pas une seule fois, sur ces onze portraits, Manet n'a représenté Berthe en train de peindre. On ne la voit jamais devant un chevalet, une palette ou un pinceau à la main. Le peintre, obsédé par son regard, si plein d'un profond mystère, n'a accordé aucune place, par là aucune importance, dans sa personnalité, à ce qui était pourtant sa raison de vivre : la peinture. Car Berthe Morisot est avant tout une artiste. Comme l'est Manet lui-même, ou comme le furent leurs amis, Degas, Renoir ou Monet. Je ne voyais pas la différence entre eux, sinon ce féminin après tout anecdotique. Berthe était un peintre autant qu'eux. Pourquoi Manet, sur des tableaux célèbres, l'un de Fantin-Latour, *L'Atelier de la rue de La Condamine*, et l'autre de Frédéric Bazille, *Un atelier*, tous deux au musée d'Orsay, est-il représenté parmi un aréopage d'artistes, dont Monet, Renoir, Fantin et Bazille en personne, alors que Berthe paraît si seule sur ces tableaux du maître, détachée de tout environnement et n'existant que par sa lumière, lumière à l'évidence déconnectée de sa source?

Manet avait-il chassé l'anecdote — ou ce qui lui semblait être une anecdote —, la référence à son métier, pour mieux saisir le mystère dont il a fait le cœur même de la personnalité de Berthe? Ou bien ce métier lui a-t-il paru secondaire? Un épiphénomène en quelque sorte, comparé à cette féminité austère, distante, si peu conforme aux canons de la beauté de l'époque, féminité qui l'a retenu, lui à ses pinceaux et elle à son tabouret ? Manet, on le sait, exigeait de ses modèles de très longues heures et de très nombreuses séances de pose. En tout cas, ses portraits, si beaux soient-ils, ne disent rien de la passion qui a pourtant été le tissu de sa vie.

Un seul tableau représente Berthe Morisot en train de peindre, et ce n'est pas Manet qui en est l'auteur. On ne le trouvera dans aucun musée, puisqu'il est encore aujourd'hui chez l'un de ses arrière-petits-enfants. C'est sa sœur, Edma Morisot, qui l'a peint. Debout devant un chevalet, la palette sur le bras, Berthe tient de la main droite un pinceau, aussi long et fin que ses doigts. Comme un sixième doigt. De la main gauche, un chiffon blanc et un bouquet de pinceaux de rechange. Elle a alors vingt-deux ans. Edma Morisot, à peine vingt-quatre ans. Une gravité imprègne ce tableau qui a voulu saisir un moment de la vie ordinaire, un geste simple, mille fois répété au long des jours. Le regard de la jeune fille, fermé à tout ce qui l'entoure, est fixé sur la toile. On perçoit une concentration, une volonté tendue, extrême. La jeune peintre est préoccupée d'exprimer ce qu'elle porte en elle et s'apprête à traduire en couleurs. Visible au premier coup d'œil, ce désir violent de fixer quelque chose — une impression fugitive, un moment qui va bientôt disparaître. Sur ce portrait unique qu'a peint Edma, Berthe Morisot ressemble à une prêtresse célébrant un culte.

Manet n'a-t-il rien vu, ou rien voulu voir ?

Il aimait bien le travail de Berthe, il lui a souvent prodigué des conseils. Il a même, croyant bien faire, retouché l'une de ses peintures — *La Lecture* (rebaptisée par les Américains *La Mère et la Sœur de l'artiste*), où l'on voit sa mère lire un livre à Edma. Manet était venu rendre visite à Berthe chez ses parents, rue Franklin, et la trouvant au travail devant sa toile, qu'elle voulait exposer au prochain Salon, il lui avait pris le pinceau des mains. Selon une lettre de Berthe à Edma, il a commencé par retoucher le bas de la robe de Mme Morisot. « Une fois en train, rien ne peut l'arrêter ; il passe du jupon au corsage, du corsage à la tête, de la tête au fond ; il fait mille plaisanteries, rit comme un fou, me donne la palette, la reprend, enfin à cinq heures du soir, nous avions fait la plus jolie caricature qu'il se puisse voir... Ma mère trouve l'aventure drôle, je la trouve navrante. » Elle a repris son tableau en pleurant et en maugréant, effacé puis repeint la tête de sa mère, avant de l'exposer enfin au Salon — insatisfaite du résultat et jurant qu'on ne l'y reprendrait plus. Ou alors elle se jetterait dans la rivière ! Elle ne voulait pas « faire du Manet », même si, contrairement à la plupart de ses contemporains, elle admirait Manet. Elle n'a même jamais admiré aucun peintre autant que lui. Mais elle se sentait différente. Orgueil de Berthe. Exigence de Berthe. Quelles que fussent ses limites, elle entendait exprimer son propre univers et sa propre personnalité. En art comme dans la vie, elle ne souhaitait qu'une seule chose et l'a elle-même écrit : être soi, rien que soi, en toute sincérité.

Ce programme de vie m'a immédiatement conquise.

Peut-être n'a-t-il fait qu'épouser le mien, en mettant des mots et des images sur ce que je ressentais obscurément et ne savais pas encore dire. J'y trouvais l'écho d'un désir tout aussi vif et tout aussi intime, éprouvé depuis l'enfance : suivre une voie personnelle, de préférence artistique, et tant pis si c'était une voie modeste. Dès lors ma biographie de Berthe Morisot allait jouer secrètement pour moi non seulement comme un miroir, où essayer de me comprendre égoïstement moi-même, mais comme une source de courage et de volonté, où puiser devant tous les coups du sort.

Impressionniste de la première heure, présente à toutes les expositions du groupe, sauf à celle qui coïncide avec la naissance de sa fille (une première maternité à près de quarante ans !), elle a été l'âme du mouvement, auquel elle a adhéré et participé avec une fidélité et un enthousiasme jamais remis en question. Manet le lui avait pourtant déconseillé, même s'il ne comptait que des amis dans le groupe des signataires de cette Nouvelle Vague. Mais il détestait les écoles et jugeait qu'on doit batailler seul. Il eut quelques maîtres, parmi les Italiens, les Espagnols, le Titien, Vélasquez, Goya, mais ne voulait pas de disciple.

Berthe, il la connaissait bien. Elle n'en faisait de toute façon qu'à sa tête. Un caractère obstiné, tenace, de native du Capricorne. Un signe de terre, hivernal, porté à l'introspection mais aussi au dévouement. Le meilleur des signes pour une mère de famille — ce n'est pas le mien, je le précise, même si je place comme elle les enfants au-dessus de tout. Il ne fallait surtout pas menacer ce en quoi elle croyait et sur lequel elle veillait avec un amour de tous les instants : sa famille et sa peinture, les piliers de son univers. Fille obéissante, épouse fidèle, mère dévouée : cette sainte image m'impressionnait. Elle me rappelait aussi les modèles qu'on m'avait toujours offerts, venus du fond des âges, jusqu'à ma grand-mère et à ma mère qui en avaient reproduit les traits. La femme, dans le monde où j'ai été élevée, était vouée au sacrifice et au dévouement. Aucun bonheur possible en dehors de cette voie vertueuse, dont l'austérité m'effrayait mais à laquelle je n'aurais pu m'abstraire sans provoquer un irrémédiable séisme. Ma tante chérie, Madeleine, sœur de ma mère, avait brisé le tabou en divorçant : une tache indélébile sur le blason familial, qui ne rendait que plus précieuses à mes yeux sa solitude et sa passion coupable. Berthe n'avait pas cédé aux passions coupables.

Elle s'était conformée à ce qu'on attendait d'elle. Sauf sur cette étonnante vocation de peindre : elle l'avait imposée à son entourage sans que celui-là y trouve à redire. Dans un milieu bourgeois comme le sien, avec un père ancien préfet, devenu conseiller à la Cour des comptes, les jeunes filles du XIXe siècle ne pratiquaient les arts qu'en amateur, le piano de préférence, ou la peinture de fleurs sur porcelaine. Or, depuis ses premières leçons de dessin avec un vieux professeur dénommé Chocarne, elle voulait être une artiste, à part entière. Dans ce projet un peu fou, ou jugé tel dans la bourgeoisie, elle a eu une chance déterminante : sa mère. Mme Morisot aurait pu devenir une pianiste professionnelle, si on le lui avait permis. Musicienne accomplie, elle a reporté ses ambitions frustrées sur ses filles — la plus jeune fut la seule à s'affirmer. Elle l'a soutenue dans son combat : cette vie artistique si ardue, et qui était encore à l'époque un milieu d'hommes. On craignait ses dangers, sa force de corruption. Les Beaux-Arts étaient fermés aux femmes — ils ne s'ouvriraient à elles qu'en 1897, soit deux ans après la mort de Berthe.

Une chance, là encore : elle a eu d'excellents professeurs, après Chocarne. D'abord, Joseph Guichard, un peintre lyonnais, dont on peut voir les tableaux au musée des Beaux-Arts de Lyon. Il lui a enseigné les rudiments et les subtilités du dessin. Puis, et c'est là que tout se joue, Camille Corot. Un fervent du plein air avant les impressionnistes, peintre de paysages, aux tons diffus, un peu sombres, mais où une note de jaune vif entrait parfois comme un soleil. Berthe a tout de suite admiré Corot. Comme Mallarmé en poésie, il serait un de ses bons génies.

Corot, lui, préférait sa sœur Edma. Il avait les deux jeunes filles à la fois pour élèves : elles étaient complices, inséparables, tels deux reflets de la même personne. Jamais un nuage, ni l'ombre d'un désaccord entre elles. Elles peignaient côte à côte, partageaient la même palette, échangeaient leurs pinceaux. Mais à en croire le maître, qui aurait pu par ces mots briser une union parfaite, Edma était la plus douée des deux. Berthe, quoique dépitée, accepta sans protester l'implacable évaluation de leurs talents : elle admirait Edma. Les deux sœurs exposaient ensemble aux Salons leurs premières œuvres, elles affrontaient ensemble critiques ou indifférences, le chemin n'était pas pavé de roses — Berthe le sut très tôt. Edma est probablement

113

la seule dans son entourage à avoir pu observer et comprendre le travail quotidien de Berthe, ce travail qui lui mangeait l'âme sans que personne en sache rien. Berthe souffrait, quand elle peignait. C'était une épreuve d'endurance pour cette perfectionniste, acharnée à trouver le juste dessin et la juste touche de rose ou de vert.

Edma n'a pas eu son feu sacré. Elle s'est mariée, a suivi son mari, officier de marine, en Bretagne, a eu des enfants. Devenue mère, elle a renoncé à peindre : elle n'avait plus le temps. C'est devant un berceau que Berthe a représenté sa sœur, veillant l'enfant qui dort sous un rideau de mousseline. *Le Berceau* (musée d'Orsay bien sûr) est le tableau emblématique d'une vocation de femme, quand le portrait de Berthe par Edma est celui d'une vocation de peintre. Longtemps complémentaires et soudées par leurs vies, les deux sœurs ont dû s'éloigner l'une de l'autre. Berthe allait parfois retrouver Edma en Bretagne, peignait des bateaux, des vues du port de Lorient, de sa fenêtre, mais c'en était fini de peindre à deux côte à côte, puisant dans la même palette les couleurs de leurs rêves : plus tendres et plus dessinés chez Edma, toujours plus transparents et plus secrets chez Berthe.

À vingt-cinq ou vingt-six ans, Berthe a détruit ses œuvres de jeunesse. Dans une crise de rage, elle a lacéré ses toiles au couteau. Puis, elle a tout repris de zéro. Elle citait volontiers Baudelaire, dont elle a recopié des phrases dans ses carnets. Je me souviens de celle-ci : « Faire ma perpétuelle volupté de mon tourment ordinaire. » Son travail : son tourment et sa volupté.

À la maison, elle n'avait pas d'atelier. Tous les peintres en ont un, pas elle qui peignait dans son salon. Un paravent lui permettait de cacher la toile en cours, quand le soir tombait. Elle rangeait dans un placard ses autres toiles, avec son matériel de peinture, pinceaux, brosses, chiffons, flacons d'essence de térébenthine. Aucune trace ne devait rester de son travail quand, vers cinq heures, les amies de sa mère venaient prendre le thé dans l'appartement de la rue Franklin. Berthe, Edma, en jeunes filles accomplies, servaient les petits-fours. Sur cette colline du Trocadéro où elle continuerait de vivre, une fois mariée, le rituel resterait le même mais, pas plus qu'autrefois, elle n'aurait d'atelier. Le peintre, ici une femme, se faisait un devoir de rester attentive aux siens. Elle s'arrangeait avec le quotidien mais ne pouvait s'en affranchir. Le salon était son royaume — le linge, les repas et le thé à cinq heures demeuraient sous sa responsabilité. Il lui a fallu tout assumer : la famille et l'art, l'art et la famille. Berthe n'a jamais abdiqué de ses fonctions, dans aucun de ces deux domaines. Pas de révolte, du moins apparente. Pas de rupture. Tout est chez Berthe recherche d'harmonie. Elle diffère sur ce point d'autres artistes femmes : Camille Claudel pourrait être son opposé. Elles partagent la même passion, mais Berthe ne s'autorise aucun débordement. Pour autant, magistrale dans l'entêtement souverain, la persévérance, le combat quotidien. Elle est devenue épouse et mère, sans concéder une seule parcelle de son métier — appelons-le son jardin secret. Et elle fut une artiste accomplie, sans jamais perdre de vue le bonheur des siens. C'est évidemment ce que j'ai le plus admiré chez elle. Cette performance à mener de front deux passions, deux vocations.

Les jeunes femmes d'aujourd'hui, qui ont à « gérer » comme elles disent leur profession et leur vie de famille, connaissent cette lutte et savent combien elle est fatigante, exténuante au jour le jour. Certaines renoncent à l'une ou l'autre. Pour Berthe, la difficulté supplémentaire tenait à son époque : rien n'y était fait pour faciliter le travail des femmes, tout, au contraire, les menaçait et les culpabilisait quand elles essayaient de s'évader du nid. Quant à la peinture, il fallait avoir une âme de guerrière pour tenter de s'y tailler une place, à l'ombre des génies masculins. La prouesse de Berthe a été de s'imposer en douceur, de ne jamais lâcher prise, et de gagner l'estime d'abord, puis l'amitié et enfin l'admiration des ténors du mouvement impressionniste. Quand elle mourut subitement à l'âge de cinquante-quatre ans, Renoir qui peignait aux côtés de Cézanne, en Provence, se précipita à la gare, oubliant canne et chapeau : il tenait à être à son enterrement. Il eut ce mot, devant sa tombe : « Je suis seul, dans un désert. »

Un an plus tard, ils furent quatre commissaires pour organiser une rétrospective de son œuvre — la première. Trois d'entre eux veillèrent personnellement chacun à l'accrochage : Renoir, Degas, Monet. Et Mallarmé rédigea le catalogue. C'est dire son prestige d'artiste, qu'aucun n'a jamais contesté, bien au contraire, tous ces grands peintres se sont accordés pour estimer et admirer son travail. C'est dire aussi son aura personnelle, le charme de ses qualités humaines. Cette femme si harmonieuse et courageuse, tous l'ont adorée.

Mais la lutte a laissé des traces. Très tôt, elle a marqué le visage de Berthe, à quarante-cinq ans ses cheveux avaient entièrement blanchi. D'un tempérament sérieux, porté à la mélancolie, anorexique dans sa jeunesse, il y avait en elle des tensions non résolues, des soucis non apaisés. Elle était souvent ombrageuse, il lui arrivait de se fâcher. Est-ce pourquoi Manet l'a peinte en noir ? À cause de ce mauvais caractère, qui est un signe de caractère ? Croit-on qu'elle se libère et s'apaise quand elle peint ? Erreur totale : de là viennent d'autres ombres et d'autres soucis. Elle cherchait à faire surgir sa vision sur la toile, n'y parvenait pas toujours comme elle l'aurait voulu. Élevée dans un cocon, jouissant d'un sort privilégié au moins sur le plan matériel, il lui a fallu tout conquérir. Et en particulier, sa place au sein de l'impressionnisme.

Longtemps, elle a été exposée avec d'autres femmes peintres. Associée à ses contemporaines, Mary Cassatt, Eva Gonzalès, Suzanne Valadon, Marie Bracquemond..., elle ne parvenait pas à s'affranchir de cette appellation de « belle peintre », qui me jette dans tous mes états. Je refuserai d'ailleurs tous les projets d'édition de type « les femmes de l'impressionnisme », « les femmes du surréalisme », etc. Berthe a beau être une femme, sa peinture mérite mieux que cet enfermement. « L'éloge courant veut que son talent dénote la Femme — encore, aussi, qu'un maître », a écrit Mallarmé dans sa préface au catalogue de la première rétrospective, en 1896.

L'erreur vient de ce que Berthe Morisot n'a peint en effet que le monde féminin : c'était celui qu'elle connaissait le mieux, son monde à elle. Le salon et la chambre à coucher, le jardin, le verger, la rue vue de la fenêtre délimitent son univers. Un enfant dort dans son berceau, un autre court avec sa mère après des papillons, une jeune fille joue du violon ou de la mandoline, une fillette cueille des cerises, une jeune femme coud : il n'y a pas d'homme dans cette peinture. Sauf son mari, une ou deux fois seulement, cette silhouette voûtée, fragile, sous un chapeau de paille. Berthe ne peint que la jeunesse : à trente ans, sur ses toiles, on est déjà très vieille. Ce qu'elle aime, c'est l'enfance, l'adolescence ou l'extrême jeunesse des mères à leurs premiers enfants. D'où ce climat particulier qui est le sien : une innocence, une fraîcheur, mais aussi le sentiment que tout cela est fragile, que le temps va imposer sa marque et abolir ce parfum d'Éden. Elle a le génie de faire ressentir le moindre souffle de vent dans les feuilles, mais peut susciter l'angoisse rien que par l'ébauche d'un sourire sur les visages impavides de ses modèles, aux gestes et aux mains inachevés.

Cette peinture m'émouvait, je le reconnais, par sa manière si subtile et légère d'évoquer le caractère éphémère du bonheur.

À l'état civil, Berthe était devenue Mme Manet, en épousant Eugène, le frère cadet d'Édouard Manet. Le tout dernier portrait de Berthe en noir montre avec évidence son alliance à l'annulaire gauche : à partir de cette date, Manet cesse définitivement de la peindre.

Eugène n'a pas eu de chance : il peignait lui aussi. Mais il n'avait pas la détermination ni, qui sait ?, peut-être pas le talent de son frère ou de son épouse. Pris entre deux tempéraments passionnés, opiniâtres, possédés par les démons de l'art, il n'a peint que pour lui-même sans jamais exposer. Ses tableaux un peu fades n'ont jamais quitté la sphère familiale et y sont toujours. Il s'est consacré à Berthe. Il transportait ses toiles, l'aidait à les accrocher quand elle participait aux événements artistiques de son temps. Par dépit, par jalousie ou instinct de domination, il aurait pu la décourager de peindre : tout comme le fit l'officier de marine Adolphe Pontillon pour Edma. Au contraire, Eugène Manet s'intéressait à la peinture de Berthe et encourageait ses efforts. Il partageait ses amitiés avec le cercle de leurs amis peintres, pour la plupart impressionnistes ou affiliés au mouvement, mais élargi à des artistes comme Henry Lerolle, Alfred Stevens ou Pierre Puvis de Chavannes. En somme, le couple fonctionnait bien, soudé par cet amour de l'art qui était au cœur de leurs deux familles. Eugène Manet a dû cependant connaître des moments de solitude, pour ne pas employer de mots plus médicaux. Son seul roman, écrit à des heures perdues, s'intitule *Victimes !* Sur les tableaux de sa femme, il arbore l'air triste et las des grands neurasthéniques. Il est mort jeune, avant elle, on ne sait pas très bien de quoi. De consomption, autre nom de la tuberculose ? Ou de la syphilis, le sida du XIXᵉ siècle, qui allait emporter son frère aîné Édouard, et plus tard son plus jeune frère, Gustave ? Les séjours de Berthe dans le Midi, où elle peint des paysages plus ensoleillés qu'à son accoutumée, s'expliquent par le mauvais état de santé d'Eugène — un homme attentif, aimant, mais d'une poignante mélancolie d'humeur —, auquel les médecins avaient recommandé les cures au soleil de la Côte d'Azur. Mais ce qui lui manquait surtout, c'était un soleil intérieur.

Édouard Manet était d'un autre tempérament. Joyeux, festif, plein d'une énergie et d'une joie contagieuses, alors que la vie lui a pourtant apporté tant d'épreuves — il a sans doute été l'un des peintres les plus critiqués et les plus insultés de tous les temps! —, il a vécu entouré d'une cohorte de joyeux drilles, tous artistes comme lui, qu'il retrouvait au café Guerbois, puis dans la Nouvelle Athènes, ce quartier de Paris qui a connu un essor artistique étonnant, vers la fin du XIXe siècle et concentré nombre d'ateliers. « Ce riant, ce blond Manet, / De qui la grâce émanait, / Gai, subtil, charmant en somme, / Sous sa barbe d'Apollon... », a écrit Théodore de Banville. Grand séducteur, réputé pour ses frasques, la beauté sensuelle de ses modèles et son penchant pour les fleurs exotiques, il n'a jamais été un mari. Son mariage avec Suzanne Leenhoff, son modèle pour *Le Bain*, une plantureuse Hollandaise, aux joues et aux fesses rebondies, a étonné ses plus proches amis, qui le croyaient voué à un joyeux et éternel célibat. Personne n'a jamais su comment l'idée lui en était venue. Il ne changea pas grand-chose à sa vie d'avant, mais un secret marqua son existence : qui était le jeune garçon rentré avec eux de voyage de noces, ce petit Léon, présenté comme le frère de Suzanne Manet, et qui l'appelait tantôt mon oncle et tantôt parrain? Manet passait pour être son père mais ne s'est jamais expliqué sur ce sujet, demeuré obscur pour tous les siens, y compris pour Léon.

Je suis bien sûr allée me recueillir sur les tombes, au cimetière de Passy. Les Manet sont enterrés tous les quatre dans le même caveau : Édouard avec son épouse Suzanne, née Leenhoff. Et Berthe près d'Eugène. Le monument funéraire est en granit sévère. Seule ornementation : un buste de Manet, sculpté par Ferdinand Leenhoff, un frère de Suzanne. Les deux couples restent unis dans la mort, comme ils l'avaient été dans la vie. Leurs enfants sont enterrés plus loin. Côté Édouard, ce fils, Léon Leenhoff, qu'il n'a jamais reconnu et dont il n'est pas sûr qu'il fût le sien. Soit dit en passant, le jeune homme est l'un des personnages au second plan du *Balcon*, derrière Berthe. Côté Eugène, une fille unique et adorée : Julie Manet.

Berthe a longtemps fait le désespoir de sa mère en refusant de se marier : elle a passé allègrement la sainte Catherine, date qui à cette époque vous rangeait dans le clan des vieilles filles, celles dont personne ne veut, les laides, les vilaines, les sans-dot. Berthe voulait tout donner à la peinture et se garder de subir le même sort qu'Edma. La maternité ne la tentait pas. Je me suis souvent demandé si ses séjours prolongés dans l'atelier de Manet n'avaient pas aussi influencé son choix. S'il n'y avait pas de sa part une impossibilité à trouver un mari qui fût « gai, subtil, charmant », sous une barbe d'Apollon, et un grand peintre de surcroît, qu'elle aurait pu aimer et admirer. Puvis de Chavannes l'avait courtisée, pensé même à demander sa main, puis il s'était lassé : tant de froideur de la part de Berthe pour tous ses prétendants ! Mme Morisot la harcelait. Pas un jour sans qu'elle ne lui fasse valoir les horreurs d'un destin de vieille fille et les avantages d'une vie de famille. A-t-elle gagné à l'usure? Ou Berthe a-t-elle compris que sa relation avec Édouard Manet n'était qu'une voie sans issue, une désespérante impasse? Elle a choisi pour mari le frère de l'homme qu'elle a sans nul doute admiré le plus, sinon aimé. Elle a épousé un autre Manet — et c'est sous ce nom qu'elle est enterrée.

Écrire une biographie de Berthe, c'est se pencher sur le destin de toutes les jeunes filles rêveuses, que la vie finit par rattraper avec son lot de calamités prosaïques et sa radicale absence de poésie. Berthe, à sa manière si policée et courtoise, est une rebelle : elle a résisté aux pressions et continué à peindre, en marge d'un univers familial tendrement aimé, où elle ne voulait pas s'engloutir. Elle a sauvé sa vocation, son art.

Mais c'est l'enfant qui a sauvé Berthe. Il a apporté un soleil inattendu dans sa morne vie conjugale. Un soleil sans aucune éclipse, un chaud et doux soleil. À près de quarante ans, elle a compris ce que c'était qu'être mère : pour elle, une révélation. Mais aussi, aux yeux de tous, une métamorphose : cette taciturne, tendue vers un idéal de perfection, cette torturée de l'art, anxieuse, nerveuse, s'est enrobée d'une douceur toute neuve, et elle a approché, presque touché du doigt, le bonheur. Ce bonheur qu'elle peignait dans la certitude de ne jamais l'atteindre.

Sa fille, Julie Manet, est le grand amour de Berthe Morisot. Il n'y en a pas d'autre dans sa vie.

Ni sa passion contrariée pour Manet — encore que nous soyons là dans le domaine des supputations —, ni sa profonde tendresse pour Eugène Manet ne peuvent se comparer à ce sentiment maternel, qui a comblé en elle tous les manques à la fois, lui apportant enfin la paix, la sensation de plénitude que connaissent toutes celles qui ont veillé pendant des heures, près d'un berceau.

Du jour de sa naissance, Berthe n'a plus quitté son enfant. Ni même pour peindre, puisque la petite fille jouait ou somnolait près d'elle, quand elle travaillait. Elle est devenue au fil des ans son principal modèle : elle la regardait, elle la peignait. On la voit grandir sur ses toiles. Petite fille en bleu avec un bonnet, que Manet peint aussi, aux côtés de Berthe et dans sa manière, de sorte que ce Manet, *Julie à l'arrosoir*, ressemble à un Morisot ; fillette jouant à la poupée, faisant des pâtés de sable ou lisant ; puis jeune fille aux longs cheveux châtains, retenus par un ruban. C'est Julie qui joue du violon ou de la mando-line, caresse l'échine de son lévrier — en fait, une levrette, Laërte, cadeau de Mallarmé —, elle encore qui cueille des fruits sur une échelle avec sa cousine Jeannie — future épouse de Paul Valéry.

Julie apprend à peindre, en regardant la main de sa mère. Elle copie les mêmes paysages, les mêmes jeunes modèles, qui posent à tour de rôle, souvent recommandés par Renoir, lequel veille aux économies — pour cinq sous, huit sous, des fillettes ou de très jeunes femmes, d'une grâce enfantine, viennent relayer Julie. Certaines sont des amies, comme les sœurs Baudot. Ou des cousines — Jean-nie Valéry, née Gobillard, fille de la sœur aînée de Berthe et Edma, apparaît en vedette américaine. La parfaite doublure de Julie, à laquelle elle ressemble parfois à s'y méprendre. C'est le bonheur entre filles, le cocon idéal, où ne pénètrent ni la violence ni les drames. Berthe veille sur des enfants sages, des jeunes filles gracieuses, dans des maisons tranquilles et des jardins fleuris.

Sur ses tableaux, Julie n'a jamais vieilli. Elle avait dix-sept ans quand sa mère est morte. Son père était mort depuis peu. Berthe avait soigné Julie, peu avant Noël, pour une mauvaise grippe. Elle l'a attrapée à son tour, refusant l'invitation de Mallarmé d'aller au théâtre ensemble. Il voulait voir Julie arborer le chapeau Liberty que Berthe était en train de peindre — le chapeau, le tableau lui plaisaient. Berthe n'a pas eu le temps de finir *Julie au chapeau Liberty*. Sa dernière œuvre, dernier portrait de Julie, est inachevée. Elle a eu la force d'écrire une lettre à sa fille, avant d'être emportée. Cette lettre, je l'ai tenue dans mes mains : c'est le souvenir le plus bouleversant de toute ma vie de biographe.

Berthe veut rassurer Julie. Elle lui recommande brièvement de laisser « un souvenir à Monet, un souvenir à Degas »... L'important est ailleurs : dans la tendresse et la simplicité des mots, si semblables à sa main quand elle peint. « Ma petite Julie, je t'aime mourante ; je t'aimerai encore morte ; je t'en prie, ne pleure pas. Tu ne m'as pas causé un chagrin dans ta petite vie. Ne pleure pas, je t'aime encore plus que je t'embrasse. » Rien ne pèse jamais autour d'elle, même le chagrin doit rester léger. Pourtant, Berthe part désespérée. C'est la première fois qu'elle va être séparée de sa fille, et la séparation est inéluctable. Berthe Morisot meurt en toute lucidité : j'imaginai sa détresse au moment de l'adieu.

Sa dernière phrase est pour recommander sa fille à Jeannie — la future Mme Paul Valéry. « Jeannie, je te recommande Julie. » Voilà les mots de la fin. Elle n'a pas signé. Mais le nom de Julie, en cinq lettres adorées, elle l'a écrit en gros caractères. Ils occupent la moitié de la page, tremblés mais encore fermes, comme un cri. Puis, la main épuisée retombe sur le drap.

Elle avait, à la mort de son mari, désigné Renoir comme subrogé tuteur de sa fille. Depuis son lit de malade, sentant sa mort venir, elle lui a adjoint Mallarmé. Tous deux veilleraient sur Julie avec la même fidélité. Tout cela, je l'apprendrai au fil de mes recherches, notamment par la lecture du *Journal* de Julie, qui venait d'être édité, ou par d'autres témoignages de contemporains, mais aussi et surtout par la correspondance de Berthe. Une correspondance inédite, entreposée à la suite d'un legs familial au musée Marmottan. J'ai pu la consulter à la Bibliothèque de l'Institut, où elle avait finalement abouti, grâce au parrainage du secrétaire perpétuel de l'Académie des beaux-arts, Arnaud d'Hauterives.

Ouvrant les cartons qui contenaient les précieux documents, je pus puiser à cette correspondance, qui a évidemment nourri mon livre, comme une sève. Il y avait là, par centaines, des lettres de famille — les parents, les sœurs, les cousins et cousines. Des lettres d'Eugène et de Julie. D'autres, de Renoir, de Monet, de Mallarmé, de Puvis de Chavannes... J'appris à reconnaître les écritures, celle amphigourique de Monet dévorait les pages sur un papier à en-tête plutôt prétentieux, gravé à ses différentes adresses, jusqu'à ce « Giverny, par Vernon dans l'Eure », devenu après la mort de Berthe le lieu mythique de l'impressionnisme. Celle, pressée et sèche, de Degas, qui souvent préférait l'usage du télégramme pour communiquer rapidement. Celle de Renoir, avec ses mots populaires, qui signait « l'Ami Renoir », quand Degas préférait « votre vieil ami Degas ». Sans parler des enveloppes de Mallarmé, qui sont autant de poèmes, et où Julie rime invariablement avec « jolie ».

C'était une montagne de papiers jaunis, parfois troués ou déchirés, mais parfaitement lisibles. La lecture ne m'a posé aucun problème, sinon l'émotion souvent très vive qu'elle suscitait. Le temps a passé vite, presque trop vite, au rythme de la vénérable horloge de la Bibliothèque, dans l'illusion de revivre intensément ces liens d'amitié ou de tendresse, si fervents. Pour un biographe, rien ne vaut évidemment les documents de première main, les inédits. On n'a pas toujours la chance de les trouver. À ces trésors de Marmottan, manquait pour moi l'essentiel : parmi toute cette mémoire, presque rien d'Édouard Manet ! Alors qu'il y avait des dizaines de lettres de chacun des autres peintres (47 de Renoir, 59 de Degas, et il y en avait 86 de Mallarmé...), seules quatre brèves missives, parfaitement anodines, de Manet à Berthe demeuraient. À une époque où on s'écrivait beaucoup, c'était tout de même étonnant. J'y cherchai en vain la trace de je ne sais quel sentiment d'amour ou de complicité. « Ma chère Berthe... » Aucun n'allait éclaircir le mystère de ces onze portraits par le peintre d'*Olympia*. Je trouvai cependant cette phrase dans le brouillon d'une lettre de Berthe à son amie Louise Riesener : « il faut brûler les lettres d'amour ! » Sans doute, et je le crois, est-ce le sort qu'ont subi les lettres d'Édouard Manet à Berthe Morisot.

J'avais relevé cette phrase dans l'un des carnets de Berthe : « Nous mourons tous avec notre secret. » Ce secret, je n'ai pas eu envie de le violer. Je l'ai approché de très près, je crois, mais sans en forcer l'accès. Je m'en serais voulu d'inventer un dénouement romanesque à une histoire qui devait garder sa part de mystère.

Je cherchai Berthe ailleurs et la trouvai dans les lieux qu'elle a habités. Est-ce parce que j'aime moi-même les maisons, les jardins ? Les lieux ont beau changer avec le temps, un parfum y reste de tous ceux qui y ont vécu. C'est ainsi que je suis allée dans les maisons et les jardins de Berthe. J'ai eu la chance de pouvoir les visiter avec le meilleur des guides : son arrière-petit-fils, Yves Rouart.

Une généalogie facile à retracer : Julie Manet avait épousé Ernest Rouart — un des quatre fils d'Henri Rouart, le fondateur de la dynastie, collectionneur et peintre, grand ami de Berthe et allié des impressionnistes avec lesquels il a exposé ses toiles. Ernest, son second fils, lui-même peintre, fut le seul élève de Degas, ce meilleur ami de son père. Julie et Ernest eurent trois fils. Deux n'eurent pas d'enfant. Yves était le fils de Clément. Pour en finir avec la généalogie, et établir le lien entre les divers protagonistes de cette histoire, j'ajoute qu'Yves était le cousin germain de Jean-Marie Rouart. Les deux hommes, au physique si ressemblant, étaient doublement apparentés : ils ont eu le même arrière-grand-père, et leurs deux mères étaient sœurs.

Yves Rouart m'a accueillie chez Berthe Morisot, dans l'immeuble qu'elle avait fait construire avec Eugène, peu après leur mariage, au 40 rue de Villejust — rebaptisée depuis Paul-Valéry. Une rue proche du bois de Boulogne, entre l'avenue Victor-Hugo et l'avenue Foch, ancienne avenue du Bois. La mère d'Yves, Victoria, était alors très âgée : une ébouriffante petite dame, peu conforme à l'image que je me faisais d'une héritière de Berthe Morisot. Extravertie et boute-en-train, elle avait apporté du piquant, de l'insolence, en un mot de la vie, dans l'atmosphère compassée des Rouart-Valéry. Julie et Ernest, si paisibles, confits en dévotion, la contemplaient comme un miracle de la nature et l'aimaient beaucoup. C'est du moins ce que me racontait Yves, en parcourant les pièces de la maison. Je découvris l'atelier de Berthe, avec émerveillement le placard du salon où elle rangeait son matériel et il me semblait que l'air était encore empreint d'une odeur de térébenthine. Sa chambre, en étage, devenue celle de Victoria, ouvrait par une fenêtre intérieure sur le salon où elle travaillait en contrebas. Détail architectural que Berthe avait emprunté à l'église du Gèsu, à Nice. C'est là, devant la famille et les amis réunis, que Mallarmé, d'une voix inspirée de chaman qui avait fait fuir Degas, avait prononcé sa célèbre conférence sur Villiers de L'Isle-Adam. Un temps fort de l'histoire littéraire du XIXᵉ siècle.

Un grand Manet, *Une terrasse à Meudon*, ornait ce salon, où se trouvait encore, avant qu'il n'entre au musée d'Orsay, le *Berthe Morisot au bouquet de violettes*. Rue de Villejust, la famille vivait tout naturellement au milieu des chefs-d'œuvre, loin de se croire dans un musée. Yves me raconta comment sa mère, qui aimait les fêtes, avait un jour accueilli des légionnaires, amenés par l'un de ses proches amis. Ils avaient fait un tintouin de tous les diables, jusqu'à l'aube — tout le quartier s'en souvenait, me dit-il, toujours riant. Lui-même avait organisé des booms, à dix-sept ou dix-huit ans, et dansé le rock sur la musique des Rolling Stones au milieu des Manet, des Monet, des Corot. « Personne n'y prêtait attention ! » Et il chantonnait, *I can't get no, I can't get no satisfaction*.

Il me montra le petit *Bouquet de violettes*, tableau miniature où Manet a peint, en contrepoint du grand portrait, le bouquet que Berthe portait au corsage : il le lui avait fait porter comme un bouquet de fleurs fraîches, avec sa carte, en souvenir.

Partout des Berthe Morisot rappelaient qu'on était chez elle, même si de son vivant elle préférait exposer les toiles de ses amis plutôt que les siennes. Ce sont ses descendants qui avaient commencé de les accrocher ici ou là, dans l'appartement. À la mort d'Eugène, elle avait quitté cet immeuble du 40 rue de Villejust et s'était installée rue Weber avec sa fille. Julie Manet avait plus tard réinvesti les lieux. Mais pour ne pas profaner l'atelier, ou pour ne pas revivre à chaque instant son deuil, elle avait choisi d'habiter au quatrième étage avec ses deux cousines, Jeannie et sa sœur aînée, Paule Gobillard. Julie et Jeannie se sont mariées, le même jour, à la même heure et dans la même église Saint-Honoré-d'Eylau, en mai 1900, dans des robes identiques et avec la même couronne de fleurs d'oranger. Avec leurs époux, elles ont continué de vivre rue de Villejust. Julie avec Ernest, au quatrième étage. Et Jeannie avec Paul Valéry, à l'étage du dessous. Paule Gobillard, restée célibataire, avait sa chambre chez les Valéry. Elle y peignait des tableaux sages, un peu tristes, mais aux délicates nuances, qui ont continué toute sa vie de ressembler à ceux de sa tante. Degas a laissé d'elle un portrait peu flatteur. Quand les enfants Rouart et Valéry sont nés, trois par foyer, et qu'ils ont grandi, tels des frères et des sœurs, ils montaient et descendaient sans cesse l'escalier, pour se rendre visite, tantôt chez les uns et tantôt chez les autres : les deux couples ont formé une famille soudée, incroyablement unie, dans cette lumière impressionniste tombée des murs, que le piano de Jeannie Valéry enrobait de mélodies de Debussy ou de Fauré. Dans le petit monde parisien, la tribu était célèbre : c'étaient les Manet-Morisot-Rouart-Valéry. Peu de personnes cependant s'y retrouvaient dans les parentés et les alliances.

Mêmes menus aux deux étages, concoctés par deux cuisinières qui s'entendaient à merveille et partageaient leurs recettes, Hortense au quatrième, et au troisième Charlotte, qui avait été dépêchée par Mallarmé depuis son village de Valvins. Blanquette de veau ou sole à la normande pour Paul Valéry : petit mangeur, buveur de café, fumeur de cigarettes brunes — aucun détail ne pouvait m'échapper !

Yves Rouart me racontait que chez sa grand-mère, Julie Manet, le *Berthe Morisot au bouquet de violettes* se trouvait dans la salle à manger, au-dessus de la desserte à pain. Lors d'un anniversaire, un bouchon de champagne y avait percé le corsage ! Il me raconta, en riant, qu'avec son cousin Jean-Marie, âgés de huit ou dix ans, ils avaient joué aux fléchettes sur ce même mur, sans du tout s'inquiéter de la proximité du Manet.

Un autre Manet lui faisait face : la sensuelle *Brune aux seins nus.*

Dans la chambre à coucher, au-dessus du lit de Julie et d'Ernest, il y avait toujours vu *Le Père et la Mère de l'artiste* — tableau qui représente les parents Manet. Julie, avant de mourir, l'avait donné au Louvre. Elle l'appelait, tout bonnement, « les grands-parents ». Des gens sévères, à l'air peu tolérant. Le père était haut fonctionnaire, comme M. Morisot. Les deux familles se fréquentaient, bien avant que Manet ne songe à peindre Berthe. Mme Manet mère recevait le jeudi. Mme Morisot, le mardi. Rituels immuables d'une vie bourgeoise, qui aurait pu entraîner Berthe dans son cours implacable. Elle eut aussi son jour, comme sa mère, à cette différence près : on y était entre artistes et on ne parlait que de peinture, de littérature ou de musique, dans le salon-atelier où les Corot, les Pissarro, les Renoir, les Monet et tant d'autres grands peintres cohabitaient sur les murs. Claude Monet avait offert à Berthe, en souvenir de leurs séjours niçois, un tableau d'une couleur solaire, peint du côté de Cimiez, *Jardin à Bordighera.*

Yves Rouart m'emmena ensuite à Juziers pour y visiter le Mesnil, le petit château que Berthe et son mari ont acheté sur un coup de tête, dans la vallée de la Seine. Elle n'y a que peu vécu. Mais c'est elle qui l'a choisi, décoré et qui a aménagé le jardin. Elle voulait que le Mesnil soit une maison de famille. La mort, venue trop tôt, ne lui a pas permis d'accueillir les enfants, les petits-enfants, puis les arrière-petits-enfants de sa fille. Ils y vivent aujourd'hui en tribu, heureux, insouciants, malgré les inévitables soucis qui marquent toute vie, et se répartissent gaiement les quatorze chambres, surpeuplées aux vacances. Je me souviens très bien de ce jour d'été. La maison était fraîche. Dans les pièces, je retrouvai les inévitables paysages, les portraits et les fleurs, qui m'étaient désormais familiers, œuvres des uns et des autres — les oncles, les tantes, les amis, tout le monde a peint autour d'eux, d'une génération à l'autre, y compris l'oncle Paul (Paul Valéry, bien sûr), qui avait un excellent coup de crayon. J'ai d'ailleurs chez moi le dessin ravissant d'un voilier qui s'éloigne sur la mer, toutes voiles dehors — il illustre la première page d'un roman de Jeanne Voilier, *Ville ouverte*. Partout aussi, au Mesnil, un désordre bohème, des jouets éparpillés, des livres oubliés à côté d'une paire de sécateurs, d'un ballon ou d'aiguilles à tricoter. Il y avait une paix tranquille et provinciale dans cet intérieur désuet, aux meubles Empire, aux couleurs passées, mais plein de cris d'enfants. Au loin sortant d'une chambre, me parvenait une mélodie de France Gall. C'était vivant et chaleureux.

Yves me fit voir la petite chambre, à la tapisserie fanée, où Valéry avait été mis en isolement, à cause d'une mauvaise coqueluche. Le poète avait pris l'habitude de s'y enfermer par la suite, pour être tranquille, écrire ou faire la sieste, à l'écart du chahut familial.

Dehors, près de la piscine — le seul élément décoratif qui avait échappé à Berthe —, les enfants sautaient et plongeaient dans des hurlements de joie. Une jeune fille nue prenait une douche en plein air. L'épouse d'Yves cueillait des roses. C'était la famille de Berthe Morisot et je l'ai aimée au premier instant.

8

Les fantômes du Kapuzinerberg

À Salzbourg, il neigeait. J'habitais un chalet perdu au milieu de champs et de prés que l'hiver changeait en territoire pour le ski de fond. Les randonneurs, pour s'y aventurer, devaient se munir de raquettes, à leur libre disposition dans le hall de l'hôtel, avec des luges et des bâtons. Mais il y avait peu de sportifs. C'était une pension tranquille qui accueillait un petit nombre d'hôtes préoccupés surtout de goûter le calme environnant. La seule effervescence était celle des préparatifs de Noël. La nuit, qui tombait bien avant cinq heures, une multitude de guirlandes clignotaient aux balcons. Je regardais les flocons, les lumières, toute cette blancheur de conte d'Andersen me ramenait au temps des loups, des ours, des lutins et des fées. Bien au chaud, dans le confort douillet d'une chambre où brûlait un feu de bois, j'ai passé de longues journées à lire des vies de Magellan ou de Marie-Antoinette, biographies aussi palpitantes que des romans. J'aurais pu ne jamais sortir. Mais j'avais rendez-vous avec leur auteur en ville, à une bonne vingtaine de kilomètres de là, sur les bords gelés de la Salzach.

À Salzbourg, bien sûr, je ne pouvais pas échapper à Mozart. Un jeu de pistes conduit les touristes de la maison où il est né à celle où il a composé ses premiers airs, jusqu'au théâtre où l'on célèbre sa musique. Les places, les hôtels, les restaurants, les boutiques, tout est à son nom ou à son effigie, même les gâteaux, les eaux de toilette, les allumettes. C'est un produit local, un logo qui banaliserait son image s'il n'y avait partout, dans les rues, la ferveur unanime des visiteurs mélomanes. Dans la foule, j'étais sans doute la seule à ne pas partager la religion ambiante. Je n'étais pas venue à Salzbourg pour Mozart.

Un air cinglant, humide, montait de la rivière. Enveloppée dans un long manteau, malgré mes bottes et une toque en fourrure, je déambulais en grelottant d'un bout à l'autre de la vieille ville. L'Office du tourisme, je ne sais plus pour quelle raison, était fermé. Des marchés de Noël proposaient des confiseries, des bibelots religieux et du vin chaud parfumé à la cannelle, mais aucun des vendeurs ni aucun des clients que j'ai interrogés ne purent me renseigner. L'adresse que j'avais notée ne disait rien à personne. Les gens avaient l'air surpris que je pose la question, comme s'ils entendaient pour la première fois le nom d'un écrivain pourtant célèbre, l'un de leurs compatriotes. Ils me regardaient sans répondre et j'en étais pour ma peine.

Une autre spécialité de Salzbourg, avec Mozart, c'est le *dirndl*. On appelle ainsi la tenue autrichienne traditionnelle pour les femmes. Une robe à mi-mollet, au corsage échancré et à la jupe ample sur laquelle est noué un tablier : la tenue de Sissi, avant qu'elle ne soit impératrice.

Les Tyroliens, aussi fidèles que les Écossais à leur kilt, arborent encore la culotte de cuir ou de daim, avec les hautes chaussettes de laine à pompons. Ce folklore vestimentaire leur est parfaitement naturel. À force d'errer, je finis par me retrouver devant un magasin qui proposait ce genre d'articles. Je n'avais pas vraiment envie d'un *dirndl*, ni d'un chapeau à plumes, ni d'une de ces bourses en velours qu'on porte en bandoulière comme du temps de Robin des Bois. Mais je suis entrée là, peut-être simplement pour m'abriter un instant du froid, et, sur une impulsion, j'ai posé à un vendeur ma sempiternelle question : « Savez-vous où est la maison de...? » — « *Wissen Sie wo...?* »

J'ai eu de la chance cette fois. Il m'a renseignée. Il a pu d'autant mieux le faire que le propriétaire du magasin, l'un des plus prospères de Salzbourg, y habitait avec sa famille. Ses parents avaient acheté la maison après la guerre. Selon le vendeur, celui-ci pourrait peut-être me la montrer. Mais il n'était pas au magasin aujourd'hui. Je devrais revenir : on lui ferait part de ma visite.

Munie des explications nécessaires, je rebroussai aussitôt chemin et traversai la Salzach. La maison que je cherchais était en effet située sur l'autre rive, tout en haut d'un chemin escarpé qui menait au mont des Capucins. Le Kapuzinerberg. Je m'éloignai des quartiers envahis de touristes, des rues commerçantes et de l'odeur de vin chaud pour me retrouver dans un décor à peu près inhabité que la lumière de l'hiver rendait d'autant plus lugubre. J'empruntai un escalier aux marches de pierre branlantes et verglacées, qui ouvrait sous un porche en plein air et menait jusqu'en haut de la ville : l'accès, impossible en voiture, en était réservé aux courageux piétons. Je peinais en grimpant car la pente était rude et le chemin rendu périlleux par la glace. Le soir qui commençait de tomber laissait de grandes flaques jaunes et tremblantes sous les réverbères. Je m'en souviens comme d'une scène d'un film de Lubitsch. Le site était propice aux spectres. Je m'aperçus que je gravissais en fait un Chemin du Calvaire. Des chapelles représentant la Passion du Christ émaillaient le parcours. À la dernière station, Jésus expire entre les deux larrons, pleuré par la Vierge. J'étais le seul pèlerin de cette fin d'après-midi et avais l'impression de me promener dans la solitude d'un cimetière. Une à une, des étoiles se mirent à briller dans le ciel presque noir, la seule note de gaieté dans un paysage halluciné.

Parvenue tout en haut, ce fut d'abord une église qui m'apparut, massive et sombre : fondée au XVIᵉ siècle, l'église des Capucins. Les moines habitaient toujours le cloître qui y est accolé et, le soir venu, plantaient quelques lanternes le long du calvaire. Au-delà s'étendait une forêt. Je ne pouvais en distinguer que les premiers chênes, presque aussi vieux que l'église, à en juger par leur taille et leur ramure imposantes ; les centaines d'hectares restants étaient plongés dans la nuit. Le dernier réverbère, qui éclairait les arbres les plus proches, envoyait sa pâle lumière vers une maison isolée au milieu d'un grand parc. Il n'y avait pas d'autre bâtiment sur ces hauteurs sauvages, en dehors de l'église et du cloître. Ce ne pouvait être qu'elle : la maison que je cherchais. Un muret de pierres vermoulues entourait son terrain, mais ne la fermait pas aux regards. Je vis passer une silhouette derrière une fenêtre, à la faveur d'une lampe. Malgré son architecture de palais italien et son crépi jaune, de cette couleur qu'on appelle en Autriche le jaune de Schönbrunn, elle tenait plutôt de l'antre de sorcière surgi dans la forêt des contes. J'en étais stupéfaite, car je m'attendais à trouver une demeure raffinée et charmante, où il avait fait bon vivre, écrire et recevoir ses amis. Avec le jour finissant, elle n'en paraissait que plus austère. Je me demandai comment une famille avait pu avoir envie d'y habiter. Rentrer chez soi, au terme d'un calvaire quotidien, qui aboutissait à la lisière d'une forêt obscure et aux larmes de la Vierge? Je pensai avec nostalgie au joli chalet où j'allais bientôt retourner dîner... Sans doute la maison était-elle calme, sans d'autres nuisances que les chants des Capucins et les cris d'animaux sauvages, de loin en loin. Bâtie en position dominante, elle devait avoir une très belle vue sur la rivière et la vieille ville : le jour ses toits en zinc et le dôme vert de sa cathédrale, la nuit, telles que je les apercevais moi-même, les lumières innombrables de ses célébrations et de ses fêtes.

Je m'en éloignai comme on prend ses distances avec un lieu hanté, sûre d'y revenir le lendemain avec le propriétaire, dans l'espoir de l'apprivoiser. Mais celui-ci, trop occupé avec la haute saison, se déroba : les achats de Noël battaient leur plein. Il n'avait pas de temps à me consacrer. Pour appuyer ce refus, on m'expliqua que la maison avait été complètement refaite à l'intérieur et que la décoration ne gardait plus aucune trace de son précédent propriétaire. Quant au parc, j'avais vu par-dessus le muret tout ce qu'il y avait à voir. On me conseilla une promenade vivifiante dans la forêt mitoyenne, devenue une réserve de chasse : on pouvait y rencontrer des chevreuils et y entendre chanter toutes sortes d'oiseaux.

Il doit être difficile, en effet, de faire visiter les vestiges d'une vie détruite, ceux d'une passion dévastée. L'écrivain avait été heureux dans sa maison. On l'en avait spolié. Y avait-il encore une bibliothèque comme lorsqu'il y séjournait, et dans celle-ci, des livres aussi nombreux, aussi choisis, ornés de dédicaces des plus grands écrivains européens, ses amis ? Y avait-il un piano et des partitions de musique, dont il fut collectionneur ? Y avait-il des labradors noirs, au pied du maître, près du fauteuil où il lisait et de la table où il écrivait ?

Il me paraissait impossible que toutes les traces aient été effacées de son passage dans cet ancien relais de chasse d'un archevêque, dont il avait fait une demeure hospitalière et où avaient résonné les voix de tant d'artistes majeurs de son temps. Je quittai sans regrets le magasin d'articles tyroliens et me dirigeai vers une librairie repérée le matin même. Je demandai des livres de l'auteur que j'étais venue retrouver à Salzbourg. On m'indiqua un rayonnage, au fond de la boutique. Les livres s'y trouvaient en effet, édités par Fischer Verlag, prestigieux éditeur allemand. Mais discrets, quasi invisibles, sinon cachés aux yeux d'un lecteur pressé, ils étaient pour ainsi dire en exil, comme l'écrivain lui-même, qui ne revint jamais de sa longue errance.

Le nom de Stefan Zweig que j'évoquais si souvent à Salzbourg trouvait peu d'écho dans la population. Il ne soulevait en tout cas que peu d'intérêt quand je parvenais à amorcer l'ébauche d'une conversation à son sujet, ou bien tombait à plat. Alors qu'en France il est un sésame qui ouvre les cœurs, lance le dialogue et la communication, et est même devenu synonyme d'une puissante et mystérieuse fraternité, ce nom laissait ici les gens indifférents, sinon méfiants ou hostiles. *Le Joueur d'échecs*, *Vingt-quatre heures de la vie d'une femme*, *La Confusion des sentiments*... Personne ne semblait prêt à partager mon admiration. Qu'est-ce que cette Française voulait donc savoir? Quel passé venait-elle remuer, quand les cendres avaient tout recouvert, enfoui d'un impeccable linceul de neige? Je sentais le malaise autour de moi. J'avais l'impression d'avancer sur un terrain peu assuré. Les gens se dérobaient, comme devant un secret inavouable, ils éludaient le sujet. Cet homme que les Autrichiens avaient chassé, ils l'avaient adoré autrefois. Il avait partagé leur art voluptueux de vivre dans la Vienne des Habsbourg, leurs promenades au Prater, leurs tablées conviviales autour d'un vin blanc dans les tavernes de Grinzing ou de Heiligenstadt, leur goût de la musique et des opéras. Ce monde raffiné, sensuel, il y avait eu une place prestigieuse. On l'avait honoré, respecté, tenu pour un Autrichien capital. Mais les temps avaient changé, Hitler, l'Anschluss..., les perquisitions, le pillage de sa bibliothèque..., il avait fui, il n'était jamais revenu. Et maintenant on préférait ne plus parler de lui. La complexité des sentiments autrichiens à son égard expliquait les silences lourds, les non-dits accablants qui l'entouraient. Zweig était devenu un gêneur. Il réveillait des culpabilités enfouies au fond des consciences, tout un passé auquel nul n'avait envie de rendre des comptes et que son nom seul suffisait à réveiller. Zweig, en Autriche? Un éteignoir sur la joie de vivre, un désagréable voile de deuil sur les fêtes de Noël.

Au chalet, dans une atmosphère douce et feutrée, je revenais vers la maison du Kapuzinerberg : j'écrivais sa biographie à la chaleur des braises.

Les libres et poétiques traductions d'Alzir Hella me transportaient.

L'une de ses nouvelles, *Dans la neige*, raconte l'histoire d'une tribu juive qui fuit son village pour échapper à un pogrom et périt tout entière, engloutie, lors d'une tempête de neige. Tout y est dit en quelques pages, sobres et nues. Ce que Zweig voulait atteindre, par l'écriture, c'est ce qu'il appelait l'« essence filtrée » des choses et de la vie. Les livres lui paraissaient toujours trop longs : il aurait voulu raccourcir *Guerre et Paix* à quelques pages clés — c'est un de ses trop rares traits d'humour! Les siens, y compris ses biographies, ne pèchent jamais par la longueur. Peut-être est-ce cette rapidité, cette efficacité romanesques qui séduisent encore.

Dans les années trente, il fut un « best-seller » — mot inventé pour lui. Ses tirages étaient considérables, pas seulement dans les pays de langue allemande. Il était l'un des auteurs les plus traduits au monde. Mais cette gloire lui faisait mal. Au lieu de le rassurer, elle l'inquiétait. Il y voyait une injustice, comme si le sort s'était fourvoyé avec lui. Le succès, de manière générale, l'insupportait. Il n'aimait que les héros vaincus, humiliés. Ses biographies ignorent superbement les vainqueurs qui ont laissé leur nom dans l'Histoire. Zweig ne retient que les hommes qui ont souffert, ont été démis de leurs fonctions, ont vu leur mission incomprise, bafouée, interdite ou détruite, tous ceux dont le soleil de leur vivant fut une éclipse. La postérité donne trop tard un sens à leur sacrifice. Son héros le plus typique, Érasme, est son autoportrait : un homme seul, face à sa conscience, pris dans les tourmentes de l'Histoire. *Homo pro se.* Il fut cet homme solitaire, cet humaniste désespéré.

Alors que les femmes occupent une si grande place dans ses nouvelles, elles sont rares dans son œuvre de biographe : la poétesse Marceline Desbordes-Valmore, et puis Marie Stuart et Marie-Antoinette. Deux reines décapitées.

Curieusement, la gloire qu'il n'aimait pas poursuivit Zweig jusqu'après sa mort. Par une fatalité qui l'aurait exaspéré, le succès a continué à s'attacher à ses pas : non seulement ses livres sont encore vivants aujourd'hui en librairie, mais le moindre de ses inédits — on n'hésite pas à publier ses fonds de tiroirs — lui vaut de figurer au palmarès des meilleures ventes. Qui lit encore Jules Romains ? Loin de connaître le sort d'un bon nombre de contemporains, injustement relégués dans l'ombre et l'oubli, il jouit d'un privilège exceptionnel : ses lecteurs, toujours aussi nombreux, rajeunissent! Des garçons et des filles de quinze ans dévorent ses nouvelles. Qu'est-ce qui chez lui expliquait ce succès toujours renouvelé, cette longévité ?

Comment pouvait-il s'adresser à des générations successives, lui qui semblait être le pur produit d'une société disparue, ayant vu mourir presque toutes ses valeurs ? Je souhaitais éclaircir ce mystère.

La vie de Zweig plonge ses racines dans l'Histoire. Européen de cœur, il a enduré les deux guerres mondiales du XXe siècle comme une souffrance intime. Il avait des amis partout en Europe, en France, en Angleterre, en Allemagne, en Belgique, au Portugal, aux Pays-Bas... Pire qu'une guerre civile, la première lui apparut comme un conflit de famille. Elle dévastait ses valeurs, transformait en ennemis ses amis d'hier. Chargé de la documentation et de la propagande au ministère des Armées, il ne porta pas longtemps l'uniforme militaire. Il rejoignit bientôt en Suisse d'autres exilés pacifistes, dont Romain Rolland — il traduisit lui-même en allemand plusieurs de ses ouvrages sur la paix. De retour de Zurich, s'en revenant chez lui après la défaite, son train croisa celui qui emportait Charles, le successeur de François-Joseph au trône des Habsbourg, son épouse Zita et leur famille, vers un exil définitif : il eut le temps de les apercevoir à travers la vitre de son wagon. La scène le bouleversa. Son pays réduit à une peau de chagrin, il quitta Vienne en proie aux politiques délétères qu'il avait toujours détestées. La maison de Salzbourg devint alors son refuge. Vouée à la littérature et à la musique, il y accueillait des visiteurs lettrés, d'autres écrivains, des musiciens, des artistes de différents pays — James Joyce, Maurice Ravel, Hermann Hesse, Rabindranath Tagore ou Paul Valéry, parmi beaucoup d'autres.

Dans la solitude peuplée d'amitiés, ses blessures morales cicatrisaient. Il croyait à l'entente fraternelle des peuples et mit toute son énergie d'intellectuel dans l'œuvre de réconciliation. Devenu un infatigable conférencier, il ne ménageait pas sa peine pour délivrer partout en Europe son message de paix. Mais à Salzbourg, il était aux premières loges pour observer la montée des périls. Berchtesgaden, le nid d'aigle d'Hitler, se trouvait à quelques kilomètres de sa maison, juste de l'autre côté de la frontière.

Ses amis les plus proches et son épouse Friderike considéraient son pessimisme avec une inquiétude mêlée d'un peu d'irritation. « Qui sait si dans quelques années nous ne serons pas tous gazés ?... » écrivait-il à l'un d'eux, en 1936. Ils haussaient les épaules, se moquaient de lui en l'appelant Jérémie, du nom du prophète de tous les malheurs — il lui avait consacré une pièce de théâtre. L'Histoire lui donna raison contre tous en accomplissant ce qu'il avait pressenti et annoncé. Il était à Londres au moment de l'Anschluss. Son monde s'écroulait pour la deuxième fois.

La biographie devait prendre en compte cette trame historique, le tissu même de la vie de Stefan Zweig. Homme ballotté et trahi par l'Histoire, il ne se remettrait pas d'avoir été le témoin de ce double crime : l'Autriche rayée de la carte, l'Europe à feu et à sang. Il a cru voir s'engloutir le monde qui l'avait vu naître et grandir, ce monde auquel il était redevable de tant de joies, de tant de richesses spirituelles. De là cette incurable tristesse qui corrige les traits polis et souriants du Juif viennois, à l'élégance et aux manières d'un raffinement extrême. Je consultai de multiples ouvrages historiques, mémoires d'époque, articles de journaux, comptes rendus de ses conférences. Tout ce travail écrasant me parut toutefois moins rude que de l'accompagner dans sa descente vers l'abîme — un océan de désespoir. Jusqu'à son suicide, si mal compris de ses contemporains et qui aujourd'hui encore donne lieu à des débats et même à des scénarios fantaisistes, inspirés de romans d'espionnage, il se trouva étrangement seul, en marge d'engagements politiques auxquels il refusait de prendre part. Son exil, puis son suicide apparurent à beaucoup comme une désertion. Un refus, sinon une lâcheté, quant à l'exercice de ses responsabilités d'intellectuel.

Mon enquête, dès qu'elle aborda les années trente, se déroula dans une lumière de Kapuzinerberg. L'atmosphère s'assombrissait autour de Zweig et me communiquait des lueurs angoissantes. Je crus leur échapper en allant le chercher au soleil des tropiques, à l'ultime étape de son exil : Petrópolis, sur les hauteurs de Rio de Janeiro. C'est une villégiature que les Brésiliens affectionnent en été, quand la chaleur humide des tropiques rend inhabitable l'une des plus belles villes du monde. À deux heures en autocar, par une route élargie à plusieurs voies, on s'éloigne de la célèbre baie, des plages immenses, des palaces de Copacabana et des bidonvilles, pour accéder à un paysage de montagnes : collines boisées, plutôt vertes, au milieu desquelles coule une jolie rivière, qu'on s'étonne de trouver si vive dans un pays brûlé de soleil. La sensation de fraîcheur, toute relative pour un Européen, est immédiate et presque palpable, en comparaison de la chaleur extrême de

Rio. Des palmiers, bien sûr, bordent le cours de l'eau et poussent un peu partout, au milieu d'une végétation luxuriante, dans les jardins des nombreuses villas qui donnent à Petrópolis son cachet de ville d'eau.

Zweig aimait le Brésil, qui l'avait toujours accueilli avec ferveur, comme on accueillerait aujourd'hui une star du football ou de la chanson. Dès sa descente d'avion, l'État déployait ses tapis rouges ; le monde politique et littéraire célébrait sa venue par des réceptions, des conférences, des commémorations, qui se terminaient toujours sur des ovations et l'hommage de bouquets de fleurs incandescentes. La société intellectuelle brésilienne se réjouissait de le voir choisir Rio comme refuge, après des expériences avortées à Londres et à New York. L'éloignement géographique lui permettrait-il de ne plus se sentir traqué, de tenir à distance le bruit des bottes et des armes ?

Bizarrement, Petrópolis lui rappelait l'Autriche. Et c'est un fait que lorsqu'on y arrive, depuis Rio, on est saisi de découvrir un paysage en parfait décalage avec ce qui l'entoure — l'immensité brésilienne ou les splendeurs de Rio. À Petrópolis, sans exagérer, on peut se croire à Salzbourg. Un Salzbourg tropical, avec des palmiers et des bougainvillées à profusion, dans un climat où manquent à jamais le fœhn et la neige, mais un Salzbourg quand même, avec ses élégantes et vieilles avenues bordées d'immeubles baroques, très autrichiens par la surcharge, ses cafés sur les places, où les hommes discutent autour d'un verre comme au Sacher à Vienne, son casino et ses promenades ombragées au bord de la rivière. Les Brésiliens appellent leurs villas des « chalets » et personne ne serait surpris de les voir déambuler en culottes de peau dans ce décor d'opérette. Ces « chalets », parmi lesquels celui d'Alberto Santos-Dumont, l'inventeur de l'aviation, sont des constructions de bois recouvertes de crépis pastel, avec des toitures en dentelles, des balcons fleuris et des volets découpés de motifs en cœur : tout comme au Tyrol !

Résidence d'été des empereurs du Brésil qui y ont bâti leur palais, celui-ci présente une façade ocre ou brun jaune, qui rappelle dès le premier coup d'œil le fameux jaune de Schönbrunn, cet avatar des villas toscanes. Pedro II, qui l'a construit, avait probablement voulu réconforter son épouse : une Bourbon, sans aucun doute dépaysée par un exil brutal, confrontée à la chaleur torride et au feu des couleurs. C'est ce même Pedro II qui fit venir à Petrópolis une communauté allemande importante, d'origine rhénane, qui y est établie depuis, cela explique que l'allemand y soit une des langues les plus couramment parlées. Zweig entretenait des liens d'amitié avec des compatriotes qui avaient fui comme lui le régime nazi et avaient trouvé à Petrópolis un exil nostalgique, pareil au paysage de leurs vies passées. Ainsi avec Ernst Feder, journaliste, ancien rédacteur en chef du *Berliner Tageblatt* : Zweig a joué avec lui, la veille de sa mort, une dernière partie d'échecs.

Il me fut facile de retrouver sa maison, au 34 rua Gonçalves Dias. Ce chalet, qu'il louait à la veuve d'un ingénieur anglais, ressemblait à une très modeste réplique de sa maison de Salzbourg. Construit en hauteur, au bout d'un chemin escarpé, il offre en effet une vue dominante sur la rivière et les maisons environnantes. Un jardinet remplace le parc. Mais le soir, les lumières de la ville sont visibles à travers un rideau de feuillages. Les Zweig, après dîner, venaient s'asseoir sur la véranda, devant un point de vue qui leur évoquait un autre monde, perdu sans retour. Zweig fumait, Lotte le laissait rêver. Peut-être imaginait-il la Salzach couler au lieu de la petite rivière, ou entendait-il à distance l'un des innombrables concerts auxquels il avait pu assister à Salzbourg, sous la baguette inspirée de son ami Arturo Toscanini. Même le Kapuzinerberg restait présent dans ce mirage : à Petrópolis, un cloître des Prémontrés remplace à quelques pas cette ombre familière d'un cloître des Capucins.

Zweig reste lié dans mon souvenir à des ombres et à la nuit. C'est évidemment à cause de ses nouvelles, qui se déroulent sans aucune exception quand le jour n'est plus, dans la lumière équivoque d'un crépuscule ou à la tombée du soir. La couleur de son univers romanesque est uniformément sombre, joue de la gamme des gris au noir. Ses histoires ne peuvent prendre place que dans ces atmosphères propices aux drames, aux crimes, aux confidences. Les lampes à huile ou à pétrole y jettent des halos diffus et viennent y remplacer le soleil — cet astre absent ou radié du décor. La nuit d'*Amok*, de loin la plus opaque, où disparaissent visages et silhouettes et où s'estompe même la fumée des cigares qu'un héros fatigué et suicidaire envoie vers un ciel invisible, cette nuit sans lune et sans étoiles, décrite obsessionnellement jusqu'à l'outrance, reste le seul paysage de Stefan Zweig : son cachet, sa signature.

C'est l'écrivain le plus secret que je connaisse. Zweig se dissimule, se cache, évite de parler de soi et ne donne rien à voir de sa vie privée. Il est fermé sur son jardin secret. Ce voyageur impénitent qui a parcouru la planète en tous sens et ne tenait pas en place, toujours sur les routes et dans les gares, garde son regard fixé sur le dedans — il n'a d'ailleurs décrit dans ses livres ou sa correspondance aucun paysage, ni même au Brésil qui est pourtant si riche en images et en couleurs. Ce qui lui importe, c'est l'âme — ce vieux mot hors d'usage — et ce sont les blessures profondes et indécelables qui gisent tout au fond : ce précieux terreau de la psychanalyse, dont son compatriote, son maître et ami, le docteur Freud, fut le grand explorateur. Freud dont il a écrit le portrait et analysé le sens du combat dans *La Guérison par l'esprit.* Et dont, en 1939, il prononça l'éloge funèbre à Londres. Le maître avait renoncé à le psychanalyser. Il ne put obtenir de lui, dans leurs entretiens fréquents, que des généralités passionnantes mais désincarnées : aucune confidence, aucun aveu.

La vie de Zweig paraît d'abord lisse et presque sans histoires. Mais très vite sa courtoisie irréprochable, son regard aimable et caressant renvoient à une énigme, derrière l'écran de son infranchissable pudeur. Je croyais avoir à raconter une vie d'intellectuel, pris dans la tourmente de l'Histoire : et c'est bien le sujet de ma biographie, en effet. Mais au-delà de cette figure convenue, assez classique, où la sensibilité joue un rôle en contrepoint, je découvrais un homme très tôt confronté à des démons intérieurs, soigneusement dissimulés sous l'allure irréprochable et lisse d'un grand bourgeois. Dans ses amours, dans ses amitiés, il y a des fêlures. Dans sa vie, des gouffres où il finira par se laisser tomber. Sa nuit se referme sur le terrible secret de son suicide, si minutieusement préparé, et qui survient en plein carnaval de Rio, sur des airs joyeux de samba.

Juste avant de se donner la mort, aux côtés de Lotte, sa seconde et jeune épouse, il laisse une lettre à l'intention de ses amis, de ses lecteurs. Un adieu empreint de bonne éducation et qui résonne de sa douceur et de sa mélancolie coutumières : « Je salue tous mes amis ! Puissent-ils voir encore les lueurs de l'aube après la longue nuit ! Moi, je suis trop impatient. Je les précède. »

L'aube : ce mot cher à Romain Gary, qui éclaire l'un de ses plus beaux romans, définit habituellement le lever du jour. Pour Zweig, l'aube n'est que la fin de la nuit.

Deux auteurs juifs. Deux apatrides. Romain Gary se voulait partout chez lui dans le monde. Compagnon de la Libération, décoré de la croix de Lorraine des mains mêmes du général de Gaulle, il avait défini sa propre nationalité : il serait désormais « Français libre ». C'est le passeport qu'il revendiquait. Stefan Zweig, qu'un de ses amis appelait « le Salzbourgeois volant » à cause de ses voyages incessants, perdit bien plus qu'un passeport quand on lui ôta sa nationalité autrichienne : il n'était plus nulle part chez lui. Pire encore, il se découvrait en exil dans sa propre langue, qu'Hitler et l'ennemi nazi s'étaient appropriée. D'autres écrivains, comme Klaus Mann, par exemple, abandonnèrent l'allemand pour l'anglais. Pas lui. Il tenait trop à sa langue maternelle. Mais loin d'être son dernier repère et de lui offrir un réconfort, elle aggrava son sentiment d'être partout un apatride. Il l'était désormais dans chacun des mots qu'il écrivait.

Le suicide de Romain Gary, c'est la détonation d'un coup de feu. Celui de Stefan Zweig, la diffusion silencieuse et dévastatrice d'un poison mortel.

Tous deux ont laissé un message d'adieu à leurs amis, avant de se retirer. Mais autant l'adieu de Gary est sarcastique et se clôt sur un amer « Je me suis bien amusé, au revoir et merci ! », où l'on entend en écho ses personnages les plus ironiques, Gengis Cohn ou Émile Ajar, autant Zweig se montre consolateur et plein d'égards, tandis que la nuit l'enserre.

Je n'ai pas pu écrire sa biographie sans éprouver à chaque instant son emprise, gravée au plus profond. Dès qu'on lit Zweig, la lumière s'éteint, les contours de la réalité s'estompent et c'est une autre réalité qui surgit : celle des rêves, dont il a le secret. Le biographe, comme le lecteur, pénètre dans une atmosphère étouffante, hypnotique, et espère une aube qui ne vient pas. J'essayai de démontrer le plus étrange paradoxe de Zweig : tout ce que ce grand neurasthénique écrit a une puissante force de consolation. On se sent immédiatement compris, aimé, absous, grâce à lui. À Vienne, à Salzbourg, à Londres, à Petrópolis, partout où il est passé et où je suis allée le chercher, le paysage s'efface, perd son pittoresque, tout est dépouillé. Ce qui apparaît alors, grâce à cette personnalité poétique et pudique, habitée de sombres visions, c'est un univers qu'on ne soupçonnait pas. Une espèce d'outre-monde, où la tendresse circule à flots.

9

Une épouse insoumise

Petite, menue, c'était une très vieille dame quand je l'ai connue. Lovée à la manière d'une chatte grise dans un fauteuil capitonné, elle paraissait aussi souple, aussi vive que ces félins qui plaisaient tant à son ex-mari. Malgré son âge, elle avait une pétulance et un humour qui la rajeunissaient. Son sourire était celui d'une jeune fille, elle riait souvent et moi avec elle. De sa vieillesse qui ne l'avait pas aigrie, elle semblait se ficher comme d'une guigne. Elle me regardait avec des yeux pleins de malice et répondait avec franchise, souvent du tac au tac, à chacune de mes questions. La couleur de ses yeux m'intriguait : mi-verts, mi-bleus, c'étaient des yeux « pers », ceux des héroïnes des romans du XIXᵉ siècle ou de la déesse de la Sagesse dans la mythologie. Comme je m'en étonnais, elle se montra fière de ce signe distinctif — « c'est tout ce que j'ai en commun avec Athéna ! » —, il n'y avait rien de sage dans ses yeux pers.

Elle me recevait dans son salon, une pièce chaleureuse, de petites dimensions, qui ouvrait sur une cour plantée d'arbres d'un immeuble de la rue de l'Université. Toujours novice, j'étais venue l'interroger pour préparer une émission de télévision à laquelle je collaborais. Le musée du quai Branly, juste en face de ses fenêtres, côté rue, n'existait pas. Elle n'en verrait pas la construction et c'est dommage, car elle aurait apprécié ses trésors. Les arts premiers, tous les témoignages des cultures les plus diverses de par le monde, l'enchantaient. Elle avait été une grande voyageuse et le demeurait encore, à près de quatre-vingts ans. Autour d'elle, semées au milieu des innombrables livres de sa bibliothèque en désordre, deux têtes gréco-bouddhiques, une statuette khmère, des boîtes chinoises, une étole de cachemire témoignaient de son intérêt pour les civilisations lointaines. Elle les avait rapportées de ses expéditions « aux quatre coins de la terre » — titre d'un de ses plus récents livres.

L'émission que je préparais était consacrée à André Malraux, dont elle avait été la première épouse : elle était l'un des principaux invités, mais non pas la vedette, ce qui ne l'offusquait pas. La vedette, c'était lui. Depuis la mort de cet époux illustre, elle était devenue le premier témoin, la voix incontournable. Ce rôle, nouveau pour elle, qui n'avait plus eu aucun dialogue avec « André » depuis leur divorce, au lendemain de la guerre, lui permettait de parler de lui, et encore de lui, et encore de lui, sans qu'il trouve à y redire. Ils avaient été brouillés. Ils avaient pris chacun des routes séparées, avaient eu d'autres compagnes ou d'autres compagnons. Lui refusait obstinément qu'on évoque son nom en sa présence. Il semblait l'avoir rayée de sa vie, alors qu'elle continuait à porter le sien, avec une fidélité que ses propres rancœurs n'avaient pu entamer. S'il ne prononçait jamais le prénom de Clara, même pour s'adresser à une autre femme, qui aurait eu le malheur d'être affublée du même prénom, elle était Malraux « contre vents et marées ». C'est ce qu'elle me dit ce jour-là, quand je lui demandai si cela ne la gênait pas de continuer à porter le nom d'un homme dont elle était divorcée depuis trente ans : « Ce nom, après tout, je l'ai bien mérité ! »

Malraux, elle l'avait aimé passionnément. Ils s'étaient mariés très jeunes, lui à dix-neuf ans, elle à vingt-trois, contre l'avis de leurs parents. Ils avaient rapidement dilapidé sa dot, dans les boîtes de la rue de Lappe et les bons restaurants, ainsi qu'en visites de musées et voyages incessants. Elle en riait encore, en m'en parlant. Ce qu'elle avait préféré dans ses vingt années passées à ses côtés ? Elle ne s'était jamais ennuyée ! Leur existence avait été romanesque, au-delà même : « loufoque », selon sa propre définition.

Pillage du temple de Banteay Srei au Cambodge, décidé après avoir admiré les vestiges de la civilisation khmère au musée Guimet — un nid à poussière à cette époque. Expédition rocambolesque dans la jungle, à dos de mulets, suivis d'un char à bœufs et de coolies à pied pour transporter leur équipement de pelles et de pioches, acheté à la Samaritaine ou son équivalent ! Arrestation. Quarantaine au Grand Hôtel de Saigon, prison et pétitions. La famille de Clara criait au déshonneur. Mais Malraux n'est pas un chêne qu'on abat. Deuxième voyage, après un bref intermède français. Création audacieuse et très au-dessus de leurs moyens d'un journal anticolonialiste en Indochine, dans la foulée de ce qui précède. Démêlés avec l'administration, avec le gouverneur, avec les banques. Faillite de *L'Indochine enchaînée*. Dettes. Paludisme. Malraux : « Vous ne croyez tout de même pas que je vais me mettre à travailler » (le couple s'est toujours vouvoyé). Retour payé par leurs amis chinois, en seconde classe — ils n'avaient jusque-là voyagé qu'en première ! — sur un somptueux paquebot. « Maintenant, il ne me reste plus qu'une solution : écrire », lui dit Malraux. Vie intellectuelle frénétique, dans Paris et l'Europe des années trente. Rencontre avec des écrivains et des philosophes de la NRF et d'ailleurs. Communisme et dissidences. Voyages en URSS, en Inde, en Chine, en Corée, en Perse, en Afghanistan. Clara y a pris le goût de l'opium. Seul regret : le Yémen. Parti pour y retrouver la reine de Saba, il ne l'y a pas emmenée. Jusqu'à la guerre d'Espagne, Clara est partout avec Malraux, de tous ses combats. Sa plus grande fierté : il a écrit près d'elle ses premiers livres. Des *Conquérants* à *La Condition humaine*, elle les a vus naître page après page. Elle a été sa première lectrice. Il appréciait son coup d'œil critique, affûté, et se fiait à son sens littéraire. *L'Espoir* fut le premier roman qu'il a écrit loin d'elle.

La vieille dame n'avait renoncé ni à l'insolence ni à l'esprit de contradiction qui agaçaient déjà sa famille quand elle était enfant, et qui a fini par agacer Malraux, avec le temps. Elle parlait avec liberté de cette vie qui avait été la leur. Elle disait « nous », plus souvent que « je ». « Nos amis », « nos voyages », « nos vingt ans ». Le couple qu'elle avait formé avec Malraux était encore, à son âge, son repère le plus solide, le plus constant. Alors qu'il s'était défait, y compris devant l'état civil, que la rupture avait été violente, et pour lui définitive, elle restait nostalgique de ce « nous » perdu. « Nous avons été deux » est la phrase d'elle que je préfère. Les larmes lui montaient aux yeux quand elle évoquait son grand amour.

J'avais osé lui poser la question, qui me paraît toujours aller de soi : « Est-ce que Malraux faisait bien l'amour ? », sans qu'elle se montre choquée le moins du monde. Au contraire. Elle fut rêveuse un moment, puis : « Bien... très bien. » Nouveau silence. Et elle ajouta, comme si elle revivait une étreinte : « Un peu trop appliqué parfois. »

Leurs tempéraments avaient fini par s'opposer. Clara voulait exister. Lui prenait toute la lumière et la renvoyait dans l'ombre. Elle ne le supportait pas. Dans le couple, il entendait monopoliser la parole. Elle parlait tout le temps, sans s'arrêter, dans l'angoisse d'être interrompue : il sortait en claquant la porte pour aller rejoindre une compagne discrète, câline et reposante. Elle le fatiguait, le houspillait, le trompait, pour attirer son attention. Dans le combat avec les idées, l'affrontement avec ses propres démons, il rêvait de paix, de douceur féminine au foyer. Surtout, et ce fut la pire de leurs dissensions, Clara voulait écrire. Tant qu'elle a vécu avec Malraux, elle en a été incapable. Dès qu'elle essayait, son bras, sa main, son cerveau se paralysaient. Lui, de toute façon, ne l'aurait pas accepté : « Mieux vaut être ma femme qu'un écrivain de second ordre. »

Comment aurait-elle écrit, après ça ?

Son enfance avait été heureuse. Elle en soulignait les contradictions comme autant de drôleries. Née Goldschmidt, à Paris mais de parents allemands, elle avait longtemps cru habiter l'avenue des « Chats laids » : à Auteuil, la jolie avenue des Chalets, dans le XVIe arrondissement. Un quartier que j'allais bientôt retrouver avec Paul Valéry, dans la toute proche rue de l'Assomption, où habitait Jeanne Voilier, sa jeune maîtresse, puis avec Colette, qui vécut rue Cortambert pendant la Première Guerre, dans un chalet elle aussi — le XVIe arrondissement, c'était un peu la campagne, on y vivait tranquille au début du siècle et dans une discrétion de bon aloi. La maison cossue des Goldschmidt côtoyait celle d'un peintre de fleurs, en vogue dans les années cinquante, Roger Chapelain-Midy. Les Goldschmidt avaient fait fortune dans le tannage et le commerce des peaux. Clara n'avait jamais mis les pieds dans leurs fabriques ni leurs entrepôts. C'était une petite fille très gâtée, élevée avec beaucoup d'amour, malgré la sévère présence de nurses, toutes appelées Fraülein. Clara parlait allemand à la maison. Ses parents, originaires de Basse-Saxe et de Magdebourg-sur-l'Elbe, des territoires annexés par la Prusse, n'ont été naturalisés français qu'en 1905 — Clara avait huit ans.

Elle aurait pu, comme Stefan Zweig, subir les soubresauts de l'Histoire et en être à jamais marquée. Elle naît l'année même du *J'accuse* — le texte fameux d'Émile Zola, qui défend Alfred Dreyfus. Sa famille est juive — elle ne l'apprendra que tard, par une amie d'école dont la mère ne voulait pas inviter une petite fille juive à sa fête d'anniversaire. Les Goldschmidt ne pratiquent pas leur religion et espèrent s'assimiler dans la nation française, cette nation qui leur fournit des raisons d'espérer en un avenir meilleur, puisqu'elle sait défendre, contre tous ses détracteurs, un Juif accusé de haute trahison pour le compte de l'Allemagne. Le mot « Allboche » existe depuis la défaite de Sedan, pour désigner avec mépris les Allemands. Pour beaucoup de gens à Paris, les Goldschmidt, ces nouveaux venus, ne sont rien d'autre que des Allboches, juifs de surcroît dans le contexte tumultueux de l'affaire Dreyfus.

Mais elle a grandi dans l'amour de la France. Ses parents avaient volontairement choisi la patrie des Droits de l'Homme, pays des Lumières, de Voltaire et de Jean-Jacques Rousseau, pour y bâtir une famille. Ils faisaient confiance à une tradition de tolérance et de liberté. Jamais aucune inquiétude n'avait porté ombrage à une vision idyllique, qu'ils avaient pieusement transmise à leurs enfants.

Clara avait dix-sept ans à la déclaration de la guerre de 1914. Un drame pour les Goldschmidt, dont le patriotisme sans équivoque, affiché comme une preuve de leur sentiment national, se doublait évidemment d'une déchirure familiale, des plus douloureuses. Le frère de Clara, Georges, se battait d'un côté des tranchées, leurs cousins germains de l'autre. « Ils se sont tirés dessus et affrontés à la baïonnette », me dit Clara. Les parents de Mme Goldschmidt — le grand-père et la grand-mère adorés de Clara —, ses frères et sœurs et sa nombreuse parentèle vivent à Magdebourg. Les deux familles, qui avaient coutume de se réunir tous les ans à Noël et aux vacances d'été, en Prusse, ne se verront plus pendant quatre ans. Georges n'est pas tué et revient décoré, après quatre années de combats fratricides, mais des cousins, de jeunes amis sont morts, des Français, des Allemands. Clara pleure. Elle voudrait qu'on lui promette qu'il n'y aura plus jamais de guerre entre la France et l'Allemagne.

À Paris, en 1917, la préfecture a voulu dénaturaliser les Goldschmidt, coupables d'être français de trop fraîche date, et, à la suite d'un décret sur la nationalité, les priver de leurs passeports. Le père de Clara était mort de maladie, avant la guerre. Le frère aîné était au front. Il a fallu que la jeune femme, encore mineure, se démène pour rester française. Elle a pris les choses en main, avec l'aide d'un avocat. Et elle a gardé son passeport français, au terme d'un rude combat. Tout cela aurait pu l'abattre, ou la traumatiser. Pas du tout. Elle est ressortie de ces épreuves plus forte et plus déterminée.

Elle a coupé ses cheveux, raccourci ses jupes, exigé qu'on lui verse le montant total de son héritage et... épousé Malraux, un jeune homme que sa famille lui avait interdit de fréquenter.

Encore à quatre-vingts ans, ses yeux brillaient au souvenir de tout ce qu'elle avait vécu. Le bon, le mauvais, c'était sa vie et elle l'aimait.

C'est Jean-Marie Rouart qui avait eu l'idée de cette émission. Malraux était l'une de ses passions littéraires : il admirait l'héroïsme tragique du personnage, les envolées lyriques de l'écrivain. Clara, avec son humour caustique, allait apporter quelques retouches à ce portrait de l'écrivain panthéonisé. Elle avait partagé les folies de Malraux, sa jeunesse, mais bien qu'elle l'aimât toujours et le considérât encore comme l'homme de sa vie, elle portait sur lui un regard distancié, souvent ironique. Elle n'était pas mécontente de rétablir quelques-unes des vérités qu'il savait si bien orchestrer et romancer dans ses livres ou ses discours. Jean-Marie Rouart attendait d'elle sinon des révélations, au moins des mises au point originales. Il avait prévu de l'interviewer dans un wagon de l'Orient-Express, ce qui l'avait aussitôt enchantée : elle était toujours partante pour une aventure. Le train, même immobile, lui rappellerait ses voyages à l'autre bout du monde et le compagnon qu'elle y escortait. À quelques jours de là, quand le tournage eut lieu, elle se prêta au jeu et se laissa aller à des confidences. Très à l'aise devant la caméra, elle s'amusait beaucoup. Elle assenait ses vérités d'une voix pointue, un peu sèche, sans hésiter sur les mots. Cette vieille dame, si alerte, si joyeuse, ne prenait presque rien au sérieux. C'était son plus grand charme. Tandis qu'elle évoquait ses souvenirs, ses yeux bleu-vert se troublaient : elle était à des années en arrière, revivait des épisodes de sa vie, retrouvait des émotions, des sentiments perdus.

À la Deuxième Guerre, elle était séparée de Malraux, qui vivait avec Josette Clotis. Une rivale à laquelle elle ne pardonnait rien, malgré sa mort tragique. Elle lui envoyait des piques, la trouvait provinciale, ordinaire, une voleuse d'homme, le temps n'avait pas effacé sa rancœur. Elle lui en voulait d'avoir mis la pression sur Malraux pour qu'il divorce, afin de l'épouser, elle, cette romancière de rien du tout. C'est le seul moment où elle perdait son humour. À près de quatre-vingts ans, elle était encore jalouse. Et n'avait pas pardonné. En 1940, elle avait fui l'occupation allemande avec sa fille Florence, dans des conditions psychologiques et matérielles difficiles. Malraux était venu la voir à Toulouse pour lui demander le divorce — elle avait refusé, il n'avait plus insisté. Elle comptait sur son nom pour les protéger, elle et sa fille. Mais en femme de parole, elle reviendrait vers lui dès la fin des hostilités et des persécutions : « Maintenant que le fait d'être juive et demi-juive ne présente plus aucun danger, je viens, ainsi que je m'y étais engagée, me mettre à votre entière disposition pour notre divorce[1] », lui écrirait-elle à l'automne 1945.

Pendant la guerre, Malraux lui avait fait parvenir un faux certificat de baptême pour Florence. Quand lui-même prit fait et cause, assez tard, pour la France libre, son nom d'épouse ne la protégeait plus. Elle fut pour quelques mois Clara Lamy — du nom de jeune fille de la mère de Malraux. Elle ne pouvait pas, ne pourrait jamais couper les liens. Lamy, c'était encore lui, le premier homme, le premier mari, le seul amour.

Quand les lois anti-juives furent proclamées en 1942, elle refusa d'aller se déclarer à la préfecture et de porter l'étoile jaune. Elle prit contact avec des réseaux et devint un membre actif de l'armée des ombres. Avec Florence,

---

1. Avec mes remerciements à Jean-Jacques Mathias, qui m'a permis de consulter cette lettre inédite.

elles étaient pauvres, elles avaient froid, elles avaient faim. Elles vivaient traquées, dans la peur. Mais Clara transmettait des messages, livrait des colis, prenait en charge des réfugiés clandestins, cherchait des logements pour des caches, rédigeait des tracts ou de faux papiers, et ne ménageait pas sa peine pour se rendre utile. Jamais le courage ne lui a manqué. Française libre, elle aurait pu revendiquer elle aussi cette nationalité. Elle l'aurait bien méritée.

La Résistance, c'est le domaine de prédilection de Clara Malraux. Son tempérament rebelle, frondeur, y a trouvé un terrain à sa mesure. Membre du MRPGD (Mouvement de résistance des prisonniers de guerre déportés), elle avait l'âme d'une combattante. Tous ses compagnons de lutte, Edgar Morin, André Ulmann, Pascal Pia, l'attestent : ses convictions étaient loyales, solides, son dévouement total aux causes en lesquelles elle croyait.

Cette femme de gauche, de plus en plus en porte-à-faux, politiquement, avec son ex-mari, est restée toute sa vie une résistante. Elle a signé un nombre incroyable de pétitions et défilé derrière des banderoles : contre la torture en Algérie, pour la liberté des femmes ou pour la paix dans le monde, elle a même jeté des pavés, à soixante-dix ans passés, sur une barricade de mai 68 et fait partie du commando qui a pris et occupé à Paris la vénérable Société des Gens de Lettres pour y planter le drapeau rouge! Elle détestait viscéralement les ghettos, les prisons, toutes les lois d'exclusion, le racisme dans tous ses avatars. Son énergie mentale lui permettait d'affronter les difficultés, de soulever les défis, elle qui était petite et menue, si fragile en apparence. L'engagement, c'était la passion de Clara. Elle n'y mettait ni nuance ni réserve.

Elle n'a eu qu'une vulnérabilité : cet amour pour un homme qu'elle plaçait au-dessus de tous les autres, mais qui l'avait conduite à ce paradoxe — près de lui elle ne savait pas exister.

L'opium ? Était-ce pour l'oublier ? Elle éclata de rire. Pas du tout ! C'était pour essayer, et puis elle y avait pris goût. La drogue ? Elle militait pour son usage, encore à quatre-vingts ans. Elle devait prendre plaisir à me choquer. Elle rugissait contre les ayatollahs : à cause de la révolution en Iran, elle avait perdu son principal fournisseur ! Elle avait dû se mettre au haschich — trop peu hallucinogène en comparaison.

Elle ne jouait pas les vieilles dames indignes. Elle en était vraiment une. Son dynamisme, sa gaieté, sa résistance aux valeurs bourgeoises et opprimantes, je les ai admirés. Ces qualités, je les retrouverai plus tard chez Florence Malraux, lorsqu'elle me recevrait pour parler de sa mère, mais Florence les enrobait de douceur. Elle y ajoutait l'indulgence, la tempérance, la tolérance, qui n'étaient pas du tout inscrites dans le tempérament de Clara.

J'aurais pu appeler ma biographie « Portrait d'une femme rebelle », ou indomptable, ou insoumise. J'ai préféré l'inscrire dans le miroir d'une histoire d'amour, tant la ligne de force me paraissait en être cette déclaration de Clara, quand elle regardait sa vie : « Nous avons été deux. »

Le couple, ce rêve d'union et de partage, Clara Malraux en est une douloureuse icône. Comment aimer éperdument, sans perdre son identité? Comment exister près d'un homme qui vous veut dans son ombre? Comment écrire, quand on sait que le talent, sans parler du génie, est plus grand chez lui? Clara est restée modeste : elle a écrit des romans sans prétention, des essais pleins de ses convictions humanitaires, dont l'enthousiasme, la naïveté peuvent émouvoir. Mais elle est l'auteur de mémoires en six volumes, parmi les plus attachants, les plus beaux que j'ai pu lire. On entend sa voix sèche, pressée de dire ce qu'elle a à dire, sans lyrisme et sans morale, sans vains discours. C'est vif, joyeux, énergique, spirituel — comme elle. *Le Bruit de nos pas* : j'en ai partagé la lecture avec ma fille, de même que les *Mémoires d'une jeune fille rangée* de Simone de Beauvoir. Dans ce destin particulier, on trouve les meilleures recettes pour reprendre confiance et pour avancer.

Clara Malraux reste pour moi ce modèle d'énergie, de résistance et de combativité. Elle a accompli joyeusement son parcours, malgré les chagrins qui n'ont pas manqué. Elle aussi, comme Simone Gallimard, usait et abusait de la formule magique : « Hardi, petit! »

Être l'épouse d'un grand homme ne lui a jamais suffi. Elle voulait être à ses côtés, partager ses aventures. Contre vents et marées, elle avait tenu à garder son nom d'épouse. Ce nom, c'était le sien quoi qu'on en dise, et elle l'avait choisi. Mais ce qu'elle voulait par-dessus tout, avec courage et obstination, c'était exister. Elle ne pouvait pas se contenter de suivre un compagnon dans l'ombre, il lui fallait être une femme et conquérir sa propre lumière. Elle a réussi ce pari : elle a vraiment signé sa vie.

Je pense souvent à elle. De ces femmes que rien ne peut dompter, si fragiles qu'elles paraissent, émane une énergie contagieuse. Ce n'est pas l'aube que Clara aimait. C'est la vie tout entière, avec ses joies et ses tourments.

Quand je quittai la rue de l'Université, au moment de nous séparer, elle me fit un cadeau. Elle me parla d'un tableau de Manet : « Vous connaissez *Le Balcon*, je suppose ?... », faute de quoi, elle m'incita à aller le voir, exposé non loin de chez elle, au musée d'Orsay. Une femme brune, en robe blanche, y apparaît songeuse, appuyée à une balustrade verte. Cette femme brune, c'est Berthe Morisot. Je n'avais pas encore écrit ma biographie de Berthe, ni même songé à l'écrire. Si je connaissais le tableau, j'ignorais que c'était Berthe, la femme au premier plan. Clara n'allait pas me donner un cours d'histoire de l'art, ce n'était pas son genre. Elle me regarda droit dans les yeux et, en serrant ma main :

« Écoutez-moi bien. Il ne faut pas rester assise au balcon. Il faut participer ! Il faut vivre ! »

Elle répétait comme un écho :

« Il faut vivre ! Il faut vivre ! »

10

Les secrets d'un homme convenable

J'avais été très étonnée de recevoir un jour la lettre d'un directeur de recherche au CNRS. Spécialiste de physiologie nerveuse, le docteur Robert Naquet avait fait des expériences sur les poules Fayoumi, dont je n'ai pas retenu la fiche anatomique, une très ancienne variété de petites poules originaires d'Égypte. Mais depuis de nombreuses années, il concentrait ses efforts sur les babouins, en particulier les papio papio de Guinée, des singes au visage violet, parmi les plus anciens eux aussi et les plus légers des primates. On les trouve dans d'autres pays d'Afrique, notamment au Sénégal. Robert Naquet me raconterait plus tard ses safaris en Casamance avec l'un de ses camarades chercheurs. Ils ne capturaient pas les singes, mais ils les braquaient pour les éblouir avec de gros projecteurs. Ces procédés, qui s'apparentaient à des travaux de photographe amateur, lui avaient permis de confirmer le rôle de la photosensibilité dans l'épilepsie. Une découverte scientifique importante pour la neurophysiologie. Mais, alors, la nature de ses recherches m'inquiétait plutôt — je me demandais si je n'avais pas affaire à un bourreau des animaux.

Dans les années soixante-dix, le docteur Naquet avait défrayé la chronique, quand des défenseurs de la cause animale étaient venus à Gif-sur-Yvette pour kidnapper ses singes — des babouins qu'il se procurait maintenant en Gambie, depuis que le fournisseur sénégalais avait déclaré forfait. Les singes voyageaient jusqu'à son laboratoire, où ils étaient soumis à ce que beaucoup de gens imaginaient comme d'affreux traitements. À la suite du kidnapping, Robert Naquet était passé à la télévision : un petit monsieur à moustache, aux yeux rieurs. Il avait même eu les honneurs de *Paris Match*, privilège rarement accordé à un scientifique. Le couronnement de sa carrière avait été un procès qui l'avait opposé à Brigitte Bardot et à la Société protectrice des animaux. Il avait expliqué sobrement dans la presse, preuves à l'appui, qu'il ne faisait pas de mal aux pauvres babouins. Il se contentait de les exposer à des *flash*, ce qui provoquait immanquablement chez eux — et surtout chez les femelles — une crise d'épilepsie. En bref, et j'espère ne pas trahir ses conclusions, il en avait déduit que l'épilepsie, ou l'une de ses formes, était une maladie de la lumière. On le consultait désormais des quatre coins du monde pour recueillir ses conseils, à propos des crises provoquées chez certains adolescents par une exposition prolongée aux rayons de la télévision, écrans d'ordinateurs ou autres jeux vidéo.

Ce que peu de personnes savaient, et moi moins encore en lisant sa lettre, c'est qu'à vingt ans, Robert Naquet avait fait partie d'un réseau de Résistance et que son courage lui avait valu la croix de guerre. Il était marseillais, issu d'une famille juive du Comtat Venaissin. Je l'appellerai bientôt Boby, comme tous ses amis.

Mais ce jour-là, j'étais dans l'expectative. Je ne voyais pas le lien entre le CNRS, les babouins, Brigitte Bardot et mes livres. Que me voulait ce docteur en neurosciences ?

Tout simplement, me proposer une idée de biographie !

Le docteur Naquet était le gendre d'André Maurois. Il avait épousé sa fille, Michelle, après la mort de l'écrivain. De sorte qu'il était « un gendre posthume », ainsi qu'il se définissait lui-même. André Maurois : voilà quelle était son idée.

Maurois ? Son œuvre complète figurait, bien sûr, dans la bibliothèque de ma grand-mère dont c'était l'un des fleurons, dans un cuir pleine peau havane relevé de stries d'or. J'avais lu *Bernard Quesnay* et *Le Cercle de famille*, romans sans fièvre, comme on boit une eau tiède au cœur d'un jour d'été. Mais j'avais découvert ses biographies avec son *Shelley*, son *Byron*, et là Maurois avait soudain marqué des points : ses biographies se lisaient comme des romans, et même mieux que des romans, puisque toutes les choses extraordinaires qui s'y déroulaient, et qu'il avait le talent de raconter avec une simplicité et une fluidité stupéfiantes, dépassaient de loin tous les vertiges de la fiction. Malgré cette découverte d'un auteur essentiel, demeuré l'un des maîtres de la biographie, je n'avais pas conscience du rôle qu'il aurait pour moi et le considérais à distance, avec un sentiment mitigé d'admiration et d'ennui. Il ne m'inspirait que de la tiédeur, quand je ne m'intéressais qu'à la passion! Il appartenait de surcroît à cette génération des M. qui datait un peu. On appelait ainsi, selon l'expression de leur éditeur Bernard Grasset, les écrivains de l'après-guerre qui ont occupé le haut de l'affiche. Je ne sais jamais dans quel ordre les présenter, mais enfin Mauriac, Montherlant, Malraux et Maurois — les quatre M. — résumaient à eux seuls, à cette époque, le prestige de la littérature française. Chapeau bas, comme disait un ami romancier de tendance Nouvelle Vague, pour se moquer. Parmi eux, Maurois avait l'image la plus feutrée, pour ne pas dire la plus terne. Mauriac sentait le soufre, Malraux le maquis et les fumeries d'opium, Montherlant les vestiaires du stade et la tauromachie. Rien ne décoiffait Maurois — un auteur dont l'apparence si parfaitement lisse et convenable semblait se confondre avec sa littérature trop sage. Robert Naquet avait hérité par sa femme des archives de l'écrivain et proposait de les mettre à mon entière disposition. Son ton était chaleureux, enthousiaste.

Que lui répondre? Je me serais sans doute dérobée poliment, si ce scientifique, très malin je l'apprendrais par la suite, ne s'était recommandé d'un personnage baroque, de cape et d'épée, à l'écrasant prestige, d'autant plus écrasant qu'il était le Secrétaire perpétuel de l'Académie française : Maurice Druon. Ils étaient amis depuis 1944.

C'est ainsi que je me retrouvai rue de la Faisanderie, XVIᵉ arrondissement, dans l'appartement de Robert Naquet. À peine entrée, je ne résistai pas à un élan de sympathie : le vieux monsieur, vif et souriant, avait l'intelligence des êtres qu'il rencontrait, s'intéressait immédiatement à eux, les comprenait, les devinait et savait leur parler. Je ne fis pas exception. À la minute où je l'ai connu, je lui ai fait confiance, sans aucune restriction, et la vie m'a donné raison. Loyal, fidèle, généreux : il avait toutes les qualités morales, dont la plus belle, un don pour l'amitié. Je n'étais pas prête pour autant à céder à son offre d'entreprendre une biographie de Maurois, qui ne me tentait pas. L'appartement dans le style des années trente était agréable et douillet, avec un beau Marquet au milieu du salon et tout le long du mur une immense bibliothèque, qui avait été celle de l'écrivain. Du moins ce qu'il en restait, après le pillage de son appartement sur le Bois (aujourd'hui boulevard André-Maurois), par les occupants nazis. Aux livres dédicacés par tous les auteurs de son temps, s'ajoutait la bibliothèque de Gaston de Caillavet — homme de théâtre à succès du début du siècle, dont la seconde épouse de Maurois, Simone, avait été la fille unique. Un beau portrait de Simone de Caillavet par Jean-Gabriel Domergue, le portraitiste mondain de l'entre-deux-guerres, était accroché dans l'entrée. C'était une femme brune au fier visage, très mince, très élégante, et qui avait dû avoir du caractère...

Avec Boby, tout allait toujours très vite, comme s'il devait mourir dans l'heure. Le thé servi et bu en cinq minutes, pressé de passer au projet qui l'occupait, il voulut aussitôt me montrer ses archives. Je l'accompagnai dans un étroit couloir, qui n'en finissait pas, un de ces couloirs qui amènent aux chambres dans les immeubles anciens, souvent aussi à la cuisine tout au fond. Des placards en avaient réduit la largeur. Avant de les ouvrir, Boby alla chercher une échelle, car les étagères montaient jusqu'au plafond, pleines à craquer de dossiers. Il y avait là, me dit-il très fier, la correspondance de toute une vie! Des milliers de lettres! Signées de Gide, Paulhan, Malraux, Martin du Gard, Pétain, de Gaulle, Colette, d'écrivains et d'hommes politiques, de comédiens ou comédiennes de théâtre ou de cinéma, de financiers, de gens du grand monde, français, étrangers. La liste était une litanie de noms célèbres, mais des anonymes avaient aussi écrit, des jeunes gens qui admiraient Maurois ou lui demandaient un service, un autographe, une préface, des professeurs qui lui offraient de venir discourir dans une université ou une salle de classe... Il répondait à tous, avec une courtoisie d'un autre âge et une patience infinie. La plupart de ses réponses avaient été conservées, sous forme de brouillons ou de copies. J'écoutais le docteur Naquet m'expliquer que l'épouse de Maurois, maniaque du rangement, avait opéré un premier classement, après guerre, triant les expéditeurs par leurs noms. Sa propre épouse, Michelle Maurois, qui détestait Simone de Caillavet, avait cependant poursuivi sa tâche, avec le même dévouement. Et maintenant, c'était lui, le gendre posthume, désormais à la retraite, qui classait, classait, classait. Il envisageait de donner ces archives à la Bibliothèque de l'Institut, où elles sont aujourd'hui, constituant le Fonds Maurois. Mais avant d'en faire don, il voulait confier cet amas, ce trésor, à un biographe. Il fallait que la mémoire se perpétue!

J'étais affolée par la profusion des documents. Le futur biographe n'allait pas manquer de matière! Seul un chartiste pouvait envisager un pareil travail de décryptage. Quant à moi, ma décision était maintenant arrêtée : j'allais immédiatement prendre la poudre d'escampette. Tant pis si je perdais un jour au passage l'estime et, qui sait?, la voix de Maurice Druon! Je ne m'imaginais pas passer ma vie entière à éplucher une correspondance de ce gros calibre, encore moins celle d'un écrivain qui était si peu « Levez-vous vite, orages désirés! » — formule de Chateaubriand qu'Anna de Noailles avait reprise à l'intention de François Mauriac.

Les placards de la rue de la Faisanderie auraient pu à mes yeux illustrer l'Enfer du biographe. Il faudrait au futur chercheur toute une vie d'études et de sacrifices pour parvenir au bout d'un tel projet! Sensation d'écrasement, quasiment physique. Bouffée de panique. Je cherchais les mots pour m'esquiver, sans blesser le gentil monsieur. Je n'eus pas le temps d'affûter mon discours.

« J'ai quelque chose pour vous! »

Il avait senti mon désarroi. Il courut au fond de l'appartement, en revint avec une grosse boîte bringuebalante. Le couvercle tenait par une ficelle.

« Voilà! » Et il déposa ce drôle d'objet à mes pieds.

C'était une boîte à chapeaux. Sur le couvercle, une main mystérieuse dont je saurai plus tard que c'était celle de Simone de Caillavet, avait écrit ce simple mot à l'encre noire : *Ladies*. Au lieu de chapeaux, elle contenait des lettres, des centaines de lettres, tassées et entassées, qui en débordaient. Il y avait là quarante ans de correspondance amoureuse. Les lettres de Maurois aux femmes de sa vie, qui avaient été nombreuses. Et la réponse des épouses, des amies, des maîtresses. Ainsi le plus sage des M. avait-il eu lui aussi sa part d'aventures! *Ladies* : le pluriel était savoureux.

Dans la famille Maurois, on a toujours tout gardé : non seulement les lettres reçues, mais les brouillons des lettres qu'on envoyait! Certaines étaient tapées à la machine. « Pour plus de clarté », me dit Boby. Sa belle-mère, Simone de Caillavet, était un petit génie de la machine à écrire qu'on entendait crépiter tout le long du jour, chez Maurois. Elle tapait ses manuscrits, ses conférences et ses discours; mais elle tapait aussi ses lettres d'amour, avant de les archiver. Son désir de rationalité était sans limites : une sorte de pathologie nerveuse, qui aurait dû intéresser le docteur Naquet. Elle tapait indifféremment, quoique sans doute en souffrant beaucoup, les lettres de toutes ses rivales. Était-elle masochiste? Sadomasochiste? Sa mort avait interrompu ce prodigieux effort de classement et mis fin à cette ascèse. Beaucoup de lettres n'avaient pas encore été classées : un répit provisoire avant leur examen, leur étiquetage, puis leur répartition dans des enveloppes au nom des expéditrices, accompagnées des dates de leurs rendez-vous amoureux.

De revenir sur ma décision ne m'a pas pris cinq minutes. J'ai dit à Boby que je prenais la boîte à chapeaux et que je lui laissais les autres archives. À lui de trouver un chercheur digne de traiter la correspondance officielle. Je me chargeais de la correspondance officieuse. Je le soupçonne d'avoir su avant moi ce que j'allais dire.

La boîte à chapeaux est restée rue de la Faisanderie mais désormais, et pour un temps, elle m'appartenait. « C'est votre boîte ! », j'en ai emporté le parfum chez moi.

Boby deviendrait un véritable ami. Il serait aussi un documentaliste hors pair, le seul que j'aurais jamais. Il me photocopiait les lettres, en les triant à ma demande selon la chronologie. J'avançais tranquillement sur une route déblayée. « Qu'est-ce que je vous donne aujourd'hui ? » est une des phrases qu'il a dû alors le plus souvent prononcer. Les lettres parlaient d'amour mais aussi de la vie quotidienne ; elles relataient des événements mineurs qui sont le tissu de l'existence, donnaient des détails que je n'aurais pu trouver nulle part ailleurs, des adresses, des menus, des notes de teinturier... Mais elles livraient aussi des sentiments, joies et chagrins, désirs frustrés, colères, abandons. Toutes ces femmes étaient étonnantes, de fortes personnalités. Chacune était différente, comme si Maurois avait poursuivi la femme idéale à travers ses reflets les plus divers.

Il y avait eu Janine, d'abord, la première épouse, de son vrai nom, qu'il n'employait pas souvent, Jane-Wanda. Une Polonaise, blonde et ravissante, qu'il avait connue à Genève, au parc des Eaux-Vives, quand il s'appelait encore Émile Herzog et travaillait dans le textile. Il était un jeune héritier, riche et mélancolique, contraint d'assurer la succession à la tête des usines de drap qui avaient fait la fortune des siens. Sa famille, originaire d'Alsace, avait fui l'occupation allemande après la guerre de 1870 et s'était déplacée en Normandie, suivie dans son exode par tous les ouvriers de la manufacture. Émile — sa première épouse ne l'appelait pas autrement — était né à Elbeuf, où les Herzog prospéraient. Jane-Wanda de Szymkiewicz venait d'un autre monde, où le rêve et la poésie tenaient toute la place. Il succomba à son apparition, dans un théâtre de Genève où le hasard l'avait conduit pour qu'il puisse connaître la passion et la damnation. Il demanda sa main à une mère qui ne fut pas indifférente à sa situation matérielle et professionnelle — les Szymkiewicz parlaient beaucoup de leur splendeur passée mais vivaient chichement à Carouge, autour du samovar, seule richesse de la maison, avec la somptueuse jeune fille. Janine apporta sa beauté, sa blondeur exotique et des ondes de fantaisie délicieuse dans l'univers rigoriste et puritain des Herzog d'Elbeuf, où seules comptaient les valeurs du devoir, du labeur et de la famille. En l'épousant, Émile, l'enfant docile, le bon élève, le patron juste et droit, introduisait chez les siens tous les poisons excitants de l'âme slave. Jane-Wanda était incurablement belle et légère. Elle aimait la vie facile, les fourrures et les fleurs blanches, la lecture et la sieste, le raffinement et le plaisir. Maurois ne lui a jamais opposé aucune résistance : il essayait de la gâter, ne lui refusait aucun caprice. Malgré les remontrances de sa famille, outrée de voir ce cygne enveloppé de zibeline se montrer si dispendieuse et si insouciante, et puis malgré la guerre qui est venue troubler le bel accord entre eux, il l'a profondément aimée. Les lettres d'amour qu'il lui envoyait révèlent un Maurois éperdu et dépendant, un homme aux brûlants désirs. Contraints par la guerre à une séparation qui laissait Janine en otage d'une ville et d'une famille grises, tristes et désespérément monotones pour cette fée polonaise, tandis qu'il gagnait le front en tant qu'interprète auprès des armées alliées — il parlait un anglais parfait —, elle s'est ennuyée à Elbeuf, jusqu'à sombrer dans la neurasthénie. Un jour, elle a rencontré un jeune homme séduisant qui a repailleté sa vie et s'est abandonnée à lui.

Maurois n'en savait rien. Mais dans l'enfer du front, les lettres de Janine se faisaient plus rares, plus lointaines, il a compris son malheur. Mari trompé, blessé, il n'a eu aucune colère, aucun désir de vengeance : il a tenté de la consoler. Car le jeune amant avait abandonné Janine. Elle est morte après la guerre d'un probable avortement, consécutif à cette aventure. Elle a eu le temps de connaître l'écrivain Maurois, mais n'a jamais compris ni aimé son pseudonyme. Il y a « Mort » dans « Maurois », disait-elle. C'était le nom du village près duquel un cousin de son mari avait été tué, les premiers jours de la guerre. Maurois, ce nom choisi, ce nom de plume, c'était pour lui une fidélité. Elle a continué à l'appeler Émile. Mais elle était trop fragile, trop peu faite pour affronter les épreuves de la vie ! Boby me confia son journal intime et des agendas, où elle notait ses états d'âme parmi ses rendez-vous. Je revivais ses espoirs, ses secrets, ses frayeurs — le livre que j'écrivais avait partie liée avec cette ombre fragile qui me fascinait. Jane-Wanda est morte à trente et un ans, en laissant à Maurois trois enfants. Deux fils, et Michelle.

De cette tragédie, Maurois ne guérirait jamais. Il s'est senti coupable de la mort de Janine, coupable de n'avoir pas su la protéger. Les lettres livrent sa culpabilité. *Climats*, son plus beau roman, n'est qu'une transposition de la vérité de son cœur. Nourri à une blessure inguérissable, que furent pour lui la vie insatisfaite et la mort tragique de Janine, il est l'aveu d'un remords, qui viendra hanter d'autres livres et bousculer par le sentiment de la faute la vision trop banalement bourgeoise que l'on a souvent aujourd'hui du romancier.

La seconde épouse de Maurois, Simone de Caillavet, fut tout le contraire de la première. Froide et calculatrice, organisée, un vrai char de combat. Du moins en apparence, car elle souffrait d'une jalousie morbide à l'égard de son mari, dont elle ne comprenait que trop bien qu'il l'avait épousée par raison, pour mettre un terme à sa profonde solitude et donner à ses enfants, orphelins de leur mère, une vie de famille. Son corps maigre, torturé par une anorexie chronique, rendait compte de ses combats intérieurs. Je trouvai dans les lettres le récit de son opération par le docteur Pozzi : l'hystérectomie, comme on la pratiquait alors, était proche de la mutilation. Elle perdrait sa fille unique, que Maurois aimait beaucoup, une petite fille triste, qu'elle avait mise en pension en Suisse et qui est morte loin d'elle, seule, dans un sanatorium. Avant qu'elle ne rencontre Maurois, le grand homme de la vie de Simone ce fut d'abord son père. Elle l'idolâtrait. Malheureusement, Gaston de Caillavet était mort jeune, de maladie, pendant la Grande Guerre. Elle avait reporté son affection sur Robert de Flers, le meilleur ami de Caillavet, son complice au théâtre, et le parrain de sa fille.

Rien n'est jamais simple dans un portrait : celui de Simone comportait des ombres, beaucoup d'ombres. Elle avait un tempérament ténébreux qui s'était aigri avec les années. Elle pouvait faire preuve, souvent, de malveillance. D'où l'antipathie de Michelle, qui lui reprochait à raison de vouloir effacer tous les souvenirs de sa mère dont elle prenait la place avec arrogance. Mais Simone aimait Maurois, les lettres en témoignaient. Elle l'aimait éperdument, tout en sachant très bien qu'il ne l'aimait pas autant en retour. Il avait beaucoup trop aimé Janine, qui l'avait laissé désespéré. Elle a dû se contenter du rôle ingrat de consolatrice. Et puis, Maurois était un charmeur, je découvrais l'aspect inattendu, donjuanesque du personnage : les femmes tombaient facilement dans ses bras. Sur ce terrain, je n'avais pas besoin de chercher pour trouver ses accompagnatrices : elles étaient toutes là, dans la boîte à chapeaux. Marthe, Minou, tant d'autres ! Simone Maurois a déployé son talent manipulateur pour garder un mari qui papillonnait et qu'elle avait du mal à retenir près d'elle : tant de tentations pour un écrivain, dans les salons, au cours des voyages ou des conférences ! Maurois a eu beaucoup de succès auprès des femmes — mais oui, me disait Boby.

Cette seconde épouse, dont l'amertume a creusé le visage, s'est transformée en secrétaire, en documentaliste, en lectrice hors pair, bref elle s'est rendue indispensable. Maurois n'a plus pu se passer d'elle. Un jour, elle osa lui demander pourquoi sa première épouse était enterrée, à Rouen, sous le nom de Mme Émile Herzog. Voici ce qu'il lui répondit :

« Mme Émile Herzog, c'est elle.

Mme André Maurois, c'est vous. »

En maîtresse de maison accomplie, experte en mondanités, elle recevait pour lui les gens importants. S'il est entré à l'Académie, elle y fut pour beaucoup. En fin de compte, il n'a plus eu le choix — il est resté près de cette épouse parfaite. Il avait besoin de calme pour travailler. C'était un bagnard de la plume : ses travaux littéraires sont considérables. Il y a l'œuvre romanesque, l'œuvre biographique, les quatre volumes d'*Histoire d'Angleterre* suivis de celle des États-Unis. Mais il y a aussi des petits livres, que j'ai eu autant de bonheur à lire que les monuments. Une *Introduction à la méthode de Paul Valéry*, qui m'a été précieuse. *Aspects de la biographie*, éclairant, quoique un peu trop théorique selon moi et manquant d'exemples de la part d'un écrivain qui avait eu si tôt et fortement ancrée en lui la vocation de la biographie. Enfin, un *Cours de bonheur conjugal*, il fallait oser, à l'effet comique au regard de toutes ces lettres qui parlaient de rêves et d'aventures, pleines de chauds souvenirs, de rencontres imprévues et délicieuses.

La troisième partie de mon livre serait d'ailleurs consacrée à l'héroïne des *Roses de septembre*, roman d'amour tropical qu'on appellerait aujourd'hui une autofiction. Maurois n'a pas caché qu'il lui avait été inspiré par un épisode de sa vie. Son héroïne est une Péruvienne, rencontrée à Bogotá, qui lui avait servi de guide et d'interprète au cours d'une tournée de conférences en Amérique du Sud. Il était tombé amoureux d'elle sur le tard, victime du même démon de midi que Paul Valéry. Elle s'appelait Maria mais il préférait lui donner des noms plus caressants, Marita, Mariquita, Mariquita linda, Tesoro... Il ne parlait pas espagnol, mais savait lui dire : « *Te quiero mucho* », « *Te quiero muchissimo* ». Pour son malheur, Simone de Caillavet veillait : depuis qu'Anatole France avait quitté sa grand-mère pour une séductrice sud-américaine, elle avait développé une méfiance instinctive à l'égard de ce dangereux continent. Ayant eu vent de l'affaire, dès le retour de son mari à Paris, elle le reprit en main. Elle fit venir la belle Maria dans la capitale, lui organisa des sorties en ville et au théâtre, et réussit à la dépoétiser aux yeux de son mari. La superbe maîtresse, aux formes charnues qui devaient délasser Maurois de sa maigre épouse, n'était plus à Paris qu'une petite chose, à laquelle manquaient l'élégance, la patine des mœurs parisiennes. Simone est peu à peu parvenue, avec une hypocrisie constante, à détacher son mari de l'ensorceleuse : un exploit, car Maurois — c'était écrit dans les lettres — songeait pour la première fois de sa vie à divorcer !

Pourquoi raconter tout cela finalement ? Pourquoi avoir plongé dans la boîte à chapeaux ?

Curiosité malsaine ? Obsession morbide du passé ? Fascination enfantine pour les secrets de famille ? Ceux-là au moins n'avaient pas été détruits. Ni brûlés ni déchirés, ils avaient au contraire été soigneusement archivés par la volonté de leur destinataire et gardés à la disposition des futurs historiens. Leur témoignage de première main était une manne pour comprendre une vie et les mécanismes du destin.

Je voyais peu à peu le profil de Maurois se dessiner à travers les lettres d'amour. En ombre chinoise, puis de plus en plus précisément, au fil de leur lecture, l'ancien élève du philosophe Alain, dont il avait conservé tous les principes de sagesse, l'homme pondéré, subtil et tolérant, révélait sa part secrète : des élans, des passions, mais aussi toute une part de souffrances. La vie ne l'avait pas épargné, contrairement à ce que je croyais.

Le style de Maurois est calme et maîtrisé, exactement à l'image de l'homme dont il reproduit le portrait. L'écrivain déploie son intelligence, sa finesse psychologique, son art de l'analyse et de la synthèse, sans écraser ses lecteurs. Il est un de ces auteurs faciles à lire qui, quels que soient les sujets abordés, se montrent d'une invariable et totale clarté. Mais il possède une qualité supplémentaire, que je découvrais à vrai dire en lisant ou relisant ses livres, parallèlement à ses lettres d'amour. Cet écrivain qui restera comme un des derniers humanistes répand dans l'âme des ondes positives. Il apaise, rassure et fait du bien. Je ne suis pas la seule à avoir ressenti les effets de cette prose, pareille à un baume. Dans *Villa Triste*, l'un de ses plus beaux romans, Patrick Modiano (ou du moins l'un de ses personnages) lit chaque jour à une jeune fille triste, pour la réconforter, des pages de l'*Histoire d'Angleterre*! « Je n'ai jamais compris pourquoi elle, qui n'avait jamais rien lu de sa vie, aimait ce traité d'histoire. Elle me donnait des réponses vagues : "C'est très beau, tu sais", "André Maurois est un très grand écrivain". Je crois qu'elle avait trouvé l'*Histoire d'Angleterre* dans le hall de l'Hermitage et que pour elle ce volume était devenu une sorte de talisman ou de porte-bonheur. » Elle lui demandait de lire moins vite, ou la signification d'une phrase et décidait même d'apprendre le livre par cœur. « Je lui ai dit qu'André Maurois serait content s'il savait ça. Alors elle a commencé à me poser des questions sur cet auteur. Je lui ai expliqué que Maurois était un romancier juif très doux qui s'intéressait à la psychologie féminine. »

Quel meilleur portrait offrir de lui ?

C'est un de ces écrivains compassionnels qui ne donnent jamais de leçon de morale et qu'on lit pour échapper aux duretés du monde ou aux angoisses. On est sûr de trouver dans tout ce qu'il écrit, quel qu'en soit le genre, non seulement un réconfort mais un antidote puissant contre tous les poisons de la vie. Lui-même avait résisté à tant de souffrances et de malheurs personnels ! Car sous le vernis de la réussite, le masque de l'homme tranquille, il y avait les blessures secrètes. Et une solitude profonde, malgré l'agitation mondaine et l'incessant papillonnage amoureux. J'appellerai *Il n'y a qu'un amour* ma biographie en creux d'André Maurois, d'après une phrase de Balzac qui me semblait résumer son histoire : « Il n'y a pas deux amours dans la vie de l'homme ; il n'y en a qu'un seul, profond comme la mer, mais sans rivages. »

Un buste de Maurois est un jour arrivé chez moi dans une brouette : un de ses descendants par alliance ayant lu ma biographie a tenu à m'en faire cadeau. Et il l'a lui-même installé sur la cheminée de la pièce où j'écris. Le sculpteur a reproduit fidèlement ses traits un peu lourds, son grand front, ses lèvres épaisses. Mais ce qu'il a le mieux rendu, dans la terre rouge, c'est la douceur, l'extraordinaire bonté du personnage : la lumière de l'écrivain. Il me regarde travailler, et quand je perds courage, sa sérénité me fait du bien. Je puise sans réserve dans sa force tranquille.

Quand Maurois est mort en 1967, ses funérailles ne furent pas déclarées nationales mais se déroulèrent tout de même selon un cérémonial républicain laïc, très solennel, avec la garde républicaine déployée sur le parvis de l'Institut. Elles lui valurent la Une de *Paris Match* et les grands titres des journaux. Les événements de mai 68 sont venus balayer sa gloire et ramener l'écrivain à ce statut bourgeois où il s'est statufié. Cette analyse, que je trouvais si juste, c'est Maurice Druon qui me l'exposa au cours d'un dîner chez Boby. Nous étions quatre autour de la table, l'ancien ministre, son épouse Madeleine, Boby et moi. En apéritif, j'avais vu, fascinée, l'auteur des *Rois maudits* dévorer des crevettes grises en mangeant leurs têtes, avec un formidable appétit. Il était déjà dans un grand âge mais ne tenait aucun compte de la diététique pour paraître et pour être en bonne santé. Il vidait ses verres de vin blanc sec à une cadence virile. Tout chez lui disait la puissance, l'orgueil, l'appétit de vivre. Il avait un côté Kessel — très russe, très romanesque. Avec son oncle, Joseph Kessel, ils avaient coécrit à Londres, en 1940, *Le Chant des partisans*. Boby et lui se tutoyaient. Ils plaisantaient. Mais les deux hommes, d'allure et de tempérament, étaient à l'opposé. Le panache de Druon ne parvenait pas à éteindre la lumineuse modestie de Boby. « Savez-vous que cet homme est nobélisable ? » me dirait Druon, en partant. Mais Boby préférait recommander ses amis plutôt que se promouvoir lui-même. Entre ces deux hommes, ce soir-là, je cherchais Maurois. J'étais là pour cela : interroger, comprendre.

Maurice Druon était prêt à m'aider. Il parlait de politique, plutôt que de littérature. L'attitude de Maurois pendant la guerre, il ne la comprenait pas. En 1940, alors que cet auteur connu pour être un anglophile avait gagné l'Angleterre avec son épouse, le général de Gaulle lui avait proposé d'être son porte-parole, et il avait refusé. Il avait préféré partir pour les États-Unis, qui devaient lui paraître plus sûrs, selon Maurice Druon. Une lueur de mépris s'allumait dans son regard. Boby, moins tranché que son vieux camarade, d'un cœur plein d'indulgence pour les aléas d'une vie humaine, vint immédiatement corriger cette interprétation manichéenne : « Il ne voulait pas blesser Pétain ! »

Maurois devait, de fait, au maréchal son élection à l'Académie française en 1938. Pétain avait pris la parole en séance pour défendre l'écrivain attaqué par des confrères antisémites : « Ce n'est pas un écrivain juif que je défends, avait-il déclaré, c'est un écrivain français. Un grand écrivain français. » Maurois pensait avoir une dette à l'égard du maréchal. Dette qui l'empêchait d'adhérer au programme gaulliste, alors même qu'il était en total désaccord avec la politique et les politiciens de l'Occupation. Du coup, les États-Unis étaient une solution : Maurois a passé la guerre à New York. Il n'est pas resté inactif : il a écrit dans *Life* des articles qui furent décisifs, dans la campagne menée pour favoriser l'entrée en guerre des Américains aux côtés des Alliés.

Pourtant, en 1943, Maurois, aggravant encore son cas aux yeux de Druon, avait choisi Giraud contre de Gaulle. Double erreur qui, selon lui, expliquait l'éloignement d'une partie de ses lecteurs. Cet éloignement n'était-il pas dû, bien plutôt, à l'écart inévitable que creusent les générations, à l'incompréhension de la jeunesse devant un homme du passé qui incarnait une société privilégiée et fanée, refoulée par la vague existentialiste ? Maurois appartenait à un monde révolu, dont les lumières s'étaient éteintes. Une sorte de dérive l'entraînait vers les lointains, comme un bateau s'en va. Il n'y avait peut-être qu'un petit cercle de lecteurs, comme Modiano et ses personnages, pour trouver dans ses livres de quoi l'aimer encore.

Je viens de retrouver la page de *Villa Triste*, où Modiano lit du Maurois à son amie Yvonne, sous le charme du vieil écrivain. « Un soir, elle a voulu que je lui dicte un mot : "Monsieur André Maurois, je vous admire. Je lis votre *Histoire d'Angleterre* et j'aimerais avoir un autographe de vous. Respectueusement. Yvonne X." »

Modiano poursuit, en conclusion de ce bref passage : « Il n'a jamais répondu. Pourquoi ? »

Là, j'ai été stupéfaite. Comment était-ce possible, lui qui répondait à tout ? La seule lettre à laquelle André Maurois n'a peut-être jamais répondu, c'est cette belle lettre imaginaire.

11

L'ami faulknérien et breton

Haute stature, allure militaire, moustache frisée sur les bords : il ressemblait beaucoup plus à un colonel en retraite de l'Armée des Indes qu'à un écrivain de la rive gauche. Il sortait tout droit d'un roman de Graham Greene ou des *Silences du colonel Bramble*. Parmi la bohème chic des années quatre-vingt, encore sous influence sartrienne, il détonnait. La plupart des intellectuels de Saint-Germain-des-Prés portaient pulls à col roulé noirs, pantalons de velours côtelé usés aux genoux et chaussures informes, mieux faites pour escalader le Ventoux ou la roche de Solutré que pour fouler la moquette délicate, d'un gris cendré, de l'appartement parisien de Simone Gallimard, place de Furstenberg, dont les teintes douces semblaient déteindre sur les voix et sur les visages. Michel Mohrt arborait avec panache un costume sombre à fines rayures, d'une coupe impeccable, qui ne pouvait provenir que d'un tailleur réputé de Savile Row. Ses chaussures anglaises brillaient comme des miroirs. Quant à sa cravate, des plus hardies, elle était rayée rose et vert ! Plus exactement, je ne tarderais pas à l'apprendre, *salmon and cucumber*, aux couleurs du célèbre Garrick Club de Londres, dont il était membre à vie !

Son épouse, mince silhouette à ses côtés, avait une beauté épurée à la Jean Seberg, quelque chose de fragile, d'un peu triste dans le regard. Elle aurait pu avoir été mannequin ou actrice. Elle parlait peu, sa présence était légère. Elle escortait ce mari, plus qu'elle ne l'accompagnait. Son épaule touchait la sienne, car elle était grande, plus grande que toutes les autres femmes présentes, sans donner l'impression qu'elle les dominait. Au contraire. Elle suivait la conversation d'un air distrait, mais avec un sourire plein de gentillesse, comme si elle habitait un monde en marge du nôtre et tenait à s'en excuser. Elle était tout aussi insolite que son mari, tellement british, lui, au milieu des amis de Simone.

Michel Mohrt n'était cependant pas anglais, ni même britannique. Mais breton, irréductiblement breton, ce qui ne le rendait pas moins original. C'était un Celte. Un indomptable Cimmérien. On aurait pu dire de lui, comme on l'a dit d'un de ses plus célèbres compatriotes, qu'il était « la Bretagne faite homme ». Ses yeux couleur d'océan, ses cheveux qui ondulaient comme des vagues, sa moustache de loup de mer — bien plus romantique que celle du colonel Bramble que je lui avais vue d'abord —, il était breton par tous ses traits physiques. Mais aussi par le caractère, qu'il avait fier et rugueux. Forgé dans le granit, entêté comme une enclume, il était cependant sujet à des coups de grisou psychologiques, d'autant plus surprenants qu'ils surgissaient à l'improviste. Il pouvait tout à coup changer d'avis ou quitter une pièce, sans qu'on comprenne pourquoi. C'était un des aspects les plus frappants de la personnalité de Michel Mohrt : imprévisible, il n'était pas toujours là où on l'attendait. Peut-être aurait-il été plus à l'aise à la table du Roi Arthur, parmi les chevaliers de la Table ronde, plutôt que parmi nous, au cœur du cœur de l'Île-de-France ? Il paraît que son nom, où l'on entendait — comme chez Maurois — la Mort, lui venait de la légende de Tristan, qui eut à vaincre le Morholt..., un fameux guerrier d'Irlande.

Né à Morlaix, dans le Finistère, là où finit la terre, il avait passé en Bretagne, sans en sortir, les vingt premières années de sa vie. Et il y avait été heureux. Il y revenait toujours, en nomade qui ne peut pas s'éloigner longtemps des siens. J'apprendrai qu'il avait partagé sa vie entre Paris, Londres, New York, Venise et les Adirondacks, et tenait sa valise toujours prête. Pour autant, il ne perdait pas de vue Loquirec. Ce petit port de pêcheurs était son ancrage, en pays d'Armor. C'est là, à l'extrême pointe du continent, qu'il avait sa maison, baptisée Ker Velin : un ancien moulin, bâti face à la mer, sur un promontoire. De son éperon rocheux, il pouvait contempler l'océan, les horizons infinis, et rêver des mondes imaginaires qui peuplaient ses fictions. C'est à Ker Velin qu'il avait écrit la plupart de ses livres.

Jean d'Ormesson participait à ce déjeuner. Autant que Simone Gallimard, il aimait beaucoup, lui aussi, Michel Mohrt. Il s'amusait de sa personnalité indomptable et revêche. C'est lui qui avait reçu à l'Académie française cet aîné, moins célèbre et prestigieux que lui, l'un de ses grands amis. Il l'avait accueilli avec ces mots : « Vous êtes de ces êtres d'exception qui ne font rien pour être aimés mais qui le sont d'autant plus. »

Jean d'Ormesson me raconterait plus tard, avec malice, une anecdote survenue peu après l'installation de Michel Mohrt à l'Académie et dont l'éclatante maladresse l'avait réjoui. Maurice Druon, alors Secrétaire perpétuel, lui ayant demandé s'il voulait faire partie de la commission du Dictionnaire — privilège accordé à de rares élus —, Michel Mohrt avait répondu, furibond :

« Ah, non ! J'ai horreur des dictionnaires ! »

Cette réplique avait provoqué la stupéfaction de ses confrères, le rire de quelques-uns, et aurait pu lui valoir les foudres du Secrétaire perpétuel, qui s'était montré ce jour-là, par exception, indulgent. Le Dictionnaire est la mission sacrée de tout académicien.

Autre éclat : il défendait le breton, et par là les autres langues régionales, que des jacobins irréductibles veulent sans cesse mettre au rebut, au nom de la prédominance et des vertus de la langue nationale. À l'Académie française, face à l'écrasante hégémonie du français dans ses murs et devant le portrait en pied du cardinal de Richelieu, fondateur de ce bastion de la langue française, créé pour la servir, ce n'était pas facile de soutenir le combat des minorités. C'était même sacrilège. On l'accusait de mener la Fronde. Son amour de la Bretagne l'entraînait à porter atteinte à l'unité de la France, selon ce que prétendaient les jacobins. Or, Michel Mohrt aimait le français, autant sinon plus que tous les Français, plus en tout cas qu'il ne voulait le dire pour ne pas compromettre ses chances de sauver sa langue natale d'une relégation au statut régional — expression désobligeante, qui l'amalgamait aux dialectes, aux patois et autres sabirs.

« *War raok, paotred!* Debout, les gars! »

Lors de cette campagne, qui fut houleuse et mit aux prises les académiciens dans une série de duels et d'escarmouches, il ferrailla avec ardeur. J'aurais adoré voir frémir ses moustaches et entendre sa voix courroucée résonner dans la salle des séances. Jean Dutourd, autre écrivain à moustache, bien française celle-là, l'auteur d'*Au bon beurre*, gros succès de librairie de l'après-guerre, se montra tout aussi batailleur et fut son plus farouche adversaire. Aux arguments en saillie, tirés de la Révolution période noire, années Terreur, Michel Mohrt répondait invariablement en breton comme s'il ne connaissait pas d'autre langage! Une audace invraisemblable, qui lui aurait valu en d'autres temps l'exclusion, sinon la guillotine. Son enfance dans le Finistère lui remontait au cœur : il s'emportait, tonitruait et tout à coup se levait pour chanter en breton quelque berceuse étrange, entendue au berceau! Sa langue était vivante : une part non négociable de sa fière personnalité. Chanter lui était une activité agréable, parfaitement naturelle : en breton, en français, mais aussi en latin, ses amis l'ont entendu souvent entonner à pleine voix, qu'il avait grave et sonore, des psaumes, des chants guerriers ou des bleuettes, des airs d'opéra et des chansons d'amour.

Certains de ces chants, rugueux et tendres, montaient tout droit de la nuit celtique.

J'avais connu Jean Dutourd, avant de connaître Michel Mohrt, grâce à Jacques Paugam, autre Breton du *bro* Leon, le journaliste auprès duquel j'avais débuté à France Culture. Invité de son émission *Parti pris*, il lui avait proposé d'écrire un livre d'entretiens. Nous étions allés le voir chez lui, rue Guénégaud, dans un appartement vaste et sinistre, où son implacable ironie jetait des étincelles sans parvenir à réchauffer l'atmosphère. J'avais assisté à tous ces tête-à-tête, ayant au préalable lu l'œuvre complète de Jean Dutourd et l'ayant brossée à grands traits puis mise en fiches, pour que Jacques Paugam puisse orchestrer son futur livre au rythme un peu lassant des questions-réponses, qui m'ont toujours paru hacher plus qu'harmoniser une conversation. Il y apportait de l'enthousiasme, de la finesse, une touche de tendresse, et parvint à tirer de ce personnage cadenassé, rompu aux exercices du verbe, quelques confidences désabusées. Le livre fut publié sous un titre d'un réalisme désespérant, *Les Choses comme elles sont*, titre qui s'accordait avec un écrivain héritier du naturalisme, même si parfois une sombre poésie transparaissait, entre les tranches de vie.

L'esprit caustique et cartésien de Jean Dutourd, si français, ne pouvait que l'opposer à Michel Mohrt, ce Celte épris de chimères. Réfractaire à la petite société mesquine et méchante où Dutourd semblait se complaire — l'humanité était laide et triste dans *Au bon beurre*, comme dans la plupart des romans de ce moraliste amer —, je me sentais au contraire attirée par les landes et les forêts, par

Brocéliande et Avallon, ce paysage de Contes et Légendes, peuplé d'aventuriers en armure, qui était l'univers originel de Michel Mohrt, et par les mythes qui avaient accompagné son enfance. En quatrième année d'études de lettres à la Sorbonne, j'avais choisi le Moyen Âge pour spécialité et écrit une thèse de maîtrise sur le Merveilleux breton : « Les fées et les sorcières dans la littérature des XIIe et XIIIe siècles ». Je croyais comme lui à la magie des rencontres, aux liens qui se nouent souvent sans qu'on en sache rien. Et sinon à l'entière prédestination des êtres, au moins à l'importance du hasard et de la part du rêve dans une vie.

Je partageais aussi avec lui un amour et une fidélité obstinée pour ma région natale. Attachée de toutes mes racines à la Catalogne, aux souvenirs d'une enfance heureuse, bercée et consolée en catalan par ma grand-mère, comment serais-je restée insensible à ce Breton bretonnant?

De là à écrire sa biographie, il y avait un pas que je n'ai pas franchi. Je crois que le fait de le connaître m'en empêchait. J'ai toujours écrit sur des personnages, hommes ou femmes, que je n'avais pas approchés dans la vie réelle, et qui m'étaient à peu près inconnus. À l'exception de Clara Malraux, avec laquelle je n'eus cependant qu'un unique entretien, je n'avais rencontré ni Gary, ni Maurois, et évidemment, ni Berthe Morisot ni Paul Valéry.

Depuis mon tout premier roman jusqu'aux dernières années de son existence, j'ai vu régulièrement Michel Mohrt. Nous nous sommes parlé, nous nous sommes écrit, nous avons déjeuné ou dîné ensemble, et, sans jamais devenir intimes, partagé des admirations, des enthousiasmes. Il encourageait mon travail, suivait mes progrès s'il y en avait, et apportait sur tout ce que j'écrivais des commentaires positifs qui m'incitaient à poursuivre. Son regard a été important pour moi. Écrivain expérimenté, rompu aux techniques d'écrire, il avait une sensibilité à vif et comprenait les hésitations, les doutes, autant que les passions secrètes — je crois sincèrement qu'il était resté le jeune romancier de ses débuts à Marseille, quand il déambulait sur le port à la recherche inquiète d'un destin qui se dérobait devant lui, rêvant de son grand modèle inaccessible — Montherlant. Cette amitié de Michel Mohrt, qui m'était précieuse, loin de m'inciter à l'approfondir ou à lui donner une extension dans un livre, comme le ferait excellemment l'une de ses amies, Marie Ferranti[1], elle était pour moi un frein. Il me semblait impossible, et parfaitement inutile, de transformer cet être si vivant en sujet de livre. Je l'entendrais un jour dire : « Que vaut le portrait d'une femme, fût-elle peinte par Titien ou par Renoir, à côté d'un être vivant qui marche devant vous, près de vous, avec la grâce d'un beau vaisseau qui prend le large ? »

Les biographies, je les écrivais pour rendre la vie à des personnages du passé, que le temps avait figés ou éloignés. C'était trop tôt pour lui. Et puis, à quoi bon enfermer dans un livre un homme aussi océanique ?

J'avais lu d'une traite *La Prison maritime* et découvert

---

1. Marie Ferranti, *Le Paradoxe de l'ordre. Essai sur l'œuvre romanesque de Michel Mohrt*, Gallimard, 2002.

ses autres livres, tranquillement, au rythme des vacances. Peu à peu, l'univers de Michel Mohrt dessinait ses contours. Je comprenais mieux sa différence et même son étrangeté, parmi tous les romans français que je lisais. Ils avaient un parfum sauvage d'embruns et de genêts en fleur, se déroulaient sur des landes et des grèves où grondait l'océan déchaîné, et mettaient en scène des caractères bien trempés, qui ne s'étaient pas complètement affranchis des rituels celtiques, de la magie des druides, des célébrations à la lueur de la lune. La civilisation ne les avait pas domestiqués. Les personnages avaient des pulsions, des désirs de primitifs. Et pourtant, ils n'étaient insensibles ni à la culture, ni au raffinement, au luxe même de certains décors. Des contrastes saisissants habitaient ce monde de Michel Mohrt : des sirènes cohabitaient avec des cow-boys d'Amérique, des marins de l'âge des premiers corsaires avec des professeurs d'université, lecteurs de Faulkner ou de Styron. Lui-même avait associé dans sa vie l'aventure et l'étude. Dans son bureau de la NRF, ce spécimen hautement gallimardien rêvait à l'océan qui l'attendait, à Loquirec.

Car il était éditeur, spécialiste de littérature étrangère, notamment du domaine anglo-saxon, dont il était un grand et fin connaisseur. Il avait contribué à introduire Faulkner en France, un Faulkner qui ressemblait lui aussi à un militaire britannique, les deux hommes avaient eu la même silhouette, la même allure, j'aurais voulu les voir déambuler ensemble à Saint-Germain-des-Prés, boire un verre au bar du Pont-Royal. C'est Michel Mohrt qui avait fait découvrir Styron — il avait lui-même traduit *The Long March* (*La Marche de nuit*), roman viril, roman militaire. Cette passion pour les livres venus d'ailleurs, qui l'amenait plusieurs fois par an à Londres et à New York, où il se sentait chez lui autant sinon plus qu'à Paris, il savait la faire partager. Je relis parfois *L'Air du large*, où il parle des écrivains qu'il aime, venus principalement d'Amérique, mais aussi d'autres pays — Hemingway, Tom Wolfe, John Barth ou Philip Roth, dont le *Goodbye, Columbus* fut un de ses plus forts engouements. Il avait traduit Jack Kerouac. Mais Thomas Mann, Pavese, Mishima faisaient aussi partie de sa famille d'esprit. Et quand il les évoquait, cet homme volontiers taiseux devenait intarissable. L'énergie créatrice, la liberté, un non-conformisme provocateur, caché sous une allure conservatrice, un appétit sensuel de la vie, la foi dans l'avenir et le bouillonnement des cultures multiples, il y avait tout cela dans *L'Air du large* et dans les yeux bleus de Michel Mohrt. Il était un passeur de littérature et le meilleur défenseur de romanciers dont le succès public, loin de lui porter ombrage, l'enchantait. Pendant quarante ans, membre du prestigieux comité de lecture de Gallimard, il avait été lié à Gaston Gallimard et l'était à son fils Claude, d'une amitié et d'une fidélité indéfectibles. Il était l'homme des amitiés.

Deux compagnons de sa vie lui étaient indissociables. Jean d'Ormesson, d'abord, qu'il avait fait venir chez Gallimard avec *La Gloire de l'Empire*. Déjà célèbre et académicien, et déjà populaire dans les années quatre-vingt, Jean d'Ormesson avait animé quelque temps avec Jacques

Paugam, à la télévision, une émission littéraire baptisée
« Livres en fête » — un nom qui lui allait bien. Tandis que
Paugam, toujours très doux, mais avec la ferme volonté de
dépasser les poncifs, d'atteindre les zones secrètes, présentait l'actualité des livres et interrogeait les écrivains, Jean
d'Ormesson, en quelques instants savamment minutés et
intenses, exposait un coup de cœur. Quand il racontait
une histoire, il captivait les téléspectateurs. Ses yeux bleus,
ses formules fortes, la gaieté dont il pailletait la littérature
avaient conquis le public. Ce duo devait se défaire trop
vite, à mon grand regret. Trop vite en tout cas pour que
Michel Mohrt passe à « Livres en fête » : sa moustache y
aurait été télégénique — mot qui devrait bientôt disparaître des dictionnaires, pour désuétude. Je me souviens
d'un de ces fulgurants coups de cœur de Jean d'Ormesson :
L'Ami retrouvé de Fred Uhlman. Michel Mohrt, qui en
était l'éditeur, le lui avait-il recommandé ? Ce roman, aux
proportions d'une nouvelle, avait paru à Londres, plus de
dix ans auparavant, avec une préface d'Arthur Koestler.

C'est peu dire que les deux hommes s'appréciaient. Ils
ne se contentaient pas de se voir dans la sphère parisienne.
Ils voyageaient ensemble, ils skiaient, ils nageaient, là où
les réunissaient leurs vacances qu'ils passaient avec leurs
épouses, dans les montagnes suisses ou en Corse. Il y avait
avec eux un troisième mousquetaire, célèbre commissaire-
priseur et écrivain, futur académicien lui aussi : Maurice
Rheims. L'auteur des *Fortunes d'Apollon*, chronique sur
« l'art, l'argent et les curieux, de Crésus aux Médicis »,
ainsi que le sous-titre l'indiquait. À la suite d'une émission

littéraire animée par Luce Perrot (il y avait alors pléthore d'émissions littéraires!), au cours de laquelle il avait défendu de la manière la plus inattendue les couleurs de mon roman *Argentina*, il m'en avait dédicacé gentiment un exemplaire : « à Dominique [mon prénom suivi d'épithètes délicieuses]..., son copain, Maurice »!

Les trois hommes ne restaient jamais longtemps éloignés. Ensemble, ils parlaient de littérature, mais peut-être moins que de femmes ou de voyages, ou simplement de la couleur du ciel, de la qualité de la neige ou des vagues. En Corse, Jean d'Ormesson écrivait torse nu, tous les après-midi. Michel Mohrt les pieds nus seulement, pantalons retroussés à la corsaire, sous l'un des palmiers du jardin. Dans la maison voisine, Maurice Rheims faisait la sieste, face au port de Saint-Florent.

L'amitié, qui a joué un si grand rôle dans sa vie, irradiait les livres de Michel Mohrt. Chaque héros y a un compagnon, dont l'amitié demeure indéfectible, dans la fortune comme dans l'infortune. Lui-même avait une dette de fidélité envers un sombre personnage de la Deuxième Guerre, au destin fracassé, Jean Bassompierre. Il l'appelait Bassom. Camarades de combat sur le front italien pendant le premier conflit mondial, Mohrt, qui en était d'ailleurs ressorti décoré, avec plusieurs citations, avait essayé en vain, sous l'Occupation, de convaincre ce camarade de ne pas s'engager dans la LVF, du côté des Allemands sur le front russe. C'est lui qui m'apprendrait le sens de ces trois lettres : Légion des volontaires français.

Il récitait souvent la complainte de Mandrin, ou plutôt

il la chantait à tue-tête, comme en 1939, dans le fort qu'il défendait au-dessus de Saint-Martin-Vésubie.

> *Monté sur la potence*
> *Je regardai la France*
> *Je vis mes compagnons à l'ombre d'un buisson.*
> *Compagnons de misère*
> *Allez dire à ma mère*
> *Qu'elle ne me verra plus*
> *Je suis un enfant...*
> *Vous m'entendez!*
> *Qu'elle ne me verra plus*
> *Je suis un enfant perdu.*

Il fut un de ces écrivains marqués par l'Histoire, qui ne se sont jamais remis de la défaite de 1940, ni du climat de guerre civile qui avait duré au-delà de la Libération. Il n'avait jamais caché ses opinions et n'avait pas honte de ce qu'il pensait, à rebours de ce qu'il était devenu convenable de penser. Son refus des embrigadements, son allergie à toute action de groupe, et le brouillard où le jetaient les politiciens de tous bords pouvaient expliquer qu'il ait traversé cette période maudite dans un état proche du somnambulisme qu'il prête à ses personnages de *La Guerre civile*, roman inspiré de ses combats intérieurs pendant cette époque tragique.

Pour les années sombres, qui l'isolaient, faisaient de lui un écrivain à contre-courant, ayant approché de trop près des zones dangereuses et coupables du passé, il s'en tenait à cette position, où se manifestait son esprit d'indépendance : « C'est très agréable d'être un vaincu. On ne se sent plus responsable. Et c'est très bon pour la littérature. » Il avait d'ailleurs retrouvé dans la figure de François Mitterrand, dont pourtant tout le séparait, une étrange communauté de point de vue, non pas politique, mais personnelle et liée à leur histoire. À cause de la masse de commentaires souvent faussés par l'idéologie et qui ne tenaient plus aucun compte des circonstances, les repères s'étaient brouillés depuis leur jeunesse. Pour lui comme pour l'ancien président de la République, la séparation ne pouvait plus se faire désormais entre pétainistes et gaullistes, selon une vaine caricature, mais bien — je le cite — « entre ceux qui avaient vécu cette période et ceux qui ne l'avaient pas vécue ». J'étais la candide idéale, à laquelle il fallait tout expliquer.

Avec Maurice Rheims, ils avaient eu le projet d'écrire un livre à deux voix. Rheims, qui avait créé avec d'Astier de La Vigerie et Louis Vallon, le premier commando de parachutistes de la France libre, avait souhaité ce dialogue avec l'homme des brumes et des incertitudes, devenu l'un de ses meilleurs amis. Chacun aurait pu exposer son point de vue et éclairer d'une manière neuve un drame historique, surinterprété et mal compris. Le projet n'a malheureusement pas abouti, faute d'un médiateur pour orchestrer leurs témoignages croisés — Jacques Paugam y aurait excellé.

L'Amérique, où Michel Mohrt était parti tout de suite après la Libération enseigner la littérature française, l'avait sauvé de son marasme. Il y avait retrouvé l'air du large, qui manquait à ses poumons. Il parlait volontiers des années heureuses, passées en compagnie des étudiants et surtout des étudiantes, sur les campus des universités Yale, Mills College et Berkeley. Telle la Bretagne de l'enfance, l'Amérique, c'était le vent d'ouest propre à Michel Mohrt, autrement dit l'élan vital, le désir de créer, l'espoir d'un possible bonheur. Les étudiantes américaines, il les avait adorées, comme il adorait presque toutes les femmes. Elles ont une jolie place dans ses livres, souvent inspirés de leur grâce et de leur jeunesse, comme *Deux Indiennes à Paris*. Je remarquais qu'il y avait un physique féminin propre à Michel Mohrt : ses héroïnes sont grandes, minces, et toujours très élégantes, avec de longues jambes bronzées et de larges épaules. Ma préférée, c'était Lady Cecilia dans *La Prison maritime*, à cause de sa fierté, de son irréductible indépendance. Elle pourrait être la figure de proue de l'œuvre, avec sa longue écharpe que le vent emporte. Une figure indomptable, comme toutes celles que cet écrivain a aimées.

Il avait le flirt facile et une réputation de séducteur. Avec une manière assez douce d'aborder les femmes, souvent par un compliment sur la robe, les chaussures ou le sac que l'on portait. Il était attentif aux moindres détails d'une toilette — je l'ai entendu féliciter Simone Gallimard sur ses bas semés de plumetis noirs, une fantaisie des années quatre-vingt. Je ne suis jamais venue le voir sans qu'il me dise quelque chose d'agréable sur ma tenue ou mon parfum. Dans l'un de ses romans, cette déclaration m'avait amusée, parce que j'entendais sa voix : « J'aime ton tailleur et j'aime tes chandails et la façon dont tu t'habilles ! » Dans *Les Nomades*, il a décrit avec soin une blouse hongroise aux dessins bleus et verts, qui joue un rôle non négligeable dans l'histoire d'amour. C'était agréable de sentir son regard approbateur sur la robe qu'on avait ce jour-là. Il y a peu de romanciers qui accordent une telle place dans leurs livres à la coquetterie, comme à la sensualité féminine, qu'il a beaucoup décrite elle aussi, dans ses variations. À qui le comparer ? À Jacques Laurent, alias Cecil Saint-Laurent, l'auteur des *Caroline chérie*, qui a écrit une *Histoire imprévue des dessous féminins* ? Ou à Mallarmé, qui a rédigé des articles sur la mode dans une revue qu'il avait créée, *La Dernière Mode* ? Si Michel Mohrt était le moins mallarméen des écrivains, par son goût de la clarté et sa détestation des préciosités, il avait une approche esthétique de la vie — et cette esthétique définissait aussi son rapport aux femmes.

Michel Mohrt habitait rue du Cherche-Midi, dans un appartement paisible où je suis allée lui rendre visite vers la fin de sa vie. Son épouse était morte. De vieux amis continuaient à le voir, parmi lesquels bien sûr Jean d'Ormesson — Maurice Rheims était mort, le premier des trois. Son fils, ses petits-enfants apportaient des rayons de soleil dans une existence presque entièrement casanière. Redevenu sédentaire, hors le temps des vacances qui le ramenaient à Loquirec, il y poursuivait ses deux activités préférées, la lecture et la peinture d'aquarelles. Ayant eu la vocation de peindre avant celle d'écrire, il n'avait jamais renoncé à ses pinceaux ni à ses couleurs. Je m'asseyais en face de lui, dans une pièce surchargée de livres, où il avait accroché au mur, dans un cadre noir, la reproduction du portrait de Manet, *Berthe Morisot au bouquet de violettes*. Il avait aimé écrire sous son regard. Nous bavardions devant Berthe, comme si elle était présente.

C'était lui qui parlait le plus souvent, sauf lorsqu'il me fallait répondre à l'une de ses questions, portant en général sur l'actualité littéraire — il se tenait au courant de la vie de l'édition, l'âge n'avait pas émoussé sa curiosité. Il évoquait souvent Romain Gary, autre admiration qui nous rapprochait, et le premier manuscrit que celui-ci lui avait apporté — *Lady L.*, dans sa version anglaise. Il me laissa entendre que la beauté blonde et fragile de Jean Seberg, si pure dans la *Jeanne d'Arc* de Preminger, l'avait ému. Ils avaient un peu flirté, mais il ne m'en a pas dit davantage.

Les lettres qu'il envoyait, pour commenter un livre qu'on lui avait adressé, comportaient souvent plusieurs feuillets. Il avait une écriture vaste, à gros caractères, qui remplissait vite les pages. Mais si prolixe dans sa correspondance, il était dans ses derniers livres devenu minimaliste : l'écriture réduite à l'os n'était plus qu'une affaire de respiration, prétendait-il. Les mots s'y faisaient rares au profit du rythme — j'ai toujours eu la sensation de voguer, de vagues régulières en tempêtes soudaines, quand je lis du Michel Mohrt.

Rue du Cherche-Midi, il versait du whisky dans nos verres. Il y ajoutait une larme d'eau. Ni glaçons, ni bulles. L'âpre boisson, aux tons chauds de l'ambre, c'est chez

Michel Mohrt que je l'ai le plus aimée. Elle opérait immédiatement, pour vous arracher à toute préoccupation annexe. Elle ouvrait sur les landes sauvages, parsemées de bruyères et balayées d'embruns venus de son cher océan. Le whisky donnait du relief à ses silences, entretenait la rêverie. Il revenait vers moi, avec une gaieté de jeune homme : « L'important n'est pas d'écrire, quand tout le monde écrit. L'important, c'est de se connaître. Il faut pouvoir se dire à la fin d'une vie : je n'ai pas été général, ou ambassadeur, ou académicien, mais j'ai été bien plus — heureux. »

C'est à son fauteuil que je serais élue à l'Académie française, un 18 avril — vingt-huit ans, jour pour jour, après lui.

J'eus à prononcer son éloge, comme il est d'usage sous la Coupole pour tout nouveau venu. J'étais heureuse de lui succéder et mesurais ma chance : tous les académiciens n'ont pas eu la bonne fortune d'avoir à prononcer l'éloge d'un prédécesseur qui était aussi un bienfaiteur! Victor Hugo, François Mauriac, et bien d'autres, des plus prestigieux, avaient eu à parler d'un rival, d'un ennemi ou d'un parfait indifférent. Paul Valéry, qui détestait Anatole France, coupable d'avoir interdit Mallarmé du *Parnasse contemporain*, s'était arrangé pour éviter à chaque phrase le nom de cet écrivain exécré auquel il succédait par malchance. Pas une seule fois dans son discours, sauf à la toute dernière fin, il n'avait prononcé le mot France! J'étais inspirée par l'affection, par la gratitude : quel privilège!

Mais ce discours n'était pas seulement un privilège. C'était l'occasion d'écrire enfin le portrait de Michel

Mohrt et de présenter sa vie : en somme, de faire œuvre de biographe, en quelques pages intenses dont la lecture à haute voix, chronométrée manu militari, devait durer cinquante-cinq minutes. Cinquante-neuf tout au plus. Il a fallu qu'il soit mort et qu'il en vienne à dériver vers les lointains, « comme un vaisseau qui prend le large », pour que je puisse le regarder non plus comme une personne, mais comme un personnage.

Ce discours de réception à l'Académie dont je me réjouissais, il m'est pourtant pénible d'en évoquer même le souvenir. C'est que je l'ai écrit tout du long avec l'affreux sentiment d'avoir un corbeau sur mon épaule : Voltaire me surveillait ! Il épiait mes phrases, ricanait sur le choix de mes mots, ne me trouvait jamais assez claire ni assez vive, et sans doute avait-il raison. Je me sentais bridée, pas à l'aise. Des siècles d'intelligence pesaient sur moi. J'ai souffert pendant des semaines pour écrire, laborieusement, sous le regard sévère et moqueur du plus terrible des gardiens de la langue, ce qui ressemblait de très près à une biographie. Ou à une esquisse de biographie, presque aussi fournie et détaillée. Ce n'est qu'aux derniers paragraphes que j'ai pris un timide envol et que j'ai pu dire enfin, en quelques mots jaillis du cœur, tout ce qui me liait à Michel Mohrt et d'où me venait mon admiration pour lui.

À ce trente-troisième fauteuil qui, pour un temps indéfini, devenait le mien, de plus lointains prédécesseurs m'envoyaient des signes que j'étais sans doute seule à voir. Ils auraient dû me rassurer. Parmi les titulaires, depuis 1634, date de création de l'Académie, deux écrivains, quoique complètement méconnus du grand public, m'étaient en effet aussi familiers que si je les avais intimement fréquentés : Edmond Jaloux et Jean-Louis Vaudoyer. Deux disciples inconditionnels d'Henri de Régnier, persuadés que la poésie est la clef du monde, et eux-mêmes auteurs de poèmes délicats, *La Flamme et les Cendres*, pour le premier, et, pour le second, *Suzanne et l'Italie*. Surtout — et c'était le clin d'œil malicieux du fauteuil 33 —, ils avaient été tous deux des amants de Marie de Régnier ! Ils s'étaient succédé à ce même fauteuil, comme dans la vie de leur égérie. Silhouettes fugitives dans *Les Yeux noirs*, voilà que par une coïncidence inattendue, non seulement je les retrouvais, avec leur parfum d'ancien monde et de mœurs légères. Mais ils avaient maintenant pour moi des traits de parenté avec Michel Mohrt ! — à dire vrai, surtout Vaudoyer, à cause de son allure caricaturalement britannique, qu'il devait à une grand-mère écossaise.

C'était, en vérité, Venise qui, par une géographie sentimentale inattendue, reliait leur sillage et m'amenait à voir se dessiner jusqu'à Michel Mohrt une sorte de fatalité ou de prédestination. Edmond Jaloux et Jean-Louis Vaudoyer, qui avaient fait partie du Club des Longues moustaches, se retrouvaient plusieurs fois par an à Venise en compagnie de leur maître et ami, Henri de Régnier (époux de Marie de Heredia). Ils avaient l'habitude de passer leurs après-midi, selon un rituel immuable, à fumer le cigare et à siroter du marasquin ou du punch à l'alkermès, au Café Florian — leur quartier général, place Saint-Marc. Ils s'installaient toujours à la même table, sur les banquettes en velours, sous le portrait d'un Chinois, aux longues moustaches évidemment. Michel Mohrt aurait pu faire partie de ce club, des plus élitistes, lui qui aimait tellement les clubs ! Il l'aurait mérité, non seulement par la moustache, mais parce qu'il était, lui aussi, un Vénitien dans l'âme, comme disait Régnier. Mais il aurait sûrement préféré le Harry's Bar pour point de ralliement, et un Glenfiddich plutôt que ces boissons sucrées. Il a passé beaucoup de temps à Venise, à rêver, à écrire, mais aussi à peindre. On pouvait le voir, en loden, l'hiver, les mains gantées de mitaines, assis sur son pliant, devant un chevalet miniature qu'il transportait avec lui, de pont en place ou en parvis d'église, sur l'île de la Giudecca ou sur les zattere, du côté de la Douane de mer. Ses amis, sa famille se partageaient ses aquarelles. L'atmosphère brumeuse, féerique, de la cité des Doges, qu'il a représentée en chacun de ses sites et en toutes saisons, c'était son monde le plus intime, le plus secret. Il y retrouvait les couleurs de la Bretagne et y avait rendez-vous avec les fantômes de son passé. De les évoquer ici, ces chers fantômes, dans l'enceinte du quai Conti où, par un subtil paradoxe, les écrivains morts demeurent immortels, me rendait les rites du passage moins officiels, moins gourmés.

J'évoquai vers la fin l'émotion de François Mauriac, au moment de sa propre réception. Il regrettait de ne pouvoir retrouver Maurice Barrès, parmi les académiciens — Barrès qu'il avait rencontré tout jeune homme et qui l'avait encouragé, alors qu'il doutait de lui-même et de la voie choisie : « C'était hier, il me semble. Il pourrait être là. Je m'assiérais à côté de lui, le jeudi. »

En le parodiant, je conclus mon discours sur cette ultime phrase : « Michel Mohrt ne sera pas là, le jeudi. »

En fait, je me trompais. J'en ai fait, depuis, l'expérience lors de nos rendez-vous hebdomadaires : Michel Mohrt est toujours là pour moi, le jeudi. Dans l'une de ses lettres, comme s'il avait deviné que je suivrais ses traces, il m'avait écrit : *Chañs vat !*, Bonne chance !

12

La passion de Camille

Une colline pelée, exposée à tous les vents, en surplomb d'un village du Vaucluse dont l'église s'appelait Notre-Dame-de-la-Consolation : le mistral soufflait, comme souvent en Provence, un mistral glacé qui torturait les pins clairsemés et rachitiques de cette avenue de la Pinède, si mal nommée. À cinq kilomètres au sud d'Avignon, sur la commune de Montfavet, non loin d'un site de l'Institut national de recherche agronomique (INRA), une pancarte indiquait en gros caractères le but de mon voyage. L'hôpital psychiatrique de Montdevergues, l'un des plus importants de France par l'étendue du domaine et le nombre de ses patients.

Au XIXᵉ siècle, sa dénomination officielle, alors beaucoup moins pudique, était celle d'un « asile public d'aliénés ». Il remplaçait une très ancienne Maison royale de la santé, confiée aux soins des Pénitents noirs, établie ici pendant trois siècles, à l'emplacement d'un monastère de nonnes, les premières occupantes du lieu. On montait sur cette colline maudite en carriole, tirée par deux chevaux,

« au grincement sinistre des essieux », selon le témoignage d'un voyageur de l'époque.

« On m'a enfermée avec les folles » : Camille Claudel a passé trente ans à l'asile public d'aliénés de Montdevergues. Plus exactement, vingt-huit ans et demi, précédés d'un séjour d'un an et demi à Ville-Évrard, dans un établissement comparable de la région parisienne où elle avait d'abord été internée. À cause de la Grande Guerre, qui menaçait Paris, les pensionnaires de Ville-Évrard avaient été déménagés, loin de leurs familles. « Et voilà pour trente ans ! » avait dit son frère.

Le millier de pensionnaires, aux débuts de son séjour, n'avait pas cessé d'augmenter, « il en arrive tous les jours, on est empilées les unes sur les autres ». Elles étaient deux mille à la fin. Beaucoup plus qu'au CHM, qui a réduit à quelque cinq cents lits les longs séjours. Et il n'y avait que deux médecins, pour une centaine aujourd'hui.

Camille avait été enfermée contre son gré, par suite d'une demande de « placement volontaire » — PV —, datant d'une loi de 1838, article 8, qui simplifiait le processus de « placement d'office » — PO — requérant l'intervention d'autorités policières. La manie des sigles, qu'une loi plus récente avait transformés en HDT[1] et en HO[2], cachait mal des faits implacables. Pour Camille, un diagnostic médical avait suffi (il en faut deux désormais), suivi d'une confirmation par le médecin de l'établissement (le docteur Truelle à Ville-Évrard),

---

1. HDT = hospitalisation sur demande d'un tiers.
2. HO = hospitalisation d'office.

pour rendre possible la demande de placement volontaire, signée de la main de sa mère. Camille n'avait jamais compris pourquoi on l'avait enfermée. Au fil du temps elle s'était fait une petite vie d'habitudes à l'asile. Mais les années passant n'avaient apporté aucune réponse à l'angoissante et révoltante question qui la taraudait : le sens de sa présence entre ces murs. Toutes sortes d'explications, émanant de sources compétentes, avaient été apportées depuis à son internement, génétiques, psychologiques, psychanalytiques, psychiatriques, incluant la principale accusation concernant son entourage : la volonté de sa famille de se débarrasser d'un cas socialement gênant et affectivement dérangeant.

Jamais autant qu'à Montfavet je n'ai eu la conviction que le biographe est un voyeur, la biographie un rideau qui s'écarte.

J'étais venue à contrecœur. Sans doute parce que Camille Claudel avait mené pendant trente ans une vie de recluse, derrière les hauts murs du silence et du secret, ma venue me paraissait impudique, presque offensante. Elle était tout autant nécessaire, incontournable : je devais entrer ici. Je devais voir. Non pour établir un diagnostic de plus, encore moins pour juger, ni répartir les fautes, mais pour le courage de voir.

Il y avait eu dans les années quatre-vingt (dix ans avant que je ne pense à écrire le mien), une explosion de livres sur Camille Claudel : l'artiste était jusqu'alors totalement inconnue du grand public. Au point que dans les dictionnaires, au nom de Claudel, son prénom n'apparaissait pas. On ne trouvait que celui de son frère, Paul. La première d'un grand nombre de thuriféraires, la romancière Anne Delbée, l'avait révélée et propulsée sur les devants de la scène en écrivant une pièce de théâtre d'abord puis un roman inspirés de sa vie, *Une femme*. Quarante ans après sa mort, Camille Claudel sortait de la longue nuit de l'oubli. D'autres romancières, des historiens, des historiennes d'art avaient pris le relais, Jacques Cassar, Reine-Marie Paris, Anne Rivière, Antoinette Lenormand-Romain, tous aidaient à la faire connaître et reconnaître. À peu près à la même date, le musée Rodin organisait une rétrospective : ce fut un événement. Comme la plupart des visiteurs, je découvrais *La Valse, Les Causeuses, La Vague*, ces têtes d'enfants ou de petites vieilles, ces bronzes aux patines vert-de-gris, ces terres moulées de sa main exigeante, toutes ces sculptures si longtemps gardées loin des yeux du public. Quelques années plus tard, la renommée de Camille, jusque-là frappée d'interdit (c'était le titre du livre d'Anne Rivière, *L'Interdite*), parvenait aux sommets de la popularité, grâce au film de Bruno Nuytten, dédié à sa mémoire. Elle triomphait au Festival de Cannes. Son nom était désormais célèbre, il entra presque aussitôt dans le Petit Larousse (1989). Gérard Depardieu, en colosse tendre, était un Rodin plus vrai que nature, mais c'était Isabelle Adjani qui atteignait au sublime en jouant Camille. Une Camille passionnée et fascinante qui aurait pour toujours le visage, le corps et les incomparables yeux de l'actrice. Yeux bleu foncé, identiques au modèle, « couleur de raisins mûrs et tels qu'on n'en rencontre que chez les héroïnes de romans », ainsi que les voyait son frère Paul.

Le film était une biographie transposée sur grand écran : à la fois un récit fidèle et un très beau portrait. Bruno Nuytten avait reconstitué les décors, les costumes, avec la plus grande rigueur historique et, pour être au plus près de la vérité des faits, des sentiments, il avait pris les conseils de spécialistes. Il n'avait pas voulu romancer : la vie de Camille était suffisamment romanesque pour qu'on n'ait rien à inventer. Sa passion, son ordalie, il les mettait en scène avec une exigence de biographe, animé par la volonté d'être fidèle, de ne pas trahir. Il plaçait dans sa bouche des mots qu'elle avait écrits dans ses lettres, rien n'était approximatif, rien n'était laissé au hasard. Le film s'arrêtait net au jour de l'arrestation de Camille, quand deux infirmiers, aussi sévères que des gendarmes, viennent la chercher dans son atelier de l'île Saint-Louis pour la conduire de force à une ambulance. Bruno Nuytten avait escamoté la fin. Un choix délibéré : les dernières trente années n'apparaissaient pas. Le silence tombait, comme il était tombé sur Camille, qu'il avait ensevelie au-delà de sa mort, jusqu'à ce que des livres, un film la rappellent aux vivants.

J'ai alors rencontré Reine-Marie Paris. Elle avait écrit, avec son premier mari, l'historien d'art Arnaud de La Chapelle, le premier catalogue raisonné de l'œuvre de Camille Claudel. Et elle avait été choisie, parmi tous les spécialistes, pour apporter ses conseils à Bruno Nuytten pendant le tournage de son film. C'était, et c'est toujours, une femme pétulante et chaleureuse, tout en bulles de champagne, qui répondait à ce nom ravissant. Elle m'avait raconté en riant, à ma première visite chez elle, que jusqu'à l'âge de dix-huit ans elle n'avait jamais entendu parler de Camille Claudel. Or, Camille Claudel était sa grand-tante! Ses parents la lui avaient cachée! Sa mère, Reine Paris, qui était l'une des cinq enfants de Paul Claudel, le numéro 3 par ordre de naissance, ne lui avait même jamais dit qu'il y avait un sculpteur dans la famille! Et puis, un jour, bien après la mort de Paul Claudel, Reine-Marie était venue chez sa grand-mère, à Passy, accompagnée d'un de ses petits amis, étudiant aux Beaux-Arts. Il était tombé en arrêt devant le buste d'une fillette aux cheveux noués en tresse : *La Petite Châtelaine*! Posée sur la cheminée, cette statue faisait tellement partie du décor que Reine-Marie ne l'avait jamais vraiment regardée. Mme Paul Claudel, interrogée, avait eu l'air gêné pour dire, comme en passant, que le sculpteur était une femme : la sœur de son mari..., puis elle avait clos la conversation. Stupéfaction de Reine-Marie Paris, découvrant que son grand-père n'était pas le seul artiste de la famille! De cette révélation en catimini datait la passion de Reine-Marie pour sa grand-tante — sa « vieille tante aliénée », comme Camille se définissait elle-même dans une lettre à Paul, en songeant à l'image qu'elle laisserait à ses neveux et nièces et à leurs descendants. Reine-Marie Paris avait lancé ses premières recherches, à la fin des années soixante, elle était même allée en Angleterre pour recueillir les souvenirs du fils de Jessie Lipscomb, qui fut la meilleure et peut-être la seule amie de Camille.

Dans la famille Claudel, à l'inverse du grand public, on ne révérait pas Camille. Sauf Reine-Marie Paris, qui faisait figure d'exception au milieu d'une ribambelle de neveux et de nièces, on n'admirait et on n'aimait que Paul. Avec une ferveur proche de la dévotion, cette nombreuse tribu vouait au père, au grand-père, à l'arrière-grand-père, un culte unanime. C'était la grande figure familiale. On ne lui reconnaissait aucune concurrence. Et on soignait sa renommée.

Le poète, lui, inspirait au commun des mortels des sentiments contraires. Soit on le détestait en bloc, l'accusant de boursouflure, de délire, d'être un esprit baroque. Soit on l'admirait éperdument — ce qui était, je dois le dire, mon cas. Cette admiration comportait une espèce de crainte quasi religieuse à le lire : tout ce qu'il écrivait, sa poésie, son théâtre, contenait une flamme et brûlait les yeux. C'était une poésie lyrique, démesurée, presque dangereuse : on ne sortait pas indemne des pages lues. J'avais pleuré à *Tête d'Or*, à côté d'un monsieur en costume-cravate que je ne connaissais pas, mais qui pleurait en cadence avec moi, à gros sanglots. Nous avons communié dans la même émotion tout au long de la pièce, le nez dans nos mouchoirs, tandis qu'un bon tiers des spectateurs préférait s'enfuir à l'entracte.

Anne Delbée, dont le roman *Une femme* avait propulsé Camille au rang des best-sellers, était elle-même une claudélienne, comme quoi on peut aimer à la fois Camille et Paul. Elle admirait le poète, connaissait les arcanes de l'œuvre et avait monté plusieurs pièces de Claudel à la scène, dont ce *Tête d'Or*, qui m'avait bouleversée au théâtre du Vieux-Colombier, avec Thierry Hancisse dans le rôle-titre. C'est dans un texte de Paul Claudel qu'Anne Delbée avait découvert Camille, et c'est de ce texte qu'était née son idée de parler d'elle, de la ressusciter dans un roman. « Ma sœur Camille » est un des chefs-d'œuvre de Paul Claudel. Dans les années quatre-vingt, perdu dans la masse himalayenne des pages de leur auteur, en prose ou en vers, peu de gens l'avaient lu. Paul n'en était pas moins un admirateur inconditionnel de Camille. Tout n'était donc pas si définitif, si caricatural, dans les rapports du frère et de la sœur.

Reine-Marie Paris collectionnait les œuvres de sa grand-tante. Elle avait fait le tour des greniers familiaux pour retrouver ses sculptures, notamment chez ses cousins Massary qui habitaient la maison où Camille et Paul avaient passé leur enfance, à Villeneuve-sur-Fère, en Tardenois. Elle avait ensuite entrepris des recherches auprès des descendants d'anciens clients de Camille, s'était lancée sur les pistes du capitaine Louis Tissier, de l'industriel Maurice Fenaille, de la comtesse de Maigret, du banquier Alphonse de Rothschild, du diplomate Philippe Berthelot, pour ne citer que quelques noms, les amateurs étaient nombreux. Il y avait parmi eux Henry Lerolle, peintre et collectionneur, ami des impressionnistes, qui avait été un proche de Berthe Morisot et que je retrouverai bientôt dans mon livre *Deux sœurs*. Mes biographies relient souvent des personnages, rappellent ou annoncent des rencontres inattendues. Reine-Marie Paris avait approché la famille Blot, pour tenter de retracer l'histoire des sculptures, exposées par le galeriste et fondeur préféré de

Camille, Eugène Blot. Elle s'était donné pour mission de rassembler les œuvres éparpillées. Certaines gisaient dans les caves de musées en province, sans que le conservateur en sache rien !

Quand j'ai fait sa connaissance, Reine-Marie Paris vivait au milieu de soixante-dix sculptures de Camille Claudel, qui semblaient danser sur les tables et les chaises de son appartement, comme un corps de ballet. L'ensemble ne devait rien à la scénographie d'un musée : on sentait leur présence, comme si elles étaient vivantes, la scène digne de *Casse-Noisette* aurait pu s'animer. *La Valse, Les Causeuses, Les Baigneuses, La Petite Châtelaine, Clotho...* Même Paul était là, en *Jeune Romain*, buste sculpté à l'adolescence par cette sœur aînée et adorée. Il était présent aussi par une série d'éventails géants, aux couleurs délicates, accrochés aux murs. Il y avait peint à l'encre des vers de sa composition, à la manière des calligraphes de l'ancienne Chine — « Seule la rose est assez fragile pour exprimer l'éternité, un certain rose qui est moins une couleur qu'une respiration. » Cette rétrospective inattendue, sculptures et éventails, dans un appartement proche du carrefour de l'Odéon, reconstituait les liens secrets d'une vie de famille, levait un voile sur les rapports si mal connus, si mal compris, du frère et de la sœur. Elle soudait les fantômes de Camille et de Paul.

La collection de Reine-Marie Paris serait à l'origine du musée Camille-Claudel, le premier à son nom, à Nogent-sur-Seine. Une ville où Camille avait reçu ses premiers cours de sculpture. Mais à l'époque, Reine-Marie, qui deviendrait une amie, vivait joyeusement au milieu de ces trésors, dont personne ne voulait autrefois.

Comme l'éventail et la sculpture, qui cohabitaient en harmonie chez Reine-Marie Paris, il me semblait impossible de séparer les destins de Paul et de Camille. Longtemps le frère et la sœur avaient communié dans les mêmes valeurs. Ils avaient partagé les mêmes élans, les mêmes révoltes, et donné à l'art dans leur vie une place prépondérante. Ils se ressemblaient aussi par leurs tempéraments bouillonnants. Peu portés à la mesure, à la tolérance, ils exigeaient de la vie cet idéal, cette beauté qu'elle n'a presque jamais. En amour, ils n'avaient connu que la passion. La passion exclusive. Camille n'avait aimé qu'un seul homme. Et Paul lui aussi, cette haute figure de paterfamilias, malgré une vie conjugale stable et quelques adorations passagères pour des actrices qui interprétaient ses héroïnes, n'avait aimé qu'une seule femme, la première, Rosalie Vetch. Rosalie, sa « splendide païenne dorée ». Une blonde pulpeuse, d'origine hollandaise, rencontrée en 1900, sur l'*Ernest-Simmons*, le paquebot qui l'emmenait en Chine pour son premier poste au consulat de Fou-Tchéou. La passion l'avait foudroyé. « Je veux vivre la main dans ta main et les yeux dans tes yeux. » Il avait failli devenir fou et se tuer, quand elle l'avait quitté. Elle était mariée, déjà mère de quatre fils, et lui donnerait un enfant secret — une fille. « Le péché aussi sert » : il avait souffert de cette passion coupable que condamnait sa foi chrétienne. Pourtant Rosalie était restée pour lui l'Unique. Comme Rodin pour Camille.

« Je ne vous ai pas aimée pour un moment de plaisir

comme une maîtresse, ni pour des raisons de convenance comme une femme. Mais mon cœur s'est jeté dans le vôtre. »

La vie avait séparé le frère et la sœur. Leurs routes avaient divergé au point de s'opposer. Mais la tendresse était restée. La vieille complicité de leur jeunesse survivait dans les lettres de Camille comme dans la poésie de Paul. Je me rendrais compte que les héroïnes claudéliennes, à l'exception d'Ysé, inspirée par Rosalie, toutes, Marthe, Marie..., étaient des variations sur la figure de Camille. Elles avaient sa personnalité volcanique, ses yeux bleu foncé, son indomptabilité, son outrance, et aussi la part de malheur qui semble les poursuivre comme une étoile noire. De la princesse de *Tête d'Or* à doña Prouhèze, elles lui ressemblaient, non pas comme des copies ou des reflets. Je m'emploierais à décrire ce phénomène : Camille était en chacune d'elles.

Il n'y en avait pas moins eu entre le frère et la sœur de terribles écarts. C'était leur histoire jumelée, puis déchirée, que je voulais raconter, sans juger l'un ni l'autre. Incluant le mystère de la prémonition : Claudel a toujours su ce que sa sœur deviendrait. Cette mendiante, abandonnée de tous, « revêtue de feuilles et de peaux de bêtes et étendue par terre », c'était déjà le sort de la princesse de *Tête d'Or* — sa première pièce de théâtre, si longtemps injouée. Il avait vingt et un ans.

Mais comment accorder deux visions, en apparence inconciliables, Tête d'Or et Camille ? Comment résoudre l'énigme de la passion Claudel, partagée également entre le frère et la sœur? Cette passion de l'art et de la poésie qui avait porté le frère à l'Académie et à la Comédie-Française? Et la sœur à l'asile public d'aliénés de Montdevergues?

À la barrière du CHM, qui remplaçait la vieille grille grinçante du temps de Camille, je donnai au vigile le nom de mon sésame : l'archiviste de l'hôpital. Un jeune homme souriant, qui mettrait la même fierté à me montrer le site que si c'était l'Acropole. Il me fit faire le tour des bâtiments, séparés par des chemins bétonnés et par des pelouses — un décor rigoureusement ordonné, à l'inverse de l'esprit des lieux. Plus rien ne pouvait rappeler les anciens pavillons, sinon l'espace : l'hôpital occupait plusieurs hectares, certains encore agricoles. Il fut un temps où l'on y vivait (mal) en autarcie. Guide érudit, doué d'un talent pédagogique, l'archiviste avait préparé le dossier concernant Camille, qui lui était souvent demandé. Il renfermait les renseignements les plus élémentaires de son internement, enregistrés et tamponnés par l'administration dans une sorte de grand cahier noir portant un nom biblique, le Livre de Loi. J'y trouvai sa date d'entrée à l'hôpital, son numéro matricule (n° 2307), ainsi que l'indication de ses logements successifs : au Grand Pensionnat d'abord, puis, quelques mois plus tard, dans la section des femmes n° 10 où elle habita successivement, en chambre individuelle, au rez-de-chaussée, puis au second étage. Je découvris les tarifs de l'hôpital : 1 879,75 francs par an en première classe, qui avait été longtemps la sienne. À une certaine date, elle avait elle-même demandé d'être rétrogradée en troisième classe, tout en gardant sa chambre seule, au tarif de 894,25 francs. Cela, pour une histoire de nourriture qui la préoccupait — elle avait toujours peur d'être empoisonnée. Elle préférait préparer elle-même ses repas sur un réchaud à gaz, ou avoir accès aux menus paysans, à base de pommes de terre des champs, qui lui paraissaient plus sûrs et plus conformes à ses goûts. Cette catégorie n'était d'ailleurs pas la pire, puisqu'il en existait une quatrième, encore moins chère, pour les indigents. Il est vrai qu'il y en avait une autre à l'autre bout de l'échelle, incluant domesticité et toutes sortes d'avantages, mais dont le prix avait dû paraître extravagant à la famille Claudel. Camille, qui de toute sa vie n'avait jamais aspiré à aucun luxe, ne s'y était pas intéressée. Jusqu'à la mort de sa mère, elle a pu améliorer l'ordinaire grâce aux colis que sa famille lui expédiait. Ils contenaient des produits de première nécessité : du beurre, du sel, du sucre et de la farine, du vin qui lui faisait « un bien fou », parfois des mandarines ou un bocal de cerises à l'eau-de-vie, des luxes bien modestes. Ses lettres détaillaient ses besoins, réclamaient du savon, du linge.

Le Livre de Loi relevait également le nombre de visites qu'elle avait reçues. Un calcul rapide : en moyenne, une par an! Sa mère n'était jamais venue la voir ; sa sœur n'était venue qu'une seule fois. Paul Claudel, lui, était venu une douzaine de fois à Montdevergues, seul ou en famille, accompagné d'un ou de plusieurs enfants : le journal qu'il a tenu pendant sa vie signalait ses passages annuels, à la faveur des vacances, par la mention du lieu ou du seul prénom de Camille, notés succinctement. Sur ce sujet de la maladie de sa sœur, le poète, si prolixe dans son œuvre, ne se montrait pas loquace. On était en droit de le trouver mutique. Permission exceptionnelle : la vieille amie anglaise de Camille, Jessie Lipscomb, avec laquelle elle avait fait ses débuts à l'atelier de la rue Notre-Dame-des-Champs, a pu lui rendre deux visites. Elles étaient espacées de cinq ans! Jessie avait travaillé quelque temps près de Camille dans l'atelier de Rodin. C'est son mari, William Elborne, qui avait pris la photographie, devenue célèbre, de la petite vieille au manteau rapiécé, au chapeau informe, qui sourit tristement, assise les bras croisés sur une chaise. La seule image qui demeure de Camille à l'asile.

Une petite vieille, elle qui avait été si belle! Paul Valéry note quelque part dans ses *Cahiers*, en rentrant d'un dîner chez les Lerolle, qu'elle avait des bras superbes, nus jusqu'à l'épaule dans sa robe du soir — il en avait été ému. D'autres admirateurs avaient apprécié sa haute et pleine silhouette, sa bouche ourlée et sensuelle, ainsi que son magnifique regard violet. À l'asile, elle ne se ressemblait plus.

Sa transformation était stupéfiante. Non seulement pour l'aspect extérieur, le corps, l'allure. Mais pour la personnalité. Camille avait été une femme extraordinairement vivante et très gaie, douée d'une volonté, d'un dynamisme, qui se jouaient des obstacles. Enfant, déjà indomptable et têtue, elle n'écoutait que ses penchants. Elle a su très tôt qu'elle serait une artiste.

Presque chaque jour, elle allait ramasser la terre bien grasse de sa Champagne natale, Champagne pouilleuse, qui ne connaît pas la vigne, dans la forêt proche de son village. Elle la rapportait dans une brouette, pleine à ras bord, qu'elle poussait avec son petit frère Paul jusqu'à la maison de Villeneuve, face à l'église et au cimetière. Elle a aimé la terre, d'un amour inconditionnel, violent. Plus tard, elle avait su tailler la pierre — Rodin avait admiré son talent de la taille, parmi les meilleurs, à l'égal de ses autres praticiens, Bourdelle ou Pompon. Jusqu'à ce jour fatal de mars 1913, où on l'a embarquée de force pour Ville-Évrard, Camille Claudel n'est jamais restée un seul jour de sa vie sans sculpter. Même à la fin, dans son antre du quai de Bourbon, peuplé de chats et de cauchemars, quand elle détruisait ses sculptures pour purger ses colères et que son atelier était parsemé de débris de plâtre et de marbre, « comme des tessons de bouteille », selon un dernier visiteur, elle continuait à créer. Mais c'est qu'elle était encore libre. À Montdevergues, où les médecins recommandaient d'occuper les malades à des occupations sans danger, on lui donnait de la terre — des sacs entiers de terre. Elle n'y a jamais touché. Elle restait les bras croisés, ou bien allait se promener.

C'est le docteur Broquère qui avait longtemps présidé au destin de Camille, à Montdevergues. Je relisais les diagnostics, les commentaires. Les mêmes qu'à Ville-Évrard. La santé mentale de Camille semblait s'améliorer : dans les années vingt, le docteur avait écrit à Mme Claudel mère pour lui conseiller de reprendre sa fille à la maison ! Une lettre de celle-ci, également archivée, indiquait son refus absolu et horrifié devant cette éventualité. Elle tenait à ce que Camille demeure à Montdevergues, et ne voulait pas entendre parler de la reprendre fût-ce pour de courtes vacances. « Je n'aurais aucune autorité sur elle et devrais souffrir tout ce qui lui plairait. Jamais je ne consentirai à cet arrangement... Gardez-la, je vous en supplie... Elle a tous les vices. Je ne veux pas la revoir. Elle nous a fait trop de mal... »

Le Livre de Loi notait les maladies, les traitements — pour Camille, il n'y en avait pas. Elle avait une nature solide, comme tous les Claudel. Mais les années passant, elle souffrait de troubles digestifs, d'angines, de bronchites à répétition.

L'hygiène de l'hôpital prescrivait des bains hebdomadaires — on les prenait dans un bâtiment annexe, une fois par semaine. Camille réclamait d'en prendre plus souvent, l'eau lui faisait du bien. On ne sait pas si elle a eu gain de cause. Les infirmières étaient pour la plupart des religieuses de Saint-Charles. Ou bien des paysannes de la Lozère ou de l'Ariège.

Dans l'asile, le bruit était constant. Les cris, les plaintes, les rengaines des malades retentissaient en permanence, le jour comme la nuit. C'est ce bruit qui a été le principal tourment de Camille, au long de ces trente années. Pire que le froid, la faim, la promiscuité, elle ne pouvait pas supporter cet orchestre de voix désaccordées. Les chambres n'étaient pas chauffées. Jusqu'en 1933, date à laquelle fut installé le chauffage central, donc pendant vingt ans, la seule source de chaleur se trouvait dans la salle commune où un « maigre feu », selon Camille, brûlait pendant le jour. Mais à l'étage, dans sa chambre où les infirmières et les surveillantes pénétraient sans frapper, elle grelottait, l'hiver. Et l'hiver est rude en Avignon. Une femme était morte de froid, une nuit, dans la chambre voisine. « Rien ne peut donner l'idée des froids de Montdevergues. Et ça dure, sept mois, au grand complet. Tu n'imagines pas ce que je souffre. » Elle se plaint à sa mère, son écriture est déformée ce jour-là, elle dit qu'elle a les doigts engourdis et bleuis.

Description réaliste et sordide, conforme à la réalité historique de l'établissement. L'archiviste m'emmena au musée, baptisé Les Arcades. Du matériel de l'ancien temps, ayant appartenu à l'hôpital, y était exposé, au milieu de photographies en noir et blanc, qui reconstituaient le décor. Une camisole de force, avec des lanières de cuir, dans une vitrine. Une trousse de médecin et des instruments de chirurgien. Un vieux lit en fer. Des casseroles, des couverts d'antan. Des crucifix. Une baignoire en cuivre, encrassée par le passage des innombrables corps. Une pomme de douche — on donnait des douches froides aux malades agités. C'était une visite touristique chez les damnés de la terre. Mais tout était ripoliné, rangé, avec le souci de montrer que le passé était révolu, que plus rien ne serait aussi mauvais qu'avant.

Je regagnai la bibliothèque avec soulagement. En rouvrant le mince dossier qui résumait trente ans d'une vie, mon guide me fit remarquer une dizaine d'enveloppes qui avaient l'air de s'y être égarées. Dûment timbrées et envoyées à la bonne adresse, à l'intention de Camille, aucune n'était décachetée. Et pour cause : on ne les lui avait jamais remises! Les lettres de ces expéditeurs inconnus n'avaient pas été lues.

Je ne sais si quelqu'un, depuis, a osé commettre le sacrilège de les ouvrir... Mme Claudel mère avait formellement interdit toute correspondance à sa fille. Trois personnes seulement y étaient autorisées : la mère, le frère, la sœur. Camille ne pouvait recevoir de lettres et en envoyer que dans les strictes limites de ce clan resserré, qui excluait toute personne étrangère — non seulement les amis, mais les cousins et les autres parents. L'enfermement de Camille était radical. À la fin, ce ne serait plus que son frère Paul avec lequel elle pourrait échanger des nouvelles — Mme Claudel puis Louise, sa jeune sœur, devaient mourir avant Camille.

Une Camille cloîtrée comme une nonne. On ne lui avait pas seulement interdit la correspondance. On l'avait aussi privée de sorties. Elle ne devait avoir aucun contact avec le monde extérieur. En trente ans, elle n'a été autorisée qu'une seule fois à se rendre à Avignon, accompagnée de la sœur Sainte-Hildefonse, pour aller « se faire arranger les dents ».

La particularité de l'hôpital psychiatrique de Montdevergues était de posséder une UMD : une unité pour les malades difficiles, « présentant un danger pour eux-mêmes ou pour autrui ». Ils étaient et doivent toujours être enfermés à double tour dans un bâtiment séparé, entouré d'une douve et dûment surveillé, qui faisait paraître presque accueillants les autres pavillons. En marchant dans le parc, je croisai des silhouettes hésitantes, des visages hagards.

J'étais pressée de repartir, comme devaient l'être les visiteurs de ces malades en longs séjours, profondément changés, que leurs plus proches parents en arrivaient à ne pas reconnaître. Camille n'avait jamais été une malade difficile. Juste une pensionnaire un peu rebelle, qui n'aimait pas être commandée et dont le caractère avait gardé sa part de feu, et même son humour intact, un humour décapant, ce qui était d'autant plus remarquable au milieu du capharnaüm de la maison commune. Comment a-t-elle tenu toutes ces années, seule et sans aucun soutien moral, sans perdre la raison, pour de bon ? Il lui a fallu une force inouïe, une vitalité physique et morale hors du commun, pour résister à cette épreuve. Dans son *Journal*, à la date qui précède l'une de ses visites à sa sœur, Paul Claudel, auquel sa maladie inspire un sentiment d'horreur, écrit ces deux mots, qui excluent tout autre commentaire : « Fou. Aliéné. »

La page en est incendiée.

Pour Camille, le diagnostic des médecins avait été implacable : « démence paranoïde », « délire prolongé de persécution ».

En l'absence des neuroleptiques, le premier d'entre eux, le Largactil, datant de 1952, la seule réponse connue à la plupart des névroses était l'enfermement. Une thérapie qui a toujours cours aujourd'hui — les séjours en hôpital alternent dans la plupart des cas avec des retours au foyer, à une vie normale. J'ose à peine écrire ce mot, la notion de normalité étant la plus floue qui soit. Est-il besoin de citer Michel Foucault et sa fameuse préface à *Folie et déraison* ?

La folie de Camille se portait sur un nom : Rodin. L'homme aimé, elle le désignait comme son bourreau. Son tortionnaire. À ses yeux, c'était lui qui menait le complot universel dirigé contre elle. À la tête des juifs, des francs-maçons, des protestants, et autres ennemis acharnés à lui nuire, long et obsédant cortège qu'elle surnommait « la bande à Rodin », c'est lui, leur chef, cette « crapule », cette « canaille », qu'elle voyait : le Priapatriarche, l'homme au nez de groin. Surnoms choisis par Paul Claudel. Du sculpteur génial, que Camille avait admiré, il n'était plus question. Elle dénonçait ses manœuvres pour exploiter son travail, tirer parti de son imagination et de son savoir-faire. Elle était persuadée qu'il la jalousait, d'une jalousie de créateur. Elle lui en voulait à mort. Quant à l'amant sensuel dont elle rêvait d'être l'amour unique, il l'avait abandonnée — l'abandon, elle ne pouvait pas le lui pardonner.

Paul Claudel lui donnerait raison : « Elle avait tout misé sur Rodin, elle perdit tout avec lui. » L'une des plus célèbres sculptures de Camille, aujourd'hui au musée d'Orsay, *L'Âge mûr*, représente presque trait pour trait Rodin nu et déjà très vieux, entraîné vers la mort par une vieille femme aux seins pendants, inspirée par Rose Beuret — la vieille maîtresse du sculpteur, qu'elle tenait pour sa principale rivale et que Rodin finirait par épouser. Derrière l'homme, tendant les mains vers lui en signe de supplication, Camille s'est sculptée elle-même, merveilleusement jeune, à genoux et nue. Ce bronze, détaché du groupe, on le nomme *L'Implorante*. C'est la figure même de l'abandon. Nul mieux que son frère Paul n'en a saisi le sens.

« Cette jeune fille nue, c'est ma sœur. Ma sœur Camille. Implorante, humiliée, à genoux et nue! Tout est fini! C'est ça pour toujours qu'elle nous a laissé à regarder. Et savez-vous? ce qui s'arrache à elle, en ce moment même, sous vos yeux, c'est son âme! C'est tout à la fois l'âme, le génie, la raison, la beauté, la vie, le nom lui-même. »

Il détestait Rodin. Il l'a toujours tenu pour responsable du malheur de sa sœur.

Cette *Implorante*, elle avait fait une apparition chez moi, apportée par un commissaire-priseur, qui préparait un catalogue de vente et amenait avec lui une équipe de télévision. J'étais chargée de délivrer un commentaire. Ils avaient installé la sculpture sur une petite table de l'entrée et débarrassé la pièce des meubles superflus. Ce n'est pas une grande statue, *L'Implorante*, dans cette version détachée de *L'Âge mûr*. Elle est même petite, moins de cinquante centimètres, selon des critères objectifs. Mais elle occupait l'espace et attirait la lumière. J'ai ressenti le vide, quand elle est repartie. Le journaliste, les techniciens, l'expert lui-même sont restés silencieux pendant un bon moment. Nous regardions tous *L'Implorante* et personne ne pouvait parler!

« L'œuvre de ma sœur, ce qui lui donne son intérêt unique, c'est que tout entière, elle est l'histoire de sa vie. »

« Ma sœur, c'est une âme passionnée qui s'exprime. »

Les historiens d'art ont souvent reproché à Camille Claudel de « faire du Rodin », comme si le fait d'avoir travaillé pour lui pouvait conduire sa main, déterminer son style. Ils ne le reprochent d'ailleurs pas aux autres praticiens du maître — Bourdelle et Pompon —, mais ce sont des hommes et ils échappent à cette critique injuste, des plus stéréotypées. Camille Claudel a son propre style, aucune de ses sculptures ne ressemble à « du » Rodin. Lui est puissant, tellurique, et chacune de ses œuvres — même celles où Camille a collaboré — a quelque chose de massif, de terrien. Paul Claudel le dit mieux que moi : « Quelle différence avec la main légère, aérienne, de ma sœur, avec ce goût toujours un peu enivré, cette présence perpétuelle de l'esprit, ces complexes ou buissons madréporiques, profondément pénétrés par l'air et tous les jeux de la lumière intérieure. »

Il y a toujours dans ses œuvres, comme chez Berthe Morisot, un inachèvement, une attente, quelque chose qui reste en suspens. Plus tourmenté cependant, plus angoissant, avec ces regards perdus de la plupart de ses statues. Même son enfant de pierre, *La Petite Châtelaine*, a ce regard inquiet qui semble chercher quelqu'un. Mais ce qui frappe le plus dans les sculptures de Camille Claudel, ce qui les rend uniques, c'est la lumière dont parle Paul Claudel, cette lumière qui en irradie. Terres ou bronzes, et que ces bronzes soient plus ou moins grisés ou à nuances de rouge n'y change rien, ont un éclat particulier qu'on apprend vite à reconnaître. Curieusement, la dernière œuvre de Camille (ou supposée telle, car tout s'est mêlé dans le dernier désordre de l'atelier), échappée à ses coups de marteau destructeurs, *La Niobide blessée*, a failli passer pour perdue. C'est Anne Rivière qui l'a retrouvée, couverte de fientes de pigeons et de mouettes, sur le port de

Toulon : un bronze blanc, couleur de calcaire, mais qui n'avait pas perdu le charme tendre et soyeux, par lequel Anne Rivière l'a authentifié.

L'art de Camille Claudel, c'est devenu sa rédemption. Si cette femme, qui a mené pendant trente ans une vie de damnée, a échappé à l'effacement et à l'oubli, ce n'est pas seulement à sa légende maudite qu'elle le doit, mais à son talent, qui était immense et qui attire désormais dans les musées des foules émerveillées. Paul Claudel à nouveau : « Une œuvre de Camille Claudel dans le milieu de l'appartement est, par sa seule forme, de même que ces roches curieuses que collectionnent les Chinois, une espèce de monument de la pensée intérieure, la touffe d'un thème proposé à tous les rêves. »

Je n'avais pas du tout l'intention, au départ, d'écrire une biographie de Camille Claudel. D'autres l'avaient écrite avant moi, je ne pensais pas avoir quoi que ce soit à rajouter à ces récits romanesques, à ces portraits émouvants, à ces études de spécialistes de la sculpture du XIXᵉ siècle. J'aimais Camille, mais tout le monde l'aimait : la réhabilitation était déjà en cours. Ce que je voulais plutôt tenter, c'était une biographie croisée. Et même entrecroisée ou entrelacée. Une biographie intimement liée du frère et de la sœur.

Dans le film de Bruno Nuytten, le frère est une ombre, sans consistance, qui prend de l'autorité au dénouement pour faire enfermer sa sœur. Ce drame familial, comme il peut en survenir dans bien des familles, m'intéressait plus encore que l'histoire d'amour de Camille et de Rodin.

Il me semblait que c'était un nœud important, cette fraternité soudée depuis l'enfance, harmonieuse longtemps, et puis un jour déchirée. « Camille et Paul » : comment une famille, aux racines vosgiennes et champenoises, dont l'ascendance comptait jusque-là des paysans, des artisans, des curés, un médecin et des fonctionnaires, pouvait-elle engendrer tout à coup, à la même génération, deux artistes de si haute volée, aussi démesurés et géniaux l'un que l'autre ? Camille était l'aînée, Paul son cadet de quatre ans.

Au cours de mon travail et plus encore à la sortie en librairie de mon livre, j'allais découvrir, avec étonnement, que si tout le monde aimait Camille, beaucoup de gens détestaient Paul !

Et que plus on aimait Camille, moins on aimait Paul !

Pour une raison très simple : c'est lui qui aux yeux du public portait la responsabilité de l'enfermement de sa sœur. Lui qu'on accusait de ne pas lui avoir rendu visite assez souvent à Montdevergues, où il l'avait laissée croupir, alors qu'il menait la belle vie des diplomates de carrière, entre Tokyo, Washington et Rio de Janeiro. Une belle vie pailletée de surcroît de succès au théâtre. Vers la fin de leur existence, tout semblait les opposer : elle, vouée au dénuement, à la solitude, à l'oubli. Une petite vieille, dans un manteau de mendiante, avec son misérable chapeau cloche. Lui, célèbre, bien nourri, bien logé, entouré d'une famille nombreuse et de non moins nombreux amis, tous notables ou célébrités. L'écart entre eux, je le reconnais, était caricatural. Comme une lampe attire à elle tout ce qui vole la nuit dans ses parages, Paul Claudel s'attirait immédiatement les foudres des défenseurs de Camille : il avait été « au-dessous de tout », comme me diraient souvent les lectrices de mon livre *Camille et Paul.*

La mort de Camille avait porté un coup fatal à sa réputation de grand poète chrétien. En plein triomphe du *Soulier de satin*, joué pour la première fois à la Comédie-Française, non seulement elle était morte toute seule, à Montdevergues, sans personne de sa famille pour lui tenir la main. Mais elle était morte de faim ! Sur le Livre de Loi, le docteur avait signalé un « ictus apoplectique », qu'on peut traduire, je crois, par hémorragie cérébrale. Ce mot savant cachait une réalité sordide : la malnutrition des malades placés dans les asiles. Pendant la guerre, la pénurie alimentaire était sévère ; les hôpitaux, et tout particulièrement les hôpitaux psychiatriques, furent les premiers à souffrir. Paul Claudel ne l'ignorait pas : il y eut huit cents morts sur les deux mille pensionnaires de Montdevergues, à la date de la mort de Camille (1943). Le directeur lui avait avoué ces chiffres.

Enfin, dernière flèche, que l'opinion publique ne manquait pas de planter dans le cœur de ce saint Sébastien, Camille avait eu un enterrement de pauvresse : mise en terre dans une tombe anonyme, portant un simple numéro, puis transférée dans la fosse commune et versée dans l'ossuaire, elle n'avait eu aucune plaque à son nom, pendant longtemps, au cimetière de Montfavet. Mémoire effacée.

Il avait fallu attendre une génération pour qu'une stèle y apparaisse, puis une autre à son souvenir au cimetière de Villeneuve-sur-Fère, où sont enterrés presque tous les siens.

Paul Claudel, lui, est à part, enterré selon sa volonté dans le parc de son château de Brangues, en Isère, aux côtés d'un petit-fils tendrement aimé. Il avait rédigé sa propre épitaphe : « Ici reposent les cendres et la semence de Paul Claudel. »

« Mon petit Paul » : les derniers mots de Camille, rapportés par une religieuse de Montdevergues, avaient été pour lui.

Sainte Camille ? Et Paul, en centurion romain ? La vie n'est jamais si simple. Les souffrances sont partagées. Paul Claudel : « Il n'y a pas d'épargnés. Chacun reçoit la croix, la croix qu'il lui faut, taillée sur mesure. »

J'allais devoir me faire un chemin parmi les préjugés — principe élémentaire pour un biographe.

Le mistral continuait de souffler sur Montdevergues. Il ne se calmerait pas avant trois, six ou neuf jours, selon le rituel impair, immuable, que lui attribuent les Provençaux. L'archiviste m'avait raccompagnée vers la barrière du CHM. Il cherchait une phrase pour une plaque commémorative. À Paris, quai de Bourbon, à l'emplacement du vieil atelier, on avait gravé dans la pierre, sous le nom de Camille, un extrait d'une de ses lettres à Rodin : « Il y a toujours quelque chose d'absent qui me tourmente. »

Mais que trouver pour son asile ? Rappeler l'un de ses rêves les plus chers qui avait toujours été de retrouver la maison des siens en Tardenois, le chaud foyer de Villeneuve, où elle aurait aimé finir ses jours en famille, près de la cheminée? Le vent soufflait fort dans son enfance, elle se souvenait qu'il hurlait comme un loup et faisait grincer la girouette rouillée sur le toit du presbytère. Vers la fin, Camille n'était plus que nostalgie.

Dans le bus, de retour vers Avignon, honteusement soulagée de fuir l'hôpital psychiatrique, une phrase m'est revenue :

« Délivrance aux âmes captives ! »

Les derniers mots du *Soulier de satin*. Quelle autre inscription aurait mérité d'être gravée dans la pierre, au mémorial de Montdevergues ? À la première du *Soulier de satin*, à la Comédie-Française, Camille venait de mourir. Personne ne le savait, hormis Paul Claudel, assis au premier rang des spectateurs. Ces derniers mots, il les avait écrits au Japon, bien des années auparavant, au moment d'un tremblement de terre. Pensait-il à sa sœur, sa sœur captive ? Éprouvait-il, comme il l'a dit, « l'amer, amer regret de l'avoir abandonnée » ? Les gens l'ont vu pleurer tout au long de la pièce et s'en sont étonnés. Les larmes du poète ont même parfois gêné : il ne s'en est jamais expliqué.

13

Les promesses amoureuses non tenues

L'uchronie, qui consiste à réécrire l'Histoire à partir d'une modification d'un de ses éléments, dont le plus connu demeure le nez de Cléopâtre, est une affaire de romanciers. Mais c'est aussi une tentation de biographe : j'ai souvent rêvé devant les hasards d'une destinée. Une rencontre inattendue, une occasion inopinée, et voilà que la vie bascule, échappant aux pronostics des plus fins limiers, aux déductions logiques des plus astucieux analystes.

La liste est inépuisable dans les biographies de scénarios qui étaient attendus, auraient dû selon toute vraisemblance se produire, mais n'ont finalement pas abouti. C'est là que le biographe doit faire appel à son code d'honneur : car la tentation est grande en effet d'inventer ce qui n'a pas été. Par exemple, la supposée liaison de Berthe Morisot avec Édouard Manet..., dont on ne possède aucun élément mais que l'on aimerait tant déduire des onze portraits de Berthe peints dans le secret des ateliers du peintre. Ou la vie conjugale imaginaire, pailletée de poésie et de folie, de Marie de Heredia, si elle avait dit oui à la demande en mariage de Pierre Louÿs et non à Henri de Régnier, au lieu du contraire, sauvant, qui sait?, du naufrage le poète du *Pervigilium mortis*? Jusqu'à Clara Goldschmidt qui, si elle avait suivi les conseils de sa mère, aurait dû refuser d'épouser André Malraux, ce jeune homme affligé de tics inquiétants, sans diplôme, sans métier et, selon tous les augures, sans le moindre avenir... Il y a des décisions, des choix, dont l'impact n'est pas aussitôt visible, mais qui changent radicalement le cours d'une destinée.

La biographie permet de mesurer la part de volonté ou d'ambition dans une vie humaine, mais aussi celle, non moins vaste, de l'hésitation, du doute, de l'élan ou du renoncement, devant les opportunités qui se présentent. Il y a des orientations réussies ou manquées, des desseins propices ou contrariés, des voies qui s'ouvrent ou se ferment, sans qu'on sache trop comment ni pourquoi. J'ai toujours été fascinée par les forces de la nuit : ce qui est mystérieux dans une existence, ce qui est en dehors des champs du raisonnement, de la logique. Parmi les personnages que j'ai pu aborder, aucun n'échappe à ces lois obscures, aucun n'a pu s'en affranchir. Ni même Paul Valéry, le plus organisé, volontariste et lucide des hommes, le mieux armé pour résister aux pièges de l'irrationnel. Il succombe à la fatalité d'une rencontre imprévue et en est le premier surpris. Quand il fait la connaissance de Jeanne Voilier, il est emporté, dévasté par la passion et ne peut qu'en constater les effets : le cœur plus fort que l'intelligence !

Élan coupé dans son envol pour André Maurois, quand au retour d'un voyage en Amérique du Sud, il abandonne l'idée d'être heureux et renoue avec la mélancolie d'une vie d'écrivain des plus sérieuses et routinières. Derrière lui, il laisse le beau corps de Maria, la jeune et voluptueuse Péruvienne des *Roses de septembre*, rencontrée à Lima et qu'il a eu le désir de garder à ses côtés pour le reste de ses jours. Il l'a écrit : il aurait pu divorcer pour l'épouser. Mais l'épouse légitime veillait et a ramené à la raison le mari volage. Maurois renonce à Maria, comme à un rêve fugitif et coupable, et accepte une vieillesse à l'abri des embrasements du cœur. L'adieu à Maria est une dimension tragique de son histoire, pourtant si lisse et sereine en apparence : le renoncement au bonheur.

Parmi ces divers scénarios imaginaires, dont le déroulement parallèle peut donner le vertige, un surtout me laisse des regrets : c'est une rencontre qui a réellement eu lieu mais comme une occasion manquée, l'esquisse d'une aventure qui n'a pas été. J'ai vraiment failli écrire, telle une belle uchronie, ce chapitre dont je me sentais frustrée : l'histoire d'amour de Camille Claudel et de Claude Debussy.

À trente ans, à la date de cette rencontre, Camille était d'une beauté sauvage, sans aucune affectation de coquetterie. Grande, avec un corps sculptural, des yeux d'un bleu profond, une sensualité d'allure et de mouvements, elle n'était pas d'un abord facile. Trop franche, trop souvent ironique, avec un humour propre à déstabiliser, sinon à agacer son interlocuteur, elle détonnait dans les salons mondains, presque autant que son frère Paul. Fiers et peu portés à la tolérance, incapables de surcroît de feindre la moindre hypocrisie, cet ingrédient de la vie sociale, tous deux portaient gravés dans leurs personnalités arrogantes le sceau des Claudel : mélange d'orgueil et de brutalité qui les mettait à part. Aucune réserve, aucune douceur dans le comportement de Camille, qui se déplaçait telle la reine d'une tribu barbare, au milieu des bourgeoises raffinées, à l'élégance codifiée, auxquelles le monde parisien est habitué. Célibataire, connue pour sa liaison avec un sculpteur célèbre autant pour son art que pour sa réputation d'ogre, dévoreur de femmes, elle assumait son statut hors normes : artiste avant tout, libre et artiste, il y avait chez elle du panache. Une qualité assez rare chez une femme pour qu'on ne la remarque pas aussitôt, soit pour la lui reprocher — sa mère n'a jamais cessé de vouloir lui faire baisser les yeux —, soit pour la trouver fascinante — ce fut le cas d'un bon nombre de visiteurs, clients potentiels ou journalistes, quelques amis de son frère aussi, comme Léon Daudet ou Marcel Schwob, tombés sous son charme à son atelier. Debussy a compté, dès leur première rencontre, parmi ses admirateurs.

Avec « son front de chien indochinois », d'après Léon Daudet qui lui trouve un regard de feu et « une voix légèrement enchifrenée », le musicien n'était pas particulièrement beau mais le devenait dès qu'il interprétait cette musique si sensuelle et légère qu'elle a donné à Diaghilev l'envie de la mettre en scène et à Nijinski celle de la danser. « La musique semblait intoxiquer Debussy, écrit Colette. Son visage de chèvre-pied, ambré, ses mèches torses où l'œil cherchait sa feuille et le pampre trépidaient d'un délire intérieur. »

On ne sait si Camille et Debussy se sont connus chez Mallarmé, dans le salon de la rue de Rome, où la parole du maître répandait des oracles, incompréhensibles au commun des mortels. Ou chez le peintre Henry Lerolle, avenue Duquesne, dans son hôtel particulier à l'atmosphère bon enfant, proche de l'église Saint-François-Xavier qui venait tout juste d'être construite. Dans les deux cas, Camille avait accompagné Paul, hôte assidu de ces deux cénacles. Le premier, entièrement voué à la poésie. Le second, à la peinture et à la musique. Paul Claudel avait lui-même été amené là, à ces deux adresses, par des amis écrivains, forcément mallarméens, attirés par ces mondes antinomiques, le premier, rue de Rome, mystérieux et solennel, le second, avenue Duquesne, plein du rire des jeunes filles de la maison et des sonorités du piano qui s'envolaient vers les plafonds, peints d'anges et de fleurs par Maurice Denis. Debussy, grand ami de Lerolle, y était pour ainsi dire chez lui. Après dîner, il se mettait volontiers au piano, pour des concerts improvisés.

Camille n'aimait pas la musique. Elle le disait sans se gêner : elle n'avait pas d'oreille. La musique l'ennuyait, elle la trouvait « embêtante » et lui préférait le silence. Ou le bruit du burin sur la pierre, le son familier, enivrant, des coups de marteau sur les blocs de marbre, d'où sortiraient les visages d'une Niobide, de Méduse ou de Psyché. Debussy a tout de suite échappé à cette allergie. Il a été l'exception, parmi les musiciens de tous pays et de tous temps, de Bach à Vincent d'Indy, qui ennuyaient Camille. Elle a aimé la musique de Debussy. Et l'homme qui la composait ne l'a pas laissée indifférente.

Robert Godet, journaliste politique au *Temps*, ami du compositeur, raconte un de ces moments où Camille s'est laissé par exception apprivoiser. Alors que toute soirée musicale représentait pour elle une épreuve, elle ne montrait aucun signe d'agacement et semblait pour une fois absorbée par ce qu'elle entendait. Selon Godet, quand Debussy cessa de jouer et qu'il se frottait les mains, devenues glacées tout à coup, elle l'aurait pris par le bras et conduit près de la cheminée, en lui disant : « Sans commentaires, monsieur Debussy ! » — sa manière à elle, laconique et brutale, de lui exprimer son admiration. Ni l'un ni l'autre n'étaient de grands bavards.

De son côté, on l'apprend encore par Godet, Debussy était amoureux de *La Petite Châtelaine* et en avait acquis un exemplaire. Il aimait aussi beaucoup *Clotho*, l'âpre figure de la vieillarde, aux traits creusés de rides profondes, méchantes, mais où, contre toute attente, la main de Camille a mis sa touche de tendresse. Mais la sculpture que le musicien préférait et qu'il a achetée elle aussi, c'est *La Valse* — on l'aurait deviné : ce couple de danseurs lascivement enlacés, emportés par le mouvement de la musique. Sans doute a-t-il pu s'étonner que Camille, prétendument étrangère à son art, ait pu saisir l'union si parfaitement musicale du couple et en traduire la mélodie avec ses pleines mains de sculptrice. Cette *Valse* de Camille, Debussy l'avait placée sur son piano. Elle y est restée jusqu'à sa mort. Quand il levait les yeux de son clavier, c'est elle qu'il voyait.

J'ai très souvent croisé Debussy au cours des biographies que j'écrivais. Il entre et sort de mes livres comme un ami de la famille, au même titre et presque à la même fréquence que Pierre Louÿs ou Paul Valéry, qui en sont les hôtes les plus assidus. Je l'ai rencontré dans *Les Yeux noirs*, jouant à l'harmonica les premières notes de *L'Après-Midi d'un faune*, le poème le plus obscur de la littérature française après *La Jeune Parque* (selon Thibaudet) : chez Louÿs, devant un public d'amis poètes et de jolies filles brunes déshabillées. Quand Louÿs a finalement épousé Louise de Heredia, Debussy a composé la marche nuptiale, mais à la demande du marié, une marche « à caractère pompeux, lascif et jaculatoire » ! C'était une manière insolente et joyeuse de l'approcher, loin des salles de concert et des commentaires des critiques musicaux. À l'époque, ses compositions choquaient, la plupart des gens ricanaient en entendant des rythmes qu'on trouve aujourd'hui d'une merveilleuse fluidité et qui paraissaient « bizarres, incompréhensibles, inexécutables », selon les critères du temps. Ses détracteurs lui reprochaient même ses silences — des silences auxquels Debussy tenait autant qu'aux notes et qui font partie de sa musique. « Avec toi, c'est tout le temps le bruit du vent dans les feuilles », lui disait Pierre Louÿs.

J'ai ensuite retrouvé Debussy chez Henry Lerolle, au moment d'écrire la vie des deux filles du peintre, Yvonne et Christine Lerolle. Alors qu'il n'est qu'un comparse dans *Les Yeux noirs*, une silhouette lumineuse et attachante, mais fugitive, il prend part à l'histoire dans *Deux sœurs*, il en est même un des acteurs. Et c'est Camille qui passe au second plan, invitée à son tour dans le récit comme il le serait, lui, dans le sien. Le chapitre de *Deux sœurs*, intitulé « Le piano du scandale », est tout entier pour lui. Ce piano du scandale n'est pas le Mustel de la garçon-nière de Louÿs, sur lequel Debussy a interprété tant de ses chefs-d'œuvre à l'état d'ébauches, mais le Pleyel noir de la famille Lerolle, avenue Duquesne : il y a joué *Pelléas et Mélisande* au fur et à mesure qu'il l'écrivait. Et un soir, il a donné en avant-première *La Mort de Pelléas*, devant un auditoire médusé : le maître de maison, son épouse et ses filles, mais aussi ses invités réguliers, Mallarmé, Louÿs, Gide et Valéry, Régnier, dont Debussy s'est inspiré pour quelques *Nocturnes* et des *Scènes au crépuscule*, sans oublier Ernest Chausson, l'oncle des deux jeunes filles : le com-positeur, ayant épousé une sœur de Mme Lerolle, était au premier rang des auditeurs. Lié d'amitié à Chausson, qui a beaucoup encouragé le musicien avant de se brouiller avec lui pour une regrettable histoire de moralité (il trouvait inconvenant que Debussy quitte une maîtresse pour une autre...), Debussy l'était plus encore à Lerolle, son plus proche et plus fidèle soutien. Lerolle avait beau exercer le métier de peintre, il avait eu le choix dans sa jeunesse d'entamer une carrière de violoniste et gardait la nostal-gie de cette profession. Demeuré amateur, mais amateur éclairé, doté, lui, d'une excellente oreille, la musique était au cœur de sa vie, et chez lui le piano faisait entendre des mélodies tout au long des jours. Quand la famille quittait l'avenue Duquesne et partait en vacances, elle louait des maisons avec pianos — il y en a eu jusqu'à cinq dans l'une d'elles ! C'est que Chausson venait aussi, avec son épouse et ses enfants — tous mélomanes bien sûr. Lerolle, qui ne se déplaçait jamais sans ses pinceaux et ses boîtes de couleurs, son chevalet et le pliant sur lequel il s'installait pour peindre en extérieur, emportait partout son violon — le compagnon de toute sa vie.

Avec Debussy, Lerolle a entretenu une de ces amitiés qui n'existent qu'entre artistes, et qu'importe que les arts, ou les instruments de l'art soient différents : cette amitié irremplaçable a eu la plus grande influence sur le compositeur de *Pelléas et Mélisande*. Debussy a demandé l'avis de Lerolle à chaque étape de la composition. Il lui a donné à entendre tous les morceaux, s'est même impatienté quand Lerolle ne pouvait pas venir assez vite chez lui pour écouter ses brouillons sublimes ou quand il s'absentait de Paris : « Que vous êtes ennuyeux de n'être plus là ! » Il lui reprochait de partir en vacances, de l'abandonner aux affres de la création. Il avait besoin de cet aîné qui communiait dans sa musique, a peut-être orienté ses choix de tonalités et a entendu, le premier, ses fameux silences enchantés.

Lerolle, peintre sage, si peu révolutionnaire, qui peignait des fresques pour décorer des églises ou des bâtiments officiels de la ville de Paris, a tout de suite compris et aimé l'art profondément novateur de Debussy. De même qu'il avait su aimer des peintres à l'opposé de son talent, de ses teintes douces, presque effacées, qui le faisaient surnommer (par Willy, le mari de Colette) « le peintre au café au lait ». Cet artiste discret était l'ami des impressionnistes, peignait volontiers aux côtés de Berthe Morisot, qu'il adorait — ils ont travaillé sur les mêmes motifs en Normandie, notamment sur la plage des Vaches-Noires, entre Villers et Houlgate. Mais il ne se contentait pas d'être leur ami, il soutenait leurs expositions et collectionnait leurs œuvres. Et c'est devant des tableaux de Degas, le peintre préféré de Lerolle, que Debussy jouait sur le Pleyel familial.

Savoir Lerolle également lié à Paul Claudel et à sa sœur, et ouvrant sa porte à Debussy, me ravissait : les personnages s'accordaient d'un livre à l'autre, mais tous les arts aussi, grâce à lui, dans une commune mélodie. Littérature, musique, sculpture, peinture : il y avait autour de lui une grande diversité de créations et une exceptionnelle ouverture à la nouveauté, à la fantaisie, aux rêves les plus fous de chacun. Cet univers de Lerolle, j'en ai gardé le parfum nostalgique, celui d'un monde qui a totalement disparu. J'en ai aussi retenu le message, exprimé par un homme généreux et modeste, qui avait la plus haute idée de l'art : « Je préfère la peinture de mes amis à la mienne. »

Il avait chez lui plusieurs sculptures de Camille, dont un *Torse de femme debout* et une *Jeune fille au chignon*, qui furent vendus lors de sa succession. On peut apercevoir l'une d'elles sur une photographie de la famille prise par un photographe de génie, Edgar Degas, en contrefond d'un portrait de Lerolle et de ses filles.

Les deux sœurs Lerolle, Yvonne et Christine, ont joué du piano dans ce même décor, souvent à quatre mains, à tour de rôle avec Debussy. Il préférait Yvonne, l'aînée, la plus musicienne des deux sœurs, celle dont Maurice Denis a fait un portrait en bleu et en trois dimensions, *Yvonne Lerolle en trois aspects*, qui est une des plus belles et récentes acquisitions du musée d'Orsay. Yvonne aurait sans doute entrepris une jolie carrière de pianiste si elle n'avait été bridée par le sort et jetée à vingt ans, par la faute de Degas, dans les bras d'un mari impossible. Debussy l'appelait sa Mélisande parce qu'il lui trouvait une ressemblance avec la princesse lointaine du conte. Il aimait s'asseoir au piano à côté d'elle, laisser ses doigts courir auprès des siens sur les touches, à la même vitesse, avec la même souplesse, la même fluidité. Il lui a dédié les mélancoliques *Jardins sous la pluie* et offert le manuscrit de trois *Images* pour piano. Il a copié à son intention, sur un éventail de papier décoré par lui de feuillages et d'oiseaux, deux fragments de *Pelléas*. Et il le lui a offert avec une dédicace, « à la petite sœur de Mélisande ».

Au fond, il aurait pu l'épouser, elle aussi. À l'époque, il vivait avec « Gaby aux yeux verts », Gaby Dupont, une maîtresse rencontrée au café Weber, autour d'une chope de bière. Blonde et bien faite, pas une sainte quoique née à Lisieux, elle n'était pas reçue chez Chausson, ni chez Lerolle qui, pourtant, pour être allé souvent chez Debussy, rue de Londres, la connaissait. L'idée n'est jamais venue au jeune compositeur de pouvoir la montrer dans le monde. Comme la Zo de Pierre Louÿs, elle était vouée aux coulisses. Les amis, les relations, à l'exception des jeunes filles qu'on gardait à l'écart des rumeurs, savaient qu'elle existait. Debussy la laisserait tomber pour les beaux yeux d'autres séductrices, Rosalie Texier ou Emma Bardac. Sa vie sentimentale n'a pas été de tout repos. Dans les années où il a pu croiser Camille ici ou là — les années Gaby —, il s'était embarqué dans une affaire abracadabrante avec une amie des deux sœurs, musicienne elle aussi, élève de Fauré et fille d'un grand ami de Lerolle — Thérèse Roger. À la recherche de la jeune fille idéale, lui qui n'a associé sa vie qu'à des femmes mûres, d'un milieu populaire, il s'est souvent fourvoyé dans ce type de complications. Comme Yvonne Lerolle, Thérèse Roger était une de ces vierges adorables dont l'autre grand ami de la maison, Maurice Denis, a fait l'ornement de sa peinture.

Mais Camille ? Deux ans de moins que lui. Un signe astrologique de feu — Sagittaire. Un tempérament passionné, des dons artistiques exceptionnels. Debussy aurait formé avec Camille un duo de choc. Mais il y avait Rodin, l'unique, l'irremplaçable — le seul homme de la vie de Camille. Un Rodin exécré par son frère Paul, mais aussi par Debussy qui voyait en lui « un romantique faisandé ».

Quel lien a été le leur ? Jusqu'où se sont-ils admirés, estimés réciproquement ? Comme le couple aussi mystérieux qu'aléatoire formé par Berthe Morisot et Manet, ce lien — s'il a existé — est resté secret. Aucune lettre d'amour, ni aucun témoignage ne l'atteste. On apprend que les deux artistes se sont retrouvés à Bruxelles, en 1894, pour participer au Salon de la Libre Esthétique, salon qui réunissait peintres, sculpteurs, écrivains et musiciens. Mais on ne sait rien de plus. Malgré mes efforts, je n'ai pu obtenir aucune matière biographique pour étoffer le récit de leurs relations. Le journal que Paul Claudel commence à tenir, à peu près à la date à laquelle sa sœur fréquente Debussy, est désespérément vide à leur sujet. Rien non plus dans les Mémoires des contemporains. Rien, pour justifier le chapitre que j'avais tellement envie d'écrire et que j'ai été tentée d'inventer. Mais détourner le cours de la biographie vers le roman aurait été pour moi un péché capital. Je me le suis toujours interdit.

Que se serait-il passé si au lieu de se laisser mourir à petit feu à cause de Rodin, Camille s'était accordé ne serait-ce qu'une aventure avec Debussy? Est-ce qu'elle n'y aurait pas gagné un regain de vie, avec un peu de bonheur? Ou ne pouvait-elle être sauvée? N'y avait-il vraiment aucune issue, aucune échappatoire à sa malédiction?

Seule, une mystérieuse lettre de Debussy entretient mon rêve. Adressée au fidèle Robert Godet, le compositeur se plaint d'endurer les conséquences d'une liaison malheureuse et le fait en des termes empruntés au royaume végétal dont il est familier : « J'ai laissé beaucoup de moi accroché à ces ronces... » Il ne révèle pas le nom de la femme qui l'a fait souffrir — grâce à quoi tous ses biographes ont élaboré les scénarios les plus divers. J'aurais voulu écrire le nom de Camille, à la place du « elle », l'énigmatique pronom personnel qui désigne cette anonyme : « Ah! Je l'aimais vraiment bien et avec d'autant plus d'ardeur triste que je sentais par des signes évidents que jamais elle ne ferait certains pas qui engagent toute une âme et qu'elle gardait inviolable à des enquêtes sur la solidité de son cœur. »

L'échange n'a pas eu lieu. Debussy n'a pas remplacé Rodin. Et Camille est restée seule, à trente-cinq ans, avec son chagrin. Ces mots de Debussy, à la fin de sa lettre à Godet, sont aussi les miens, ceux d'une biographe contrariée dans ses élans : « Malgré tout, je pleure sur la disparition du rêve de ce rêve. »

14

Les âmes errantes

Je me serais volontiers attardée auprès de personnages impromptus, croisés au hasard des chapitres. Ils piquaient ma curiosité et me donnaient envie de prendre des vacances, tant le personnage principal devient exigeant, tyrannique, au fil des pages, et menace de vous dévorer. Je pourrais citer le général Édouard Corniglion-Molinier, par exemple, l'aviateur, héros des deux guerres, une haute figure d'aventurier. Ami de Romain Gary mais aussi de Malraux, qui est parti en expédition au Yémen avec lui, à la recherche de la reine de Saba.

J'aurais pu aussi m'intéresser davantage à Marcel Prévost, le romancier des *Demi-Vierges* : il avait des vues sur les sœurs Heredia. Ou à Maurice Magre, l'écrivain occitan, auteur du *Livre des lotus entr'ouverts* : il a initié Clara Malraux à l'opium. Je n'ai fait qu'effleurer ces personnalités, pourtant séduisantes ou excitantes. Pourquoi n'ont-ils pas pris plus de substance ?

Madeleine Charnaux, l'une des premières aviatrices françaises, détentrice d'un record d'altitude féminine, aurait mérité une biographie : épouse de Pierre Frondaie, avant Jeanne Voilier, elle avait eu une vocation de sculptrice et avait été l'élève de Bourdelle. De même que Moura Boudberg, baronne à demi espionne, maîtresse de Gorki et de H. G. Wells, qui a aidé Romain Gary à se faire une place parmi le tout-Londres intellectuel de l'après-guerre. Il est vrai que Nina Berberova a écrit un si beau livre sur elle. Je me suis détournée de ces belles figures. D'autres que moi ont écrit leur histoire.

Et Mme Bulteau, « Toche » pour ses intimes, « Foemina » de son nom de plume : elle prêtait son palais Dario, à Venise, aux membres du Club des Longues moustaches... On le disait maudit et portant malheur. Je ne me suis pas attardée.

Loin de leur consacrer quelques pages, je me suis contentée d'offrir à peine un paragraphe ou deux à ces hommes, à ces femmes, qui avaient eu eux aussi des destins dignes d'attirer les projecteurs. Parfois rien qu'une ligne ou deux, ou encore moins, une simple mention indiquant une piste que je n'ai pas suivie. J'aurais craint d'égarer le lecteur ou de me perdre moi-même dans le dédale des aventures ou des portraits annexes. Mais c'est surtout que je les aimais comme tels, ces personnages, des silhouettes légères, imprécises, qui ne faisaient que passer. En contrepoint du héros ou de l'héroïne, ils captaient des fragments de lumière puis s'en retournaient vers la nuit, laissant derrière eux une poussière de poésie, d'humour et une agréable sensation d'inachèvement. Ces rôles d'arrière-plan, parfois de simples figurants, des « fantoches » comme on dit au théâtre, je les aurais regrettés s'ils n'avaient pas été là. Apparition, disparition : ils avaient beau ne pas servir l'histoire, elle aurait eu moins de charme sans eux.

J'en suis même venue, par goût des récréations, à m'intéresser à Auguste Perret, le spécialiste du béton armé, avant de renoncer à le suivre! Il a reconstruit la ville du Havre, détruite en 1944 lors du débarquement allié. Mais il a auparavant été l'architecte du théâtre des Champs-Élysées, et dans ce théâtre, parmi une ronde de personnages peints au plafond par Maurice Denis, on peut distinguer les deux sœurs Lerolle. Grâce à Perret, j'y retrouvais aussi Bourdelle, le sculpteur ami de Rodin et de Camille Claudel : il a sculpté les bas-reliefs. Et même Debussy, puisque *La Mer* fut la symphonie choisie pour l'inauguration de la grande salle, un soir d'avril 1913.

Parmi ces voyageurs rencontrés en chemin, que je trouve et retrouve avec une surprenante régularité d'un livre à l'autre, l'un surtout m'a marquée, bien que je ne l'aie cité, et succinctement, qu'une seule fois. Son rôle était à peine un rôle, peut-être moins qu'un rôle : je l'ai laissé dans la pénombre, non sans quelque remords. Et maintenant il se rappelle à moi. C'est un personnage singulier. Peintre renommé à la Belle Époque, son nom ne dit plus rien à la plupart des gens. Armand Point, c'est de lui qu'il s'agit, ne me disait rien non plus quand il a surgi à l'improviste dans la biographie que j'écrivais sur les Claudel frère et sœur.

Comment suis-je tombée sur lui? J'étais en train de raconter les premières années de Paul Claudel en Chine, où le Quai d'Orsay l'avait envoyé, tout juste diplômé, vers 1900. Consul à Fou-Tchéou : Claudel s'est tout de suite plu dans cette province sudiste, malgré la chaleur étouffante et l'éloignement de toutes les voies de communication. Il écrivait beaucoup au consulat, pas seulement des rapports au Quai que ses supérieurs jugeaient trop lyriques, mais des poèmes inspirés par la beauté du site. Il travaillait torse nu, un bandeau autour de la tête pour empêcher la sueur de couler sur le papier. La journée finie, il allait se promener seul jusqu'au cimetière. Un cuisinier, devenu son ami, lui préparait un dîner frugal. Quand il soufflait les bougies, il approchait son lit de la fenêtre pour ne rien manquer du spectacle et, au lieu de dormir, il regardait la nuit étoilée. Austère et inspirante première année chinoise. Les suivantes furent bien différentes : il n'était plus aussi seul. Lors de la seconde traversée des mers sur l'*Ernest-Simmons*, il avait rencontré Rosalie Vetch, qui voyageait avec son mari et leurs quatre jeunes enfants. Une famille en apparence unie, mais trop romanesque pour le demeurer. Francis Vetch était un affairiste, ravi de pouvoir compter sur l'influence locale du jeune consul pour développer son commerce. Et Rosalie, une femme légère, qui aimait s'amuser. Tombé amoureux d'elle, par un de ces coups de foudre qu'il décrit si bien dans son théâtre, Paul Claudel a proposé d'héberger le couple et sa progéniture à Fou-Tchéou. Puis le mari est parti pour des mois, sillonner la Chine à la recherche de la fortune, et « Rosie » est restée, devenant la maîtresse de maison en titre, en même temps que la maîtresse tout court du jeune et naïf consul français.

Le Quai, qui veillait alors à la parfaite moralité de ses diplomates, s'est ému des rumeurs qui lui parvenaient et diligenta un inspecteur. C'était une jeune recrue, propulsée dans la Carrière par son auguste père, Marcellin Berthelot, alors ministre des Affaires étrangères, et ce fut sa première mission en Extrême-Orient, dont il deviendrait un fin connaisseur : Philippe Berthelot. Son élégance, sa nonchalance, sa captivante douceur me changeaient des tempéraments exclusifs et passionnés des Claudel, toujours à batailler, à enrager, et qui entretenaient avec la vie des relations incendiaires. Berthelot, c'était le charme des compromis et des alliances, toute une science de la sagesse, héritée des siècles les plus civilisés. Jointe à tout cela, une morgue d'aristocrate, qui n'acceptait pas qu'on limite sa liberté. Sa culture éblouissait ses amis. Il récitait par cœur des œuvres entières, principalement des poèmes ou des tragédies classiques, quelquefois faisait semblant d'en avoir oublié un mot. Colette le surnommait le Seigneur Chat.

Philippe Berthelot n'arrivait pas seul à Fou-Tchéou. Il avait emmené avec lui sa maîtresse, Hélène Linder — compagne aussi illicite que pouvait l'être Rosalie, aux côtés de Paul Claudel. L'inspecteur n'était pas plus en règle, ni plus soucieux de l'être, que l'inspecté. Or, et j'en arrive enfin à Armand Point, cette maîtresse de Berthelot avait été au préalable celle du peintre. Au moment du départ, les deux hommes qui étaient amis avaient échangé leurs femmes. Celle de Berthelot était restée avec Point. Et celle de Point, Hélène, était partie avec Berthelot. Comment résister à un tel scénario? Comment ne pas avoir envie d'en savoir davantage?

Point, né à Alger, avait eu un succès rapide dans sa jeunesse avec des tableaux d'inspiration orientaliste : des portraits de tisserands ou de paysans arabes, de mousmés et de zouaves, mais aussi des scènes de harem, des femmes nues au bord de bassins de mosaïques bleues. Arrivé en France, il avait découvert Fontainebleau, sa forêt, ses villages, ses peintres de Barbizon. Il s'était plu au bord du Loing. Il avait acheté une propriété à Bourron-Marlotte, baptisée Haute-Claire — du nom de l'épée d'Olivier, le compagnon de Roland à Roncevaux. Il en avait fait un phalanstère d'artistes. Peintres mais aussi émailleurs, enlumineurs, orfèvres (Point était lui-même tout cela à la fois) y vivaient en communauté, à l'année ou aux vacances, avec des poètes et des musiciens, attirés par le foisonnement des arts et l'accueil chaleureux de leur hôte. Ils y faisaient à leur tour venir leurs amis parisiens et leurs petites amies, tous adeptes de la vie libre et du grand air. Il y avait au manoir (d'ailleurs plutôt une ferme) des chambres et des ateliers, un dortoir et une bibliothèque, un réfectoire et surtout un jardin merveilleux où tout ce petit monde se retrouvait le soir pour de longues palabres enfumées. Haute-Claire, c'était une abbaye de Thélème, à la fois un monastère et une cour d'amour. Philippe Berthelot y a souvent séjourné, croisant Stéphane Mallarmé, venu en voisin depuis Valvins, Oscar Wilde sorti de prison, le peintre Odilon Redon, mais aussi Pierre Louÿs ou l'amie de Rilke, Lou Andreas-Salomé.

Hélène Linder était la muse d'Armand Point et la reine de Haute-Claire. Le couple qu'elle formait avec le peintre durerait près de huit ou dix ans. Elle l'avait accompagné en Italie : un voyage capital dans la formation artistique de Point. Devenue son principal modèle et son inspiratrice, elle vivait librement dans ce cénacle. Avec son long et fin visage aux yeux turquoise, son corps élancé et harmonieux, elle incarnait ce que Point peignait avec une constante ferveur depuis son retour d'Italie : les grâces à la Botticelli. Sa blondeur, son teint de rose, son nez d'un dessin parfait à concurrencer celui de Cléopâtre correspondaient à cet idéal. Il l'a peinte dans des tenues Renaissance, voilée de blanc, en sirène montée sur un triton, en dame à la licorne ou en Primavera. Poses artificielles, stéréotypées jusqu'au kitsch — symbolisme oblige —, où sa grâce, son sourire réussissaient à apporter la vie. Car cette muse au physique virginal était une femme des plus femmes, s'il faut en croire le regard sensuel et amoureux de Point.

On peut aller voir aujourd'hui les tableaux de Point à Toulouse, au musée des Augustins, au Walters Art Museum de Baltimore (États-Unis), ou encore — ce fut mon cas — au musée des Beaux-Arts de Nancy, dont un fils de Julie Manet fut longtemps directeur. C'est probablement lui qui a fait entrer les toiles de Point dans la collection lorraine. *La Joie des choses* y voisine avec *L'Automne* de Manet : le portrait d'une autre inspiratrice, amie de Mallarmé qui lui écrivait des mots doux, et de Manet qui a aimé la peindre — Méry Laurent. Dans son manteau aux couleurs d'automne, elle m'avait détournée de Point à ma première visite au musée.

Armand Point était amoureux d'Hélène Linder, mais il l'était de beaucoup d'autres femmes. Séducteur à la Manet, il se montrait d'une égale constance dans le flirt et l'infidélité. Quand Berthelot a amené à Haute-Claire la belle Helga Obsfelder, sa maîtresse danoise, une artiste elle aussi, Point l'a immédiatement convoitée. Comme Berthelot était tombé sous le charme d'Hélène Linder, aucune difficulté ne semble s'être présentée. Les deux femmes ont consenti à l'échange. Et c'est ainsi que Berthelot est parti pour la Chine avec la maîtresse de Point, laissant Helga à Haute-Claire.

Au consulat de Fou-Tchéou, l'atmosphère n'était pas plus compassée que sur les bords du Loing. Le nouveau quatuor s'accordait parfaitement, dans la poésie, le culte de la Chine et les plaisirs de l'existence. À un dîner, Hélène Linder fut servie nue, sur un plat en argent, comme un succulent rôti. Portée par les domestiques et déposée au centre de la table, pour la plus grande joie des autres convives. Mon père, auquel je racontais la scène : « Toute la question est là : qui a planté le premier sa fourchette dans la cuisse de la nymphe ? »

Et Armand Point ? Je pensais l'avoir laissé dans sa propriété de Bourron-Marlotte, d'où il n'avait plus aucune raison de sortir : les dés étaient jetés, concernant Berthelot. Je savais qu'il épouserait Hélène Linder, assez tard, et qu'elle suivrait sa carrière à ses côtés. Elle serait une épouse parfaite pour le futur ambassadeur, qui deviendrait secrétaire général du Quai d'Orsay, un des plus hauts postes de son administration. Claudel serait témoin à leur mariage. Je savais aussi que les Berthelot n'eurent pas d'enfants.

L'amitié de Philippe Berthelot et de Paul Claudel avait duré au-delà du séjour en Chine, le Seigneur Chat orientant et protégeant la carrière du poète, tout au long de ses années dans la diplomatie. Claudel devrait en grande partie à son influence des postes qu'il exerça d'ailleurs brillamment, à Washington, à Tokyo, à Rio. En 1913, quand Camille fut conduite à l'asile de Ville-Évrard, un conseil de famille fut institué. À la demande de Paul, Philippe Berthelot de même qu'Henry Lerolle en ont fait partie. C'est Berthelot qui a eu la charge de trier les sculptures dans l'atelier du quai Bourbon, après le départ de Camille, pour tenter de sauver ce qui pouvait l'être parmi les décombres. *L'Âge mûr* était du lot, de même qu'une *Femme accroupie*, où Paul a vu « l'instinct de l'animal qui a peur et se recourbe sur soi-même, pour échapper à la prise ». L'image même de Camille, le repli, la peur, au moment de sa séquestration.

Les œuvres recueillies par Berthelot resteraient chez lui jusqu'à sa mort, survenue en 1934. Elles sont ensuite revenues, par testament, dans la maison du frère.

C'est alors que le nom de Point, que je n'attendais plus, a de nouveau surgi et de la manière la plus inattendue, alors que j'approchais de la fin de l'histoire. Une des filles de Paul Claudel, Reine, s'était éprise d'un bel officier de marine et espérait l'épouser. Les fiançailles étaient déjà proclamées. Ce bel officier, dont le peintre Alexandre Iacovleff a laissé un portrait magnifique — front immense, regard fiévreux et orgueilleux —, s'appelait Victor Point! Et, pour l'état civil, il était le fils d'Armand Point.

Né de l'union du peintre avec Helga Obsfelder, quelques mois après le départ de Philippe Berthelot pour la Chine, tout le monde croyait savoir, et la fiche militaire de Victor Point en faisait état, qu'il était le fils naturel de Berthelot. La biographie n'en finissait pas de tisser des liens.

Sorti deuxième de sa promotion de l'École navale, il avait accompli plusieurs missions en Chine et s'était notamment illustré à la barre de l'une des fameuses canonnières du Yang-Tsé-Kiang, dans la guerre civile qui opposait les nationalistes de Tchang Kaï-chek aux communistes de Mao Tsé-toung. C'est tout naturellement que Victor Point allait participer à la Croisière jaune, cette expédition imaginée par André Citroën, sur l'ancienne route de la soie : de Beyrouth à Pékin, trente mille kilomètres à travers le Turkestan, le Xinjiang et le désert de Gobi. Citroën, conquis par les vertus militaires de Point, lui avait confié la direction du groupe Chine. Le lieutenant de vaisseau avait ainsi pendant plus d'un an tracé des itinéraires et veillé à l'organisation et à l'intendance de cette Croisière automobile, de Tianjin à Pékin. Sa connaissance de l'Extrême-Orient autant que son courage lui avaient valu la réputation méritée d'un héros des temps modernes. Reine Claudel était très amoureuse. Mais Victor Point — au grand dam de Philippe Berthelot qui souhaitait un beau mariage pour le jeune homme — préféra rompre leurs fiançailles.

Il avait une liaison avec une actrice, d'origine roumaine, Alice Cocéa, et vivait les affres d'une passion tourmentée et jalouse. Alice Cocéa était mariée, en instance de divorce avec un comte de La Rochefoucauld, et elle était aussi très courtisée. Victor Point ne devait pas être son seul amant : à sa mort, deux lettres d'amour adressées à Alice, signées d'un autre que Point, et qu'il avait découvertes, furent retrouvées dans la poche de son gilet. Un été, alors qu'Alice Cocéa passait un mois de vacances sur son yacht, le *Blue Crest*, ancré à Agay, près de Saint-Raphaël, Victor Point vint l'y rejoindre. Une violente dispute les mit aux prises sur le pont. Victor Point sauta dans un youyou, s'éloigna rapidement de quelques mètres à la rame, brandit un revolver, puis, interpellant Alice Cocéa, se tira une balle dans la bouche. Il avait trente ans.

Armand Point était mort à Naples, quelques mois auparavant, lors d'un long voyage en Italie, son pays de prédilection. Selon la déposition d'Alice Cocéa à la police, son fils en avait été très affecté. À l'enterrement de Victor Point à Saint-Raphaël, les Berthelot, accourus en train express de Paris, furent au premier rang du cortège qui suivit le cercueil jusqu'au cimetière.

L'histoire ne s'arrêtait pas là. Reine Claudel, une fois consolée de la rupture de ses fiançailles avec Point, avait épousé le diplomate Jacques-Camille Paris : un brillant sujet lui aussi. De l'envergure d'un Berthelot et suivant ses pas en Chine, puisqu'il avait été jeune attaché d'ambassade à Pékin, ce gendre de Claudel romprait sa carrière au moment de Vichy pour rallier la France libre. L'un des plus jeunes ministres du Quai d'Orsay — je le retrouverai grâce à Romain Gary — qui fut en poste auprès de lui à Sofia, à ses débuts dans la diplomatie.

Quant à Reine-Marie Paris, la plus grande collection-neuse mondiale des œuvres de Camille Claudel, sa grand-tante, elle est la fille de ce personnage, l'un de ceux qui lient et relient entre eux, sans en avoir l'air et sans jamais prendre leur place, les héros disparates de mes récits divers.

15

Les moustaches du génie

J'étais à St Petersburg, sur le golfe du Mexique : une petite ville de Floride, que les Américains surnomment St Pete. Mon fils y a fait ses études, dans une université toute proche. Venue visiter le Dalí Museum, je me trouvais en total décalage avec l'univers familier de l'artiste catalan — les vallées, les rivages de la Méditerranée, Figueres et Gérone, ses fiefs, proches du mas de mes grands-parents, l'Espagne enfin, l'Espagne séculaire avec son histoire et ses légendes, son parfum d'ancien monde que rien ne rappelait ici, sinon les palmiers, les bougainvillées et la chaleur. Les repères manquaient. Tout autour, le tourisme à grande échelle de ce port de plaisance marquait d'une empreinte arrogante l'ensemble du paysage : j'avais traversé des golfs aux greens manucurés, des autoroutes à la mesure des rutilantes limousines qui n'étonnaient personne que moi, et passé en revue, tout au long de la route, des palaces cinq étoiles, dont le Don Cesar, avec sa façade couleur de flamant rose et son parc planté de buis, comme à Versailles. Le chauffeur du taxi avait évité une banlieue sordide qui, par un contraste familier à l'Amérique, jouxtait cette villégiature de milliardaires, et m'avait conseillé de ne pas la traverser au retour. Le musée de St Petersburg, bien différent de celui de l'Ermitage, se trouvait dans une zone indécise, entre extrême pauvreté et extrême richesse. Et à l'emplacement du campus universitaire, qui ouvrait sur la mer et la multitude de voiles blanches qui la peuplaient.

Dalí avait aimé l'Amérique. Il s'y était réfugié au moment de la guerre civile, y avait prolongé son exil pendant les huit années qui avaient suivi le déclenchement de la Seconde Guerre mondiale et y avait séjourné tous les hivers depuis lors, de Noël à Pâques. À New York, il avait sa suite attitrée au St Regis — comme à Paris, au Meurice qui l'accueillait d'octobre à Noël. Mais il avait fréquenté aussi la Californie, à Carmel où il avait des amis. Dalí avait eu beaucoup d'amis américains. Des artistes, parmi lesquels Andy Warhol. Des figures de la haute société newyorkaise, telle Caresse Crosby, qui l'invitait à Hampton Manor, sa propriété en Virginie. Des journalistes de presse ou de télévision. Des directeurs de galeries ou de musées. Des créatures entre rêve et réalité. Et d'innombrables mécènes, dont il a peint des portraits à la Goya, pas vraiment flatteurs. Le collectionneur Chester Dale s'est ainsi vu affubler de la même tête que son inséparable et affreux caniche. On peut compter au premier rang des amateurs, fous de sa peinture, le couple qui a fondé le musée de St Pete : Reynolds et Eleanor Morse. Les Morse, qui avaient fait fortune dans l'industrie, étaient d'authentiques amateurs d'art, capables de s'enflammer, sans initiation préalable, pour un peintre à l'originalité déconcertante et qu'ils découvraient. Le choc s'est produit pour eux au musée de Cleveland, la ville où ils résidaient dans l'Ohio : mari et femme y ont éprouvé un coup de foudre artistique pour Salvador Dalí. L'exposition était organisée par le prestigieux MoMA de New York qui a exposé Dalí dès son arrivée aux États-Unis et, bien que ce n'y fût pas sa première *exhibition*, car des galeristes s'étaient intéressés à lui dès les années trente, elle avait déclenché un engouement « phénoménal » (langage dalinien). Engouement aussitôt relayé par d'innombrables et lucratives apparitions publicitaires du peintre : pour les fourrures Gunther, les montres Gruen, les voitures Ford ou le chewing-gum Wrigley. Puis, par des décorations de vitrines pour les grands magasins de luxe, tel Bonwit-Teller, devant lequel les gens s'attroupaient, attirés par les mannequins de cire beige couverts d'insectes, les girafes en feu ou les gueules de rhinocéros surmontées de papillons, univers fantasmagorique et extravagant. Reynolds et Eleanor Morse, tombés amoureux de la peinture de Dalí, avaient tissé des liens d'amitié avec le peintre mais aussi avec son épouse. Les deux couples passaient rituellement quelques jours ensemble, tous les ans, à Cadaqués, où Reynolds et Eleanor pouvaient choisir des toiles toutes fraîches à l'atelier, parfois les voyaient s'achever sous les pinceaux du peintre. Mais c'est en Amérique que les Morse avaient acheté leur premier Dalí, en 1943 : *Daddy Longlegs of the Evening-Hope!*

Cette immense toile figurait au musée que je visitais,

sous son titre en anglais de même que tous les autres, parmi les deux mille et quelques toiles de leur collection. Car les Morse achetaient compulsivement du Dalí — d'ailleurs de l'excellent Dalí —, au point qu'ils eurent l'idée de créer un musée au nom et à la gloire de leur idole. L'Ohio ne se montrant pas intéressé, la municipalité de St Pete, où les Morse avaient l'habitude de venir chercher du soleil et des parcours de golf, accepta de financer le bâtiment. Il était assez banal quand je l'ai visité, d'architecture carrée et blanche, sans grand caractère. Mais il s'est enrichi depuis de deux coupoles géodésiques qui s'éclairent la nuit, dans le goût dalinien, ainsi que de fondations mirobolantes pour résister aux tempêtes et aux ouragans qui ravagent régulièrement la Floride, à la fin de l'été. Du temps des Morse et jusqu'en l'an 2010, il fallait transporter les tableaux pour les mettre à l'abri dans des zones à moindres risques, en cas d'alerte. Dalí aurait sûrement apprécié ce projet : la plus grande collection privée de ses tableaux au monde était conçue pour résister aux colères conjointes du ciel et de la mer.

Il y avait, il y a toujours, à St Pete, des œuvres mythiques du peintre : *La Découverte de l'Amérique par Christophe Colomb*, où la tête du Christ peint sur l'une des voiles du navire est celle de Gala ; *Le Toréador hallucinogène*, déclinaison paranoïa-critique, selon la formule du peintre, sur la Vénus de Milo, l'Apocalypse et la mort de Manolete, avec Gala en médaillon, en haut à gauche de la toile ; ou le fameux *Galacidalacidesoxiribonucleicacid*, dont j'espère ne pas écorcher le nom, une des pièces maîtresses de la collection — le nom obsessionnel de Gala combiné avec celui de l'acide désoxyribonucléique (en français), cher à Crick et Watson, les deux scientifiques qui ont découvert l'ADN. Avec Dalí, les fantasmagories ont toujours un lien avec la vérité transcendantale — un mot que j'apprenais à connaître, parmi le vocabulaire propre à ce génie et inséparable de son univers.

Mais c'est devant un autre portrait de Gala que je m'arrêtai : une petite toile ocre et jaune, aux couleurs du soleil et de la terre. Gala, à trente-cinq ans, en shorts, bras nus, jambes et pieds nus. On distingue mal son visage. C'est l'été à Cadaqués : une silhouette solide et bien plantée se détache sur un feuillage rouge d'oliviers incandescents. Il y a aussi à St Pete une très ancienne tête de Gala, datant des années trente comme la précédente : peinte sur un panneau de bois d'une dizaine de centimètres de côté, une sorte de petite icône. Profil découpé, tendu vers le ciel, toujours dans la couleur ocre jaune, les lèvres serrées, les yeux grands ouverts, Gala regarde vers un ciel d'azur. Et ce sont des feuilles d'olivier, là encore, qui parent sa chevelure, comme un faisceau de serpents. L'ocre jaune, c'est la couleur de Gala. Un jaune de Naples, que Dalí patine jusqu'à l'or vif, en le nuançant des divers degrés de la terre de Sienne. D'où ce caractère « géologique » (autre mot du lexique), sur les innombrables tableaux qu'elle a inspirés à Dalí : marbre ou fossile, terre séchée ou pépite d'or, elle a partie liée avec les éléments. Terre et feu : il y a en elle une force brutale, tellurique, qui a fasciné Dalí et m'a toujours fait peur.

Gala, cette muse redoutable, j'ai eu envie de percer son mystère. Car elle a été l'une des femmes les plus mystérieuses de tous les temps. Fermée, murée, aussi indéchiffrable qu'un sphinx, elle ne s'est jamais confiée, n'a jamais rien raconté ni commenté. Elle a voué sa vie à des artistes — Paul Éluard, avant Dalí —, mais n'a jamais peint ni écrit, ni murmuré quelque confidence que ce soit sur leurs personnalités ou sur son histoire auprès d'eux. On ne sait rien de ce qu'elle a pensé des hommes de sa vie — sinon cette volonté sauvage, instinctive, d'associer son propre destin aux leurs. « Le secret de mes secrets est que je ne les dis pas. » Les lèvres closes, le visage empreint d'indifférence ou de dédain, elle résiste à tous ceux qui ont tenté de la décrypter, y compris parfois au peintre, obnubilé par elle, et qui lui appartient. « J'aime passionnément être dominé par Gala », affirme Dalí. Cet homme fragile, peureux, imaginatif en proie aux démons de l'inconscient et des rêves, qui chasse les fantômes en plein jour en moulinant sa canne de dandy, s'en est remis à elle pour toutes les décisions les plus simples de l'existence. Elle a été son épouse et amante, son infirmière, sa maman, sa sœur, son frère jumeau, sa « béquille » ainsi qu'il l'appelait, précisant que sans elle il ne pouvait même pas descendre un escalier.

Il n'a pas cherché à la rendre plus belle sur ses tableaux, où elle garde l'expression hostile qui lui est familière. Il l'a souvent enlaidie : avec des côtelettes d'agneau sur l'épaule, un homard au bout du nez, ou une grimace de gargouille. Il lui est arrivé de la parer de brocart, de la faire poser devant des miroirs, ou de l'imaginer sortant de l'eau telle une Vénus, aussi antipathique qu'aquatique. Mais quand il ne la change pas en madone ou en déesse ou en Christ, elle est telle que dans la vie de tous les jours : sans faste, sans maquillage, nature brute, primaire. Indomptée et indomptable de première classe.

J'ai aimé écrire sur cette séductrice si peu séduisante, qui n'aimait pas jouer de ses attraits. C'est rare chez une femme : Gala n'a aucune coquetterie, aucune affèterie ni aucun charme. Elle n'a que faire des hommages, elle veut être tranquille et qu'on lui fiche la paix. Je ne peux pas le dire autrement : elle est répulsive. Adore choquer, agacer, malmener — y compris son biographe. À un journaliste, qui voulait savoir quel était son fantasme à l'instant où il l'interrogeait : « J'ai envie de manger mon chat ! »

Ses réponses du tac au tac sont aussi brèves que violentes. Dalí, à leur premier baiser, sur un rocher brûlant de Cadaqués :

« Et maintenant, que voulez-vous que je vous fasse ?

— Je voudrais que vous me fassiez craquer comme une pastèque ! »

Les muses sont rarement aussi brutales. Je les vois allongées sur des méridiennes, à la façon alanguie de Mme Récamier ou d'une Olympia, grignotant des loukoums, des sucreries, et attendant sans rien faire le retour de l'homme aimé — leur beauté n'ayant d'égale que leur mièvrerie. Avec cette coquetterie, inhérente à la fonction, cette volonté maladive de plaire, qui en fait des femmes assujetties, de molles prisonnières de harems. Gala n'est pas sur ce modèle. C'est une muse tonique, sportive, indépendante, solide et sûre d'elle. Beaucoup plus forte et plus inquiétante que les hommes dont elle a été la compagne, au cours de sa longue vie. Dans le couple, c'est elle qui décide, oriente, choisit. Elle a les cartes en main et garde l'initiative.

Ce qu'elle a de plus muse en elle? C'est une inspiratrice. Plus que cela : une de ces « Mamantes » chères à Guy Dupré, elle aide l'artiste à exister. Elle est partie non négociable de leur art. Éluard a commencé d'écrire et trouvé un sens à sa vie près d'elle, au sanatorium de Davos où ils se sont rencontrés juste avant la Première Guerre, quand il n'avait pas vingt ans et s'appelait encore Eugène Grindel. Il a inventé son nom près d'elle, composé son premier recueil de poèmes en la contemplant. Son œuvre est nourrie de son amour. Gala est pour lui « la perfection de la femme, la perfection de l'amour ». Tout comme elle le serait pour Dalí par la suite, Gala l'a conduit à s'affirmer, à croire en ses dons. Elle a été son premier public, son admiratrice de la première heure. Mais en même temps sévère telle une institutrice, capable de punir, de gronder, elle le surveillait et le poussait à travailler, autant qu'elle l'encourageait.

Quant à Dalí, qui l'idolâtre — et pas seulement devant les caméras de télévision —, il en vient à associer son nom au sien dans la signature de ses tableaux : GalaDalí, tout accroché, ou GalaSalvadorDalí, ou SalvadorGalaDalí, c'est selon. Il a même inventé pour elle un alphabet : des hiéroglyphes qu'elle était seule à pouvoir comprendre, partageant avec lui le goût des énigmes et des symboles. Une fleur de lys, un G majuscule, un serpent, une couronne royale, des clefs... forment un rébus pour le néophyte qui voudrait y trouver une logique, une issue, un sens. J'en porterai un jour la reproduction inédite sur un ravissant sac à main en toile et cuir monogrammé, dessiné par Dalí pour un maroquinier célèbre, avec pour anse une chaîne de vélo dorée. « J'aime Gala plus que mon père, plus que ma mère, plus que moi-même, et même plus que l'argent », disait le peintre, plus épris que je ne croyais de sa redoutable muse.

Rien n'est cliché chez lui, c'est ce que je finirai par comprendre. Tout est vérité, mais vérité à la Dalí : avec des racines qui plongent dans la nuit la plus noire, la plus secrètement gardée.

Le premier qui m'a ouvert les yeux sur sa personnalité incomprise, c'est Michel Déon. Le romancier des *Poneys sauvages* et du *Taxi mauve*. Il connaissait bien Dalí, avait passé plusieurs étés à Cadaqués, chez lui, ce qui était un privilège rarement accordé, mais il l'avait aussi fréquenté à New York et à Paris. Ensemble, ils avaient réécrit son autobiographie, parue à New York pendant la guerre dans une version anglaise que Dalí n'aimait pas. Il faut dire, à la décharge du traducteur, que celui-ci, avant de pouvoir traduire le moindre mot en anglais, avait dû se livrer à un travail de chartiste : Dalí a toujours écrit dans une langue originale, mélange de catalan et de français, avec des mots qu'il invente, d'autres dont il détourne le sens. Orthographe plus qu'approximative. Absence de ponctuation. Mots enlacés les uns aux autres, comme des dessins d'enfant. Charabia surréaliste. Délirante prosopopée. Le pauvre traducteur a passé des mois à tenter de déchiffrer cet étrange manuscrit, digne des enlumineurs d'autrefois, aussi ésotérique et fascinant que ses pires caricatures dans un roman médiéval d'Umberto Eco. Dalí qui n'avait pas quarante ans considérait qu'il fallait, à l'encontre de tout le monde, écrire d'abord ses Mémoires pour mieux les vivre ensuite, enrichi par l'expérience. Et c'est ainsi qu'il s'était mis à la tâche, à Hampton Manor, chez Caresse Crosby. Sous l'œil de Gala bien sûr, qui triait les feuillets au fur et à mesure qu'il les couvrait de son écriture énorme et compliquée. Elle y a, paraît-il, apporté sa touche, mais au lieu de l'ordre espéré pour la compréhension, n'y a pu introduire qu'un désordre supplémentaire — un peu de russe en cyrillique ici ou là. Et c'est Caresse, devenue l'esclave du couple, qui tapait le texte à la machine, au prix d'un effort surhumain de débroussaillage et probablement sans en comprendre un mot.

Dix ans plus tard, Déon devait retraduire en français, censé être la langue originale, *La Vie secrète de Salvador Dalí*. Le livre parut à la Table ronde, dans les années cinquante, dédié à son inconditionnelle moitié : « à Gala-Gradiva, Celle qui avance ». La plume vive et musclée de Déon, que tous ses lecteurs reconnaissent, a désembourbé la prose, l'a tirée de la glu où elle s'empâtait. Son esprit clair, au laser, a ordonné les anecdotes, si souvent invraisemblables, et apporté de la lumière à un récit jusque-là parfaitement obscur. Ce fut une sorte de miracle : l'écrivain fut la béquille du peintre, son alter ego dans la narration. Déon m'a confié s'être plu dans ce rôle à jouer jusqu'à l'absurde la confusion des personnalités. Ce fut une prouesse du style, mais aussi un pacte d'amitié. Déon est un de ceux qui a le mieux connu et compris Dalí, tout simplement parce qu'il l'a sincèrement aimé. Il appréciait ses qualités humaines, qui ne tombent pourtant pas sous le sens quand on pense à lui : sans même parler de son intelligence, très au-dessus de la moyenne et souvent fulgurante selon Déon, c'étaient sa simplicité, sa gentillesse, qui séduisaient, sa gaieté spontanée, naturelle, et des dons d'enfance qui disparaissaient, ce que Déon regrettait, dès qu'il se mettait en scène pour les besoins du métier. Alors, il devenait le personnage créé de toutes pièces à des fins de « réclame » comme on disait alors : le peintre aux longues et minces moustaches (lissées à la cire Pinaud), le croqueur fou-fou-fou du chocolat Lanvin, et se lançait dans des déclarations frisant le ridicule, juste pour paraître celui qu'on croyait qu'il était.

Déon n'aimait pas Gala. Son type de femme, au moins dans ses romans, est beaucoup plus généreux, joyeux, et fait pour l'amour : une Irlandaise aux cheveux de feu, une petite Française au corps insolent ne pouvaient se comparer à cette sombre figure de Gala, hautaine et froide, qui ne lui disait rien qui vaille et ne lui donnait en tout cas « aucune envie d'étreinte » (j'ai retenu l'image). Il avait d'ailleurs remarqué que Dalí cessait de rire et se tenait bien sage, quand Gala survenait. Sans elle, la nuit, ils se parlaient devant la mer, prolongeant sur la plage des soirées entre hommes. Les lamparos scintillaient au loin et se confondaient avec les étoiles.

Dalí avait écrit un roman — que Déon n'a malheureusement pas traduit. *Hidden Faces* (*Visages cachés*, traduit trente ans plus tard en français) raconte l'histoire d'une héroïne perverse et sophistiquée, Solange de Cléda, dont je suis bien incapable aujourd'hui de résumer les aventures. Sauf que Dalí s'est servi de la trame romanesque pour présenter sa théorie érotico-philosophico-transcendantale, qui est un des piliers de sa vision du monde, le *clédalisme*. Il l'a lui-même résumée dans cette saisissante formule : « jouir sans toucher », avant de développer son point de vue, de manière plus subtile, en faisant l'éloge de l'œil, organe essentiel, source de toutes ses émotions et vecteur de son art, infiniment supérieur selon lui aux quatre autres instruments des sens, la bouche, le nez, l'oreille ou la peau. « L'orgasme n'est qu'un prétexte, l'essentiel est dans la jouissance des images », dit-il à Louis Pauwels.

Gala participe à cette érotisation de l'univers. La rencontre du peintre et de la muse, en 1929, à Cadaqués, mille fois racontée et devenue un mythe, est affaire d'œil. Dalí l'a dit et répété : ce fut entre eux un coup de foudre. L'amour au premier regard. Il lui a suffi de voir Gala pour savoir qu'elle était l'élue. L'Unique. La seule femme à laquelle il saurait faire l'amour.

Le poète Alain Bosquet : « Avec quelle femme célèbre aimeriez-vous passer la nuit ? »

Dalí : « Aucune! Je suis cent pour cent fidèle à Gala. »

Et d'ajouter : « Je jure que je n'ai jamais fait l'amour qu'avec Gala. »

À l'époque, Picasso déjà admirait Dalí. L'une de ses premières expositions à Barcelone avait marqué les esprits. Mais il n'était pas si connu, même en Espagne, qu'on puisse expliquer par le goût du lucre et de la célébrité le choix de Gala. Elle a été séduite par sa personnalité et, quoi qu'on ait pu en penser par la suite, elle a aimé Dalí. Il était très beau dans sa jeunesse, une silhouette élancée, aux muscles déliés, aux longues jambes de joueur de tennis (qu'il n'était pas) et ce visage d'ingénu, aux grands yeux perdus et interrogateurs. Il a éveillé en elle un instinct maternel, des pulsions protectrices. Si peu mère avec sa fille Cécile, née de son mariage avec Éluard, Gala a curieusement materné les deux hommes de sa vie. Éluard a mis très longtemps à se remettre de leur séparation, qui fut d'une brutalité inouïe. Venus en vacances au bord de la mer en famille, Cadaqués a été fatal au couple Éluard. Paul et la toute jeune Cécile, âgée de dix ans, sont retournés à Paris sans Gala, qui est restée avec son « petit Dalí » comme elle l'appelait parfois, et pour toute la vie. Quant à Dalí, après sa mort, il ne fut lui-même, sans elle, qu'un vieil orphelin, désorienté et rendu tout entier aux tourments de la paranoïa. « L'Ange de l'Équilibre » parti, il ne fut plus qu'un mort-vivant. À Gala, il a dédié non seulement son existence mais, au cœur de cette existence, le diamant brut de sa peinture. Même dans les musées, où tant de beauté l'entoure, Gala rayonne quand on l'aperçoit, dans sa lumière d'or, simple jeune fille en espadrilles parcourant les collines couvertes de garrigues de la côte catalane ou déesse de la mythologie, trônant sur l'univers et régentant le monde sidéral.

Dalí était hanté depuis l'enfance par la figure mythologique des jumeaux. Avant sa conception, ses parents avaient perdu un fils en bas âge, qui s'appelait déjà Salvador Dalí. Aussi quand il est né, quelques mois après ce décès, il a éprouvé le sentiment, aussi puissant que ravageur, d'avoir tué son frère — son sosie et homonyme, son double, son jumeau. Telle est l'explication de son obsession « fon-da-men-tale ». Gala l'a libéré de ce cauchemar. En remplaçant le sosie mort, elle lui a rendu la vie. Mieux encore, elle est devenue à son tour le double — la part gémellaire, indissociable, sans laquelle il était incapable de vivre. C'est pourquoi il voit en libératrice, en bienfaitrice, et en autre lui-même, cette femme que nous avons tendance à définir, à tort dans sa logique à lui, comme une castratrice. C'est pourquoi aussi il l'a peinte si souvent en Léda — la reine de Sparte que Zeus a séduite en se travestissant en cygne, lui donnant deux enfants, nés de ces amours monstrueuses : Castor et Pollux, les jumeaux de la mythologie. La Léda au cygne de Salvador Dalí, *Leda atomica*, resplendit dans la nef du musée de Figueres, en Catalogne — centre « cosmogonique » de ce haut lieu dalinien.

Érotisation, mais aussi sublimation. Gala est pour Dalí une créature quasi divine. À preuve le grain de beauté qu'elle porte sur le lobe de l'oreille gauche — tout comme Picasso qui avait exactement le même, lui aussi sur l'oreille gauche, et l'avait remarqué. « Je touchai les deux oreilles », dit Dalí qui, par exception, essaya ce jour-là du toucher, une main sur l'oreille de Gala et l'autre sur celle de Picasso. « Je sentis ce même relief. Immédiatement, j'éprouvai un tressaillement, je sus que je tenais la preuve glorieuse de la légitimité de mon amour. » Les Anciens, nourris de la science platonicienne des formes, voyaient dans certains nævi des points de repère de l'harmonie universelle. Selon Dalí, féru d'ésotérisme, le grain de beauté de Gala, signe d'une personnalité rare, investie d'une valeur sacrée, correspondrait à une intersection des lignes de la section dorée.

Soleil sans sourire, soleil atomique, implacable et souverain, je suis partie à sa rencontre, en retournant vers les étés de mon adolescence et la maison aux œufs sur le toit : la *casa Dalí*, comme on l'appelle là-bas. Avec ses deux œufs d'une blancheur immaculée sur les tuiles que le fétichiste Dalí a lui-même sculptés et qu'il aimait apercevoir de loin, se détachant sur l'herbe des collines ou à l'inverse sur le bleu méditerranéen : les œufs de Léda bien sûr, d'où sont nés Castor et Pollux. « Je ne suis chez moi qu'en ce lieu ; ailleurs je campe », disait le peintre.

C'est une ancienne baraque de pêcheur, à Port Lligat, dans une baie qui était alors complètement sauvage au nord de Cadaqués. Fermée par des îles qui justifient son nom (*lligat* veut dire lié, fermé, en catalan), on la rejoignait à l'époque par barque ou par un sentier de chèvres des plus rudimentaires. La vue y est rétrécie par les rochers de couleur vermeille, qui ne sont pas faciles à franchir et provoquent parfois des remous à contre-courant. Îlot de Cucurucuc, Cala Portaló, Racó des Moro : nous aimions venir nous y baigner et y pêcher des oursins, quand j'avais une quinzaine d'années, et j'y ai eu plus d'une fois les jambes entaillées par des morceaux de roches, les redoutables éclats du cap Creus que tous les marins redoutent.

Quand les Dalí ont emménagé à Port Lligat, dans les années trente, fuyant les ragots du village et la vindicte paternelle — le père de Dalí, furieux de le voir en couple avec une femme divorcée, l'avait chassé de chez lui —, la *casa* n'avait ni l'eau ni l'électricité. Les voisins étaient des pêcheurs qui travaillaient dur, souvent la nuit à la lumière des lamparos, les femmes reprisaient les filets et allaient vendre le poisson. Les gens de Port Lligat aimaient bien Gala, lui apportaient des sardines, de (vrais) œufs de leurs poules ou des patates de leurs misérables jardins. Elle vivait comme eux, allait puiser de l'eau au puits, cuisinait avec le peu qu'elle avait, lavait son linge et sa vaisselle à la main, et passait la serpillière sur les planches de l'unique salle qui servait à la fois de chambre, de cuisine et d'atelier. Une véritable épouse catalane! Servant l'homme et s'effaçant devant ses exigences. Quand Dalí peignait, Gala venait s'asseoir près de lui. Parfois comme un modèle, pour lui offrir son corps, son visage, devenus immortels sur ses tableaux, mais la plupart du temps, juste pour être là, toute proche, sans rien dire, sans bouger. Il lui arrivait de coudre ou de lire, mais le plus souvent, et pendant des heures, elle ne faisait rien. Elle suivait du regard les progrès de la toile, l'évolution du dessin, les superpositions de couleurs. Dalí était heureux de l'avoir à ses côtés, puisant dans sa seule présence, ses silences, son immobilité de madone, de quoi se rassurer et aussi se concentrer sur des visions intérieures, l'océan sans fin de ses fantasmes, comiques, grotesques, baroques ou terrifiants. Jusqu'à la fin des fins, Gala serait toujours là, fidèle à cette habitude, à Cadaqués comme ailleurs, mais plus encore que partout ailleurs : soudée à lui, compagne inséparable, jeune, moins jeune, puis vieille, mais assurant la permanence, la tranquillité, l'équilibre de son monde, qui se détraquait sans elle comme une horloge sans balancier.

Dans les années soixante-dix, je l'avais aperçue, de loin, en shorts et chaussée d'espadrilles — les mêmes *vigatanes* noires que Dalí arborait tout l'été. Parcourant la garrigue d'un pas énergique, elle ressemblait à une danseuse de sardane ou à une de ces femmes que sculptait Maillol, avec la démarche particulière, à la fois dansante et assurée, que donnent les espadrilles. Je savais qu'elle était russe et m'étonnais qu'elle ait si bien et si vite adopté l'aride paysage catalan, ses rochers, ses cailloux, ses montagnettes pelées et violettes, mais aussi ses mœurs d'un autre âge, rudes, sévères, tout à l'opposé de ce qu'était sa vie. Cette femme libre, en apparence sans entraves, dont on disait qu'elle se baignait nue et entretenait des relations d'amour avec les marins pêcheurs — les rumeurs les plus folles circulaient sur son compte —, fut, je crois, la première que je contemplais. Toutes les femmes de ma famille étaient sages. Obéissant à des principes stricts, à des codes jamais remis en question, elles trouvaient normal d'avoir le même mari depuis toujours, d'élever ses enfants et de ne rien demander d'autre à la vie que la satisfaction du devoir accompli, d'ailleurs avec le sourire. Il ne leur venait pas à l'idée que la fantaisie était possible, sauf dans les rêves. Aussi la vision de cette Russe, émancipée des codes, l'air de danser dans la garrigue, m'a-t-elle stupéfaite, quand j'avais quatorze ou quinze ans. J'ai eu aussitôt envie de lui ressembler. Non pas pour le délit, pour l'interdit. Mais pour courir, légère. Pour danser moi aussi, sur fond de Méditerranée.

Port Lligat a beaucoup changé. De belles maisons se sont construites autour de la *casa Dalí*, sans empiéter sur son territoire ni lui voler une seule miette de la vue sur la baie. Les Dalí ont agrandi la maison au fil des années, lui ont apporté la lumière, l'électricité, le confort. L'ancienne baraque de pêcheur est une architecture de bric et de broc, avec des pièces qui s'emboîtent les unes dans les autres, comme dans une grotte ou un labyrinthe. Il n'y a rien d'anguleux à l'intérieur, les formes sont douces, arrondies, et les murs blanchis à la chaux, d'un ton de coquille d'œuf. Un spectaculaire salon ovale, de cette forme ovoïde qui rassure Dalí, est la pièce préférée de Gala, qui y passe de longues heures tranquille, allongée sur les banquettes de pierre couvertes de coussins jaunes. Dans le vestibule, un ours en bois grandeur nature, dont l'original a dû connaître des jours meilleurs en Autriche, sert de porte-cannes. La chambre du couple, à l'étage, comporte deux lits jumeaux, chacun surmonté d'un dais royal. Dalí a fait installer un miroir devant une des fenêtres, afin de voir la mer depuis son lit. Mais c'est l'atelier qui occupe bien sûr le plus d'espace dans la *casa* du peintre : plusieurs petites pièces associées contiennent son attirail, toiles et chevalets, chiffons et couleurs..., mais aussi ces objets sans lesquels il se sent plus nu qu'un nouveau-né et plus pauvre que Job, lui qui s'est pourtant considérablement enrichi depuis sa jeunesse bohème : des chapelets et des chaînes de vélo, des mannequins de cire et des têtes d'animaux, des herbiers, des bénitiers, des seaux de vendangeurs, des rameaux d'olivier, un prie-Dieu, un bidet et je ne sais quoi encore. Il y a aussi un fauteuil pour Gala et quelques chaises pour les rares visiteurs admis dans son antre, la partie la plus fermée et protégée de la maison. Paul Ricard ou le futur roi d'Espagne en ont eu les honneurs, de même que Reynolds et Eleanor Morse, entre autres privilégiés.

Dans les années soixante-dix, une faune bariolée et joyeuse fréquentait Cadaqués. Beaucoup de hippies, aux pantalons à pattes d'éléphant, fumeurs de joints, de retour du Népal ou prolongeant leurs vacances avant d'y repartir. Des écrivains, qui s'installaient dans l'unique petit hôtel du port ou chez l'habitant, et passaient leurs soirées à boire du gin comme dans les romans d'Hemingway. Des aventuriers qui cherchaient un havre provisoire et finissaient par s'enraciner. Toute une jeunesse, moins fortunée et moins snob qu'à Saint-Tropez, mais tout aussi insouciante et festive, déboulait sur les criques vers le début de l'après-midi, après des nuits au Rachdingue — la plus grande boîte, et la plus folle, de la Costa Brava, à quelques kilomètres en voiture, à Roses, la plage des touristes et des animations. On y dansait en plein air, sous les palmiers, assourdis par une sono en délire. J'aurais pu alors rencontrer les Dalí, ou au moins chercher à les rencontrer, comme beaucoup de jeunes gens et de jeunes filles qu'attiraient la gloire et les paillettes, sonner à la porte de leur maison. Au vrai, il n'y avait pas de sonnette. On frappait sur la porte de bois et Paquita, la cuisinière, spécialiste de la langouste au chocolat, le mets préféré de Dalí, ouvrait. Ou pas. Elle conduisait les visiteurs chanceux vers le patio : l'espace qui leur était réservé, à l'écart du périmètre intime strictement réservé à Gala et Dalí. Dans le patio, il y avait une piscine, en forme de phallus géant. Là, tout le monde se déshabillait pour prendre le soleil. Paquita servait du champagne rosé espagnol, puis retournait à ses occupations. Avec un peu de patience, et alors qu'on oubliait en lézardant au soleil la raison de sa venue ici, on pouvait entendre des coups de canne sur les dalles, puis un retentissant Bonjourrrrr ! Dalí, qui avait fini de peindre, arrivait tout sourire, joyeux de se mêler à cette jeunesse dorée — au sens propre — qui lui rappelait la sienne. Il n'aimait que les êtres blonds, asexués, les garçons qui ressemblaient à des filles et les filles à des garçons. Amanda Lear devait résumer pour lui, vers la fin de sa vie, cette beauté androgyne idéale. Gala n'était pas jalouse : elle le laissait à ses fantasmes, considérant que son génie s'en nourrissait. Elle faisait de hautaines apparitions au bord du phallus, puis s'en allait avec indifférence vers le salon jaune, ou vers Arturo, l'ancien pêcheur devenu maître d'hôtel, qui conduisait sa barque — la *Gala* — vers des criques secrètes.

Je n'aurais jamais osé frapper à la porte et je le regrette. La *casa Dalí* est aujourd'hui un musée. Une étape dans l'itinéraire incontournable que la Catalogne consacre au peintre emblématique de son identité. Après Port Lligat, on peut se rendre à Figueres, la ville où il est né et où son père était notaire. Il y a lui-même conçu, dessiné et créé un musée à sa gloire. L'ancien théâtre municipal est devenu une construction à la Dalí : avec des coupoles géodésiques et un circuit labyrinthique, d'ailleurs très amusant, où entre le canapé de Mae West, en forme de lèvres charnues, et un bidet censé provenir d'une des chambres du Chabanais, le bordel parisien le plus célèbre de l'entre-deux-guerres, on peut contempler Gala, à plusieurs âges et en divers aspects. Dalí est enterré sous la nef du musée : on marche sur son corps, en la traversant. On peut enfin, troisième et dernière station du pèlerinage dalinien, se rendre au vieux village de Púbol, à quelques kilomètres à l'intérieur des terres, pour visiter le château de Gala. Un ancien monastère, dont Dalí a respecté les vestiges, tout en le décorant de ses fétiches favoris. Avec ses éléphants au bord de la piscine et sa salle du trône, ce faux château romano-gothique, semblable à un décor de carton-pâte, ne ménage pas les surprises, telles ses portes en trompe l'œil, ses bibliothèques tournantes, emplies de faux livres, ou ses cache-radiateurs, peints par Dalí en forme de cache-radiateurs! Gala est enterrée dans la crypte, selon sa volonté, mais à côté d'un cercueil vide, qui aurait dû être celui de Salvador Dalí. Elle attend toujours qu'il la rejoigne.

Gala a fini sa vie en vieille dame indigne, liftée, re-liftée, poursuivant désespérément dans la chirurgie esthétique et les traitements miracles une beauté qui la fuyait. Escortée de jeunes gens qui avaient la moitié ou le quart de son âge, elle les emmenait en Italie, laissant le champ libre à Dalí pour flirter avec Amanda Lear. L'un d'eux, blond et beau comme un éphèbe, et que Dalí appelait Jesous-Christ Souperrr-Starrrrrr, avait joué dans la fameuse comédie musicale. Il a été le jeune prince de Púbol. Gala, dont la vieillesse fut l'ultime combat, n'a jamais rendu les armes : elle est restée jusqu'à la fin, rebelle et indomptable, la Gala-Gradiva du petit Dalí — Celle qui avance.

Les personnages ont tout pouvoir sur leur biographe, qui ressent leurs ondes et en accuse les effets. Gary, avec ses masques, me désorientait et j'ai fini par le perdre. Zweig m'a entraînée dans sa descente vers l'abîme et conduite aux portes de la dépression qui l'a finalement emporté. Berthe Morisot voulait que je sois droite et claire, comme elle tenace et appliquée. Clara Malraux m'a communiqué sa joie, sa malice, et fait pleurer aussi avec elle, dans les moments de tendresse vaincue. Mais aucun ne m'a procuré comme Gala tant d'ondes dynamiques : l'énergie, la force qui va, tels sont ses dons de muse. Cette peste de Peggy Guggenheim avait beau l'accuser d'être « la plus antipathique des femmes », elle était surtout extraordinairement tonique et positive. En écrivant sur Gala, j'ai pu ressentir le puissant élan vital qui se dégage à son seul contact. Éluard, puis Dalí ont puisé en elle des forces qu'ils n'avaient pas : la muse « géologique » était aussi, dans le barbaresque langage de Dalí, une créature démiurgique. La biographie que j'écrivais valait une cure intense de vitamines, tant cette femme injectait l'optimisme et le tonus à hautes doses.

Mais c'étaient ses pouvoirs magiques qui me passionnaient. Elle avait des intuitions de sorcière et se fiait à son instinct. Le raisonnement, la logique ne faisaient pas partie de son monde. Ce qui lui importait, c'étaient les liens secrets entre les êtres, leurs filiations souterraines, leurs accords fulgurants. Elle n'avait pas eu besoin de réfléchir pour choisir les hommes de sa vie. Ils s'étaient trouvés là, sur sa route, avec la plus parfaite évidence.

J'en ferai moi-même l'expérience. Les hasards de la vie, qui n'étaient peut-être que la manifestation inattendue, surprenante, de ce mystérieux réseau souterrain cher à Gala, ou une non moins mystérieuse fatalité propre au travail d'écrire, quoi qu'il en soit, les hasards ou ce qui en tient lieu ont réuni par-devers moi les personnages de mes livres. Sans que je l'aie voulu ou programmé, sans même que je l'aie souhaité, comme pour mieux illustrer et confirmer d'occultes pouvoirs, ils ont fini par former une chaîne et se donner la main.

Lorsque ma biographie de Gala, plusieurs années après l'édition originale, parut en livre de poche, la directrice de la collection n'était autre qu'Anna Pavlowitch — la fille de Paul Pavlowitch, le neveu de Romain Gary! Ce neveu qui n'avait jamais voulu me recevoir quand j'écrivais sur Gary, mais avec lequel j'avais eu de palpitants échanges téléphoniques.

Et quand, encore quelques années plus tard, *Gala*, illustré de documents et de photographies, tel un livre d'images, eut une seconde vie chez Flammarion, la directrice du département « beaux livres », à l'origine de ce projet, fut Julie Rouart — l'arrière-petite-fille de Julie Manet, dont elle portait le nom, et l'arrière-arrière-petite-fille, en droite ligne, de Berthe Morisot!

16

Les maisons fugitives

À force de chercher une maison partout, en France et dans le monde, et de ne l'avoir jamais trouvée, ce qui est un de mes rêves inassouvis, j'ai fini par adopter celles des personnages dont je racontais la vie. Ils m'ouvraient la porte et me laissaient les clefs — du moins, j'ai voulu le croire pour me consoler grâce à eux d'une quête sans fin. De Majorque à Salzbourg et à Arcachon, jusqu'à la *casa Dalí*, je les ai toutes aimées, comme autant d'escales apaisantes et rassurantes qui interrompaient le rude travail de la biographie, ses recherches en terrain aride et la poursuite parfois désespérante du personnage, qui si souvent fugue et se dérobe. Leurs maisons me permettaient de mieux les connaître : les lieux parlent, ils ont même beaucoup à dire sur les êtres qui les ont choisis et habités.

Au Mesnil, sur la route de Normandie, Berthe Morisot est encore bien là, dans le petit château XVIIIᵉ au jardin envahi de roses. Sa famille, qui s'y retrouve selon son souhait depuis des générations, l'associe aux fêtes et aux anniversaires mais aussi au train-train des samedis et des dimanches, pour la garder vivante. Les pièces claires où le soleil, partout ailleurs redouté des collectionneurs, entre ici à flots, mêlent aux murs les dessins des enfants aux tableaux impressionnistes et post-impressionnistes. Meublée de fauteuils et de guéridons Empire, mais aussi de quelques objets en Plexiglas des années soixante-dix, elle n'a rien d'un musée, cette maison. On y respire à quelques kilomètres de Paris une sérénité et une douceur propres à l'univers de Berthe, que le temps n'a pas effacé. Aucune poussière sur la mémoire de cette artiste, tissée d'amitié et d'amour, dont la lumière persiste. Dans le jardin, les allées jadis tracées à la française ont pris de l'insouciance et de la fantaisie. Les roses sont comme Berthe les peignait : des touches de couleur, souples, légères, de même que les lilas ou les géraniums bleus.

À Essendiéras, en Dordogne, où André Maurois, lors de longs étés studieux, a écrit une grande partie de son œuvre, c'est un géant hollandais qui m'ouvre la porte. Homme d'affaires prospère, désireux d'installer sa nombreuse famille pour les vacances dans le sud de la France, il n'a pu s'empêcher de transformer ce domaine jadis entièrement agricole, planté de pommiers et d'autres cultures peu rentables, en une dynamique entreprise. Il a arraché les pommiers, fait construire deux piscines avec pool houses, ajouté un golf et un spa et lancé une activité de chambres d'hôtes, qu'il développerait par la suite en résidence hôtelière. « 360 hectares de belle campagne française », c'est aujourd'hui l'annonce de ce site, proche de Saint-Médard-d'Excideuil, dans le Périgord vert — le Périgord le plus agricole, le moins prestigieux si on le compare au Périgord noir ou au pourpre —, mais un site marqué par l'histoire littéraire.

Avant Maurois, la maison avait appartenu aux Pouquet, la famille de son épouse. Laquelle Simone Maurois, née Caillavet, avait pour mère Jeanne Pouquet, dont Marcel Proust s'était épris dans sa jeunesse, boulevard Malesherbes, et avec laquelle il avait joué au tennis ! Cette Jeanne Pouquet, aux longues nattes dorées, si blonde que Proust en était ébloui, avait préféré épouser Gaston Arman de Caillavet. Un Bordelais. Auteur dramatique fameux, associé pour l'écriture de ses pièces à son inséparable camarade Robert de Flers, qui prononça son discours de réception à l'Académie française en pleurant, car Gaston de Caillavet, mort trop jeune, aurait dû selon lui y entrer à sa place. Gaston de Caillavet adorait le domaine d'Essendiéras. Il le préférait de loin à Capian, la propriété des Caillavet dans le Bordelais, où Anatole France, l'amant de sa mère, la célèbre Léontine Arman de Caillavet, avait élu domicile. C'est donc à Essendiéras que furent écrites, en fumant le cigare et en riant aux éclats, les deux hommes s'étant beaucoup amusés dans ces joutes qui duraient une partie de la nuit, quelques répliques célèbres du plus célèbre théâtre de boulevard de la Belle Époque : « Je vous pardonnerai de faire une bêtise avec moi, mais je ne me pardonnerais pas d'en faire une avec vous » (*Chonchette*) ou « Les sentiers de la vertu, on n'a pas idée où ça peut mener une femme... » (*Les Sentiers de la vertu*).

J'ai passé deux nuits à Essendiéras. Confort irréprochable

mais hygiénique, à l'américaine. Tout charme évanoui. J'ai cherché en vain les traces des anciens propriétaires. Le géant hollandais, plein d'égards et de bonnes intentions, avait créé un musée familial dans le vestibule du château. Livres dédicacés, photos de Maurois et de son épouse, de leurs ancêtres. Et aussi de Sylvain Floirat, autre brillant homme d'affaires qui, à la mort de Maurois, avait racheté le domaine dont les héritiers s'étaient ensuite défaits. L'un des soirs, à la belle étoile, un film fut offert en guise de divertissement aux hôtes et aux habitants du village. Projeté sur un immense écran digne de la Paramount, *Les Vestiges du jour* de James Ivory, avec Anthony Hopkins dans le rôle du maître d'hôtel et Emma Thompson dans celui de la femme de chambre, l'évocation poétique et très nostalgique de la vie dans un château anglais à la veille de la Deuxième Guerre, tenta de renouer les liens avec un passé révolu. Maurois qui, quoi qu'ait pu en dire avec méchanceté Churchill, était anglophile, aurait sûrement apprécié ce choix. Son château se prêtait au jeu de miroirs : tous les spectateurs ont eu ce soir-là comme moi l'impression que la vie et le film ne faisaient qu'un, peut-être même le film fut-il plus réel pour nous tous, pendant deux heures, que la vie qui se poursuivait sans nous.

Je suis repartie d'Essendiéras sur la vision d'une jeune mère de famille, qui portait dans ses bras deux nouveaunés et traînait accrochés à ses jambes deux autres bambins d'une blondeur égale à la sienne. Comme elle n'avait pas assez de mains, elle tenait deux biberons à la bouche, par la tétine. Le maître d'Essendiéras avait huit enfants ! Et peut-être en a-t-il eu d'autres depuis. C'était le rêve de Simone Maurois d'avoir des enfants d'« André ». Elle avait perdu une petite fille de dix ans, Kiki, d'un précédent mari roumain, qui la battait. La petite fille était morte toute seule, loin d'elle, dans un sanatorium en Suisse. De Maurois, elle n'avait pu en avoir. Si maigre, si sèche — « brune et laide », disait sa mère —, elle était à l'opposé du modèle de cette belle, jeune et généreuse Flamande, faite pour donner le jour ! Simone Maurois s'était consacrée à l'écrivain, lui avait tout offert, tout sacrifié. Quand elle tapait ses manuscrits à la machine ou quand elle lui remettait des fiches de documentation sur les personnages de ses biographies, elle atteignait l'extase. Elle s'appliquait à élever ses enfants, qui ne l'aimaient pas, faisait vraiment tout pour lui plaire — il l'avait épousée par raison, pour donner une mère à ses trois enfants orphelins de leur mère, sa première épouse, son grand amour. À cette femme frustrée, sans grâce, mais capable d'endurer et forcée de trouver des compensations, il restait une dernière épreuve à vivre — elle ne lui fut pas épargnée. Par suite de difficultés financières, à la mort de Maurois elle dut vendre Essendiéras. Elle le fit la mort dans l'âme, car elle était viscéralement attachée au domaine, où s'étaient succédé les deux hommes de sa vie — deux écrivains bien sûr, son père, qu'elle adorait, puis ce mari un peu distant, parfois infidèle, auquel elle ne sut pas survivre. Essendiéras portait sa marque indélébile : la mélancolie indéracinable des bonheurs incomplets ou brisés. La jeune Flamande, en comparaison, c'était la vie, plus forte que tout chez certains êtres, de plain-pied avec elle.

Elle était comme un bol de lait, dans cette riche terre du Périgord, et devait bien se moquer des fantômes.

La maison de Jeanne Voilier, rue de l'Assomption, chère à Paul Valéry qui venait chercher presque tous les dimanches un coin de paradis, a été détruite, de même que le chalet de la rue Cortambert où Colette a vécu si heureuse avec Henri de Jouvenel, puis au début de la Première Guerre mondiale, passé de chaudes heures d'amitié féminine. Lieux enchantés par l'amour, le premier a été rasé par un promoteur immobilier, qui y a construit un grand immeuble. Le chalet, lui, par un orage qui, en 1916, a eu raison de son architecture vieillissante — le toit s'est en partie écroulé et Colette qui prenait un bain l'a échappé belle ! On peut facilement reconstituer les décors et les atmosphères de ces deux adresses, en consultant photos et récits dans des archives privées. Si forte a été l'empreinte qu'elles sont encore là, aujourd'hui, ces deux maisons, dans la grande ville qui a voulu leur mort, intactes par le souvenir, au milieu des fumées toxiques et des murs en béton. Je ne passe jamais rue de l'Assomption sans penser à Jeanne, ni rue Cortambert sans envoyer un petit salut à Colette, surtout en prenant la direction du Bois, où elle montait à cheval avec Willy et où, après la destruction de son cher chalet, elle est venue habiter, du moins à sa lisière, boulevard Suchet : dans le petit hôtel de la comédienne Ève Lavallière, lui aussi disparu et remplacé par un bâtiment sans âme.

Chez Jeanne Voilier, tout était net, luxueux et froid, comme dans un magazine de décoration : salon blanc meublé par Madeleine Castaing, chambre et boudoir rouges, où rien ne traînait jamais, rien ne brisait l'ordonnance impeccable, théâtrale, de cette dévoreuse d'hommes (et de femmes), parfumée aux parfums les plus chers, Dior ou Guerlain, et réputée pour n'avoir vraiment aimé personne. Amante frigide ou blessée, qui le saura jamais ? Je n'ai jamais eu envie de m'attarder chez elle. Je préférais à quelques pas de là, rue de Villejust, l'univers familial de Valéry, simple, chaleureux, plutôt bourgeois, et fidèle comme le bon pain. C'est le jardin de Jeanne qui m'attirait, ce jardin où Valéry a dit qu'il faisait si bon vivre à la belle saison. On y dînait aux chandelles, sous les ramages du saule pleureur. Il a disparu lui aussi, ce jardin paradisiaque. Pourtant je crois y être entrée par la grille, en avoir parcouru le chemin pavé jusqu'à la maison et en avoir admiré les espèces particulières : le cytise jaune, un peu criard, apporté par Giraudoux, et le rhododendron, offert par Valéry à une muse partageuse. Quand le saule pleureur est mort, qu'il a fallu l'abattre, Paul Valéry en a été dévasté. Il y a vu un signe funeste et ne se trompait pas, puisqu'il est mort quelques semaines après.

Gary est partout chez lui, au bord de la Méditerranée. Plus il fait chaud, plus il est lui-même : rendu à sa jeunesse niçoise, aux mimosas en fleur et à un ciel d'azur qui le change des sombres variations de son tempérament de juif ashkénaze, poursuivi par tous les dibbouks de la création. Je regrette de ne pas être entrée dans son appartement parisien de la rue du Bac, qui a accueilli tant de visiteuses, où — d'après ce qu'elles en ont dit — le seul endroit vraiment vivant était sa table de travail, avec son stylo Montblanc et sa collection d'éléphants. Tout le reste impersonnel, à l'image d'un homme sans vraies racines, qui n'a pas eu l'heur de s'installer. Il se réchauffait aux soleils de ses escales, au cours d'une vie sans cesse itinérante. Il y avait chez lui des toiles d'artistes contemporains, Alechinsky et d'autres, mais je me demande s'il les voyait seulement. Comme le disait sa première épouse, ses yeux clairs regardaient vers le dedans.

Ce n'est pas très gai non plus chez Zweig, qui habite ses maisons en intellectuel : des livres et un piano suffisent. Qu'importe la couleur des rideaux, du moment que l'électricité et le chauffage fonctionnent — ce qui n'a pas toujours été le cas à Salzbourg quand, après la Première Guerre, il a acheté la résidence austère et délabrée du Kapuzinerberg. Un labrador qui somnole à ses pieds pendant qu'il écrit : son foyer se résume à cette image. Le silence, quasi insoutenable au commun des mortels, impose sa loi quand il travaille. La musique n'envahit l'espace que lorsqu'il en a fini avec les mots et s'allonge à demi, pour entendre ses mélodies de prédilection — Beethoven, Mozart —, sur une méridienne en rotin. Sans se défaire de son costume de grand bourgeois autrichien, cravate de rigueur même dans l'intimité, lorsqu'il écrit ou rêve. Mais le silence demeure, entre les notes : rien ne doit briser l'harmonie, surtout pas les cris des enfants, que son épouse bâillonnerait presque pour les empêcher d'irriter leur impatient beau-père.

Clara Malraux préférait les trains et les avions — elle

n'a jamais eu le goût de choyer ses maisons. C'est avec d'autres compagnes que Malraux a peaufiné les siennes, ne laissant à personne le soin de choisir les moindres détails de la décoration : jaune soleil, pour le salon de la villa de Boulogne, avec des tapis et des meubles des années trente et un piano noir où Madeleine Malraux, pianiste virtuose, devait attendre d'avoir la permission pour jouer Erik Satie. Malraux ne pouvait écrire que dans le silence absolu, un silence qui pesait aux enfants autant qu'à sa compagne. On ne se déplaçait sur le sol en marbre que sur la pointe des pieds. Le moindre éclat de voix provoquait les foudres du maître de maison. Plus tard, alors qu'il vivait à Verrières avec Louise de Vilmorin, une des femmes les plus élégantes et les plus snobs de la planète, le goût incarné, c'est encore lui qui voulut décorer la Lanterne, à Versailles — cette propriété que la République prête pour résidence secondaire à ses ministres ou à ses présidents. Il en a entièrement revu l'aménagement, dont Louise s'est sentie exclue, mais il n'a jamais pu y apporter la moindre chaleur, ni la moindre poésie — décor désincarné et triste, à l'image de l'homme qui l'a imaginé, victime de deuils à répétition dont celui de ses fils de vingt ans, et la proie de démons intérieurs qui se relayaient pour le torturer. Louise elle-même, pourtant beaucoup plus jeune, s'endormirait avant lui, dans sa jolie chambre au-dessus du légendaire salon bleu de Verrières, que son biographe, Jean Chalon, m'a maintes fois décrit pour y être allé en complice et que je serais capable de dessiner de mémoire, si je savais dessiner.

Le seul lieu familier de Malraux où j'ai été admise, d'ailleurs par hasard, est l'appartement de Ludmila Tcherina, près de la place François-Ier dans le VIIIe arrondissement. Chez cette muse de l'écrivain, ancienne danseuse étoile, au corps infiniment longiligne et au visage épuré de pharaonne, tout était noir du sol au plafond. Soie noire sur les murs, moquette noire, canapés et fauteuils recouverts de velours noir, nappe noire recouvrant la table ronde de la salle à manger, dans un coin du grand salon. Des biches en argent et des chandeliers du même métal éclairaient ce drawing room funèbre, où Malraux devait retrouver au diapason ses obsessions morbides et ses angoisses accoutumées. Nous étions, mon père et moi, invités à un déjeuner intime. Ou, plus exactement, mon père m'avait emmenée avec lui, quand j'avais une quinzaine d'années. Avec sa voix de tribun habitué aux discours à l'Assemblée nationale ou durant les campagnes électorales, il a dû prononcer tout au plus quatre ou cinq phrases ; Ludmila Tcherina susurré quelques gloussements câlins. Comme moi, Sophie de Vilmorin, la nièce de Louise défunte et la dernière compagne de l'écrivain, ne disait rien. Malraux, lui, a discouru sans discontinuer et sans que j'y comprenne quoi que ce soit, avalant des litres de jus d'oranges pressées, entre des phrases hachées, syncopées, bizarres, tel un éblouissant charabia provenant de l'Égypte ancienne.

Arcachon et la Ville d'Hiver, quand elle accueillit les sœurs Heredia, respiraient la mélancolie : trop de tuberculeux y sont morts pour qu'on puisse s'y sentir joyeux ou insouciant de vivre. Les villas de l'époque de Napoléon III et des frères Pereire sont riches mais tristes elles aussi. Trop d'ardoises, trop de pierres grises, trop de ficus dans les jardins, trop d'ombres. Je comprends que Marie de Régnier, portée à la légèreté, ait fui ce monde délétère et déprimant au Moulleau, dans les bras de D'Annunzio. Le poète était un as de la décoration, en plus de l'être du poème lyrique. Beaucoup de rouge sur les murs et sur les sofas, du blanc pour les fleurs — exclusivement de gros œillets. De faux antiques, une collection de saints Sébastien sanguinolents et des statues d'éphèbes nus, pour exciter sans doute les innombrables amantes qu'il appelait ses *Suora Notte*. Sans oublier le bateau, le *Bucentaure*, souvent amarré sur la pelouse et conduit en mer par des marins en costumes de gondoliers. N'étant pas affligée d'une allergie au kitsch, j'ai trouvé du charme à cette villa Saint-Dominique, où le baroque et extravagant D'Annunzio avait donné sa démesure. Les maisons agréables à vivre ne sont pas forcément des condensés du bon goût.

Je m'étais beaucoup plu dans la villa de Lesley Blanch à Menton, dont l'atmosphère comblait mon penchant pour le pittoresque, douillet et chaud. Atmosphère à la Pierre Loti, avec son théâtre d'Orient : tapis persans ou afghans, icônes, samovar, lourdes tentures de soie. Le gin qu'elle versait dans le thé, à des doses supérieures à l'habituel nuage de lait, devait être pour beaucoup dans ma fascination, de même que la proximité de la mer, pourtant invisible depuis son jardin. Elle avait à la fois anglicisé et arabisé ce petit coin de Côte d'Azur. Son chat, évidemment persan, avait sa propre entrée : une chatière, par laquelle il entrait et sortait à sa guise, aussi indépendant et fantaisiste que sa maîtresse. Elle m'a reçue en djellaba, mais avec cette coiffure crantée, très apprêtée, qui suppose l'usage des bigoudis et permet de dater une génération. Peu aimable, sèche avec la visiteuse ingénue qui empiétait sur son domaine, elle n'a été qu'ironie, jusqu'à ce que l'alcool, à force, vienne adoucir ses manières. Je l'écoutais, à demi allongée sur les coussins de Lawrence d'Arabie, en proie à des hallucinations dues au gin, cela ne faisait aucun doute, car je n'ai pas l'habitude de boire avant la tombée du jour. Je voyais — j'ai vraiment vu — son amant russe entrer dans la pièce et s'asseoir avec nous. Curieusement, Gary manquait : la vieille dame, encore jalouse, devait préférer le cacher. Elle l'a tenu hors d'atteinte de la prédatrice qui empiétait sur ses plates-bandes et n'a malgré mes efforts jamais relâché sa garde. Le Russe occupait le terrain, il buvait avec nous et nous entraînait à boire, il est possible qu'il soit reparti avec le chat. Je n'ai conservé qu'un souvenir brumeux hélas de cet unique entretien. Mais la maison est restée pour moi l'une des plus attrayantes, à cause de son folklore et des parfums qui montaient de la nature environnante. Je n'aime pas particulièrement Menton, trop fleurie, trop humide et devenue une luxueuse résidence pour le grand âge. Mais perché sur sa colline, isolé comme une île, le douillet refuge de Lesley me paraissait préservé du temps qui passe toujours trop vite. Éloigné aussi des conflits, des menaces, des redoutables pollutions du monde extérieur. Comme il était lointain, ce monde, chez Lesley Blanch ! Un peu comme l'Académie française, c'était un endroit où se sentir immortel.

Or, quand elle a approché cent ans, Lesley a vu sa maison brûler. Un immense et brutal incendie l'a entièrement détruite ainsi que ses trésors. À cet âge irréel, elle a vu périr avant elle tous ses souvenirs. Et n'a sauvé son chat que de justesse. Comme si sa maison heureuse avait contenu, sans qu'elle puisse s'en douter, une part de malédiction. Je ne sais si elle s'en est remise. Elle a trouvé un peu de force pourtant pour me téléphoner. Près de trente ans après ma biographie, trente ans d'un total silence entre nous — je n'ai jamais pu savoir ce qu'elle pensait de mon livre, ni des pages qui lui étaient consacrées —, cette dame centenaire tenait à m'adresser un « merci ! » qu'elle ne m'avait jamais dit et que je n'attendais pas. Stupéfaite, j'ai immédiatement reconnu sa voix. Les années avaient passé, je n'avais pas oublié Lesley Blanch, ni cet inimitable accent britannique, tellement policé, exquis, qui pouvait se montrer aussi charmeur que méprisant. J'en avais éprouvé les diverses modulations possibles.

De tous les personnages abordés, c'est Colette, la plus casanière, chez laquelle j'aurais voulu habiter. Elle a non seulement aimé ses maisons, mais créé son univers partout où elle est passée, déployant son style, ses parfums, ses couleurs. Il faut aimer le bleu quand on va chez Colette, qui écrivait à l'encre bleue, sur du papier bleu, sous un abat-jour d'opaline bleue (qui fut verte autrefois, du temps de sa liaison avec Mathilde de Morny). Il vaut mieux aimer les bibelots, sous-verres, vieilles soupières ou carnets de bal, qui s'entassent un peu partout, au milieu des coussins et des jetés persans. Aimer aussi le jasmin, qu'elle porte à même la peau, l'ail dont elle déguste une gousse au réveil et qui imprègne toute sa personne, ainsi que le fumet de la daube qui mijote dans une casserole. Ce n'est pas que j'adore la daube ni l'ail, mais il faut reconnaître qu'une maison sans une bonne odeur qui vient de la cuisine est beaucoup moins accueillante. Si je préfère les desserts, compotes de fruits ou tartes à l'abricot, à ces mets revigorants qui plaisaient tant à la Bourguignonne, j'admire sa nature de bonne vivante, qui entre d'ailleurs pour beaucoup dans son art d'écrire. La sensualité de Colette, qui sait « donner de la chair aux mots », est un des traits de sa séduisante personnalité. Elle écrivait avec les cinq sens, n'en a négligé aucun, et les a gardés en alerte jusqu'à la fin. Le goût, l'odorat, la vue, l'ouïe, le toucher : ce sont les instruments de cette romancière, avant l'encre et le papier.

Pour les maisons, elle n'a pas sa pareille : c'est la reine absolue en matière d'habitation et de jardinage — et des mots, des phrases qui vont avec. Elle en a eu plusieurs depuis son enfance à Saint-Sauveur-en-Puisaye, dans l'Yonne, un village que sa famille a dû quitter après la faillite paternelle et où elle n'est revenue que sur le tard, presque en catimini, pour ne pas encourir les reproches de la population. On y célèbre aujourd'hui le culte de Colette, mais son premier *Claudine* (*Claudine à l'école*) avait fait scandale à Saint-Sauveur : tout le monde s'était reconnu ou avait cru se reconnaître dans le petit monde prétendument fictif qu'elle mettait en scène ! Alors, quand les gens ont appris qu'elle dansait nue aux Folies-Bergère et découvrait ses seins...

Avec Willy, son premier mari qui exploitait son talent littéraire et signait ses livres à sa place, elle a connu des séjours très agréables dans le Jura, aux Monts-Boucons. Avec Henri de Jouvenel, son second mari, journaliste charismatique et séducteur patenté lui aussi, elle a passé des étés torrides à Castel-Novel, le château des Jouvenel en Corrèze. S'il n'y avait eu sa belle-mère, puis sa peu conventionnelle liaison avec le fils de son mari, Bertrand de Jouvenel, né d'un précédent mariage, elle y aurait sans doute fini ses jours, comblée par les beaux paysages du Sud-Ouest, par la nature qui y est généreuse et par les gens dont l'accent roulait lui aussi des cailloux — l'accent de Colette, quel défi à Paris et quelle fidélité aux siens!

La première maison qui lui a appartenu en propre, celle où elle a pu déployer sa personnalité sans entraves, c'est Roz-ven, en Bretagne. La Rose des Vents. Perchée sur la dune et comme bâtie sur le sable, avec une terrasse plantée de rosiers d'où elle regardait la mer, je ne connais pas d'endroit plus préservé, plus charmant. Elle pouvait aller se baigner à toute heure du jour, nue évidemment, ou dans un vieux maillot troué qui ne cachait rien de ses chairs abondantes, en battant des mains et des pieds et en plongeant et replongeant comme une baleine — elle savait à peine nager. Henri de Jouvenel aussi se baignait nu, comme d'ailleurs tous les autres occupants de Roz-ven, aussitôt convertis au naturisme ambiant, sans que quiconque y trouve à redire puisque la plage, au bout d'un chemin discret, cache et protège son coin de paradis. Elle était libre, Colette, dans cette Bretagne indisciplinée, iodée, revigorante, où elle a beaucoup écrit, à l'inverse de tant d'écrivains qui exigent le silence autour d'eux, dans le bruit infernal d'une maison surpeuplée. Il y avait là, mixés dans l'air marin, le mari, les amis de passage, les enfants de plusieurs lits, les amis des enfants, la cuisinière devenue une seconde mère, les maîtresses du mari, celles des amis. Plus il y avait d'animation et de bruit autour d'elle, plus Colette était heureuse et mieux elle écrivait. Rien ne l'effrayait comme la solitude, qu'elle a toujours fuie. Et rien ne lui paraissait plus hostile, plus inhumain que le silence. J'oubliais de citer parmi la maisonnée les oiseaux — mouettes aux cris stridents, pies qu'on essayait d'apprivoiser, hirondelles qui nichaient chaque saison sur le toit —, mais aussi les chiens, les chats, les araignées (ces dernières il est vrai silencieuses)..., les animaux ayant chez Colette les mêmes droits à l'hospitalité que les humains. J'ai vraiment aimé cette maison, où je n'ai pourtant vécu que par imagination !

Roz-ven avait une histoire douloureuse. Ayant d'abord appartenu à Mathilde de Morny, qui fut pendant cinq ans la maîtresse (ou l'amant) de Colette et joua avec elle au théâtre dans *Rêve d'Égypte*, où les deux femmes s'embrassaient en public sur la bouche — le spectacle fut interdit par le préfet de police —, elle devait être un jour un cadeau de rupture. Fille du duc de Morny, sa fugitive propriétaire ressemblait à s'y méprendre à un homme. Le monde à Paris, toujours porté à se moquer, la surnommait Oncle Max, mais Colette, qui avait porté autour du cou pendant leurs cinq années communes un collier d'or gravé à cette enseigne : « J'appartiens à Missy », ne l'appelait que de ce nom délicieux. Missy... C'est Colette qui avait rompu pour épouser Henri de Jouvenel, dont elle était tombée amoureuse. Missy en avait été très meurtrie. Grande dame ou grand seigneur, elle lui offrit Roz-ven. Un joli geste, car la marquise de Morny tenait à cette maison, l'avait choisie, meublée avec amour pour y accueillir Colette, et partit à la dérive quand elle s'en sépara. Elle habita un temps une autre demeure, un peu plus loin sur la mer, récupéra non sans mal quelques-uns de ses meubles, mais trop proche sans doute du bonheur si éclatant, presque obscène, de Colette près de son nouveau mari, elle finit par déserter la Bretagne. Colette n'y trouva rien à redire. Les deux femmes ne se reverraient pas.

Colette fit sienne Roz-ven, y connut des étés voluptueux — avec Henri, puis avec Bertrand de Jouvenel qui y fut initié à l'amour —, y écrivit de nombreux livres, car elle ne cessait malgré tout jamais de travailler, avant de s'en séparer sans regrets, après l'avoir beaucoup aimée, quand elle rencontra Maurice Goudeket et refit sa vie avec lui. Pour Colette, l'équation est imparable : une maison, un homme. Un homme, une maison. Chacun des lieux où elle a vécu reflète ses états d'âme mais aussi ses aménagements pour s'adapter autant qu'elle peut (jamais entièrement) à ses divers compagnons ou maris. Elle y maintient son indispensable « confort de scribe » comme elle l'appelle, avec sa table à écrire sous la lumière bleue de la lampe, ses parfums qui lui tiennent à la peau et sa souple atmosphère : aucune décoration, aucun apprêt, tout à la bonne franquette. Ce n'était pas idéal pour un futur ambassadeur — Henri de Jouvenel en avait été agacé. Mais comme il devait faire bon vivre, chez elle! Libre d'horaires et de conventions, libre de rire comme d'écrire ou de danser, libre d'aimer en toutes occasions et sans craindre les censeurs ni la loi. Je dois personnellement beaucoup à Colette.

Elle a beau ne jamais donner de leçons et se ficher de la morale, tout en elle m'étonnait, me transportait et me faisait du bien. C'est une libératrice. Au diable, a-t-elle l'air de dire, les préjugés, les contraintes et l'opinion des gens. Libre d'instinct, pas du tout dogmatique, libre et sauvage, ce qui n'est pas un programme politique mais une manière de vivre, tout paraît simple et naturel à ses côtés. Même perfide ou animée de basses intentions, ce qui lui arrive et qu'elle avoue sans honte, elle reste spontanée. Une provocatrice-née, elle a le goût de tout ce qui bouge, remue, secoue et met la tête en bas. « Moi c'est mon corps qui pense. Il est plus intelligent que mon cerveau. Toute ma peau a une âme. »

Je ne suis pour elle qu'admiration. Mais j'ai aussi une dette à son égard. Elle m'a aidée à prendre conscience que le bonheur, qu'on croit être un don rare et précieux, est au contraire facile, à la portée de chacun. Colette n'est pas une femme comblée, les chagrins ne l'ont pas épargnée, en amour elle a été souvent trompée, déçue et humiliée. Mais tous les lecteurs de Colette le savent : elle a aimé la vie et l'a aimée jusqu'à la fin. C'est une femme de l'aube, heureuse de voir naître le jour. Quand elle ouvre les rideaux de sa chambre au petit matin, elle laisse entrer la lumière à flots et elle est contente. Simplement contente d'être vivante. Devenue une vieille dame impotente, rongée par l'arthrite et incapable de se déplacer, à quatre-vingts ans échouée comme une baleine au-dessus des jardins du Palais-Royal, elle avait encore la force de sourire. Son dernier livre, *Le Fanal bleu*, porte ce sourire jusqu'au dernier mot du dernier chapitre. Écrire sur Colette — comme lire Colette — c'est partager cette extase. Elle savait se contenter des petits riens de l'existence, les a merveilleusement décrits avec un art à la Berthe Morisot, tout en grâce et en lumière. Un de ceux qui m'ont le mieux aidée à vivre.

Je croyais le charme de Roz-ven unique au monde quand, après avoir écrit mon livre, j'ai pu entrer chez Colette à Saint-Tropez. Une maison rose à un étage, avec des volets bleus, et une terrasse à l'abri du vent, qu'elle appelait sa chambre à dormir dehors. Elle pouvait sans la voir respirer l'air de la mer toute proche. Anciennement nommée Tamaris-les-Pins, comme une station de chemin de fer, elle l'avait rebaptisée la Treille-Muscate, d'un nom ravissant, toujours gravé sur une plaque jaune safran à l'entrée du jardin. Sur la route des Salins, devant la baie des Canebiers, c'est une adresse secrète, préservée du tourisme et du luxe qui ont beaucoup altéré depuis lors le petit port de pêche et ses alentours.

Le fils de l'actuel propriétaire, dont la jeunesse aurait plu à Colette, m'a accompagnée le long de l'allée vétuste, d'un pas de seigneur chat, nonchalant et sans faire de commentaires, une grosse clef, digne d'un château fort, à la main.

Rien n'avait changé, je crois, depuis que Colette l'occupait dans les années trente. Les deux ou trois pièces qui la composaient modestement avaient des dimensions de maison de poupée, la peinture, les meubles, l'évier de la cuisine avaient pris de l'âge, mais il y faisait bon, dans une lumière tamisée par les volets demi-clos, apaisante, d'autant plus délicieuse à l'heure de la sieste, quand le soleil tape dehors. Colette n'avait jamais été une fille du Sud et de la Méditerranée. Elle préférait des régions plus subtiles, plus fraîches, sur le modèle de sa verte et champêtre Puisaye natale. Roz-ven, côte indomptée, battue par les vents de la mer, s'alliait très bien à son tempérament bouillonnant, son entrain naturel. Au lieu qu'à Saint-Tropez, où elle était venue surtout pour plaire à son troisième mari, plus épris qu'elle de chaleur et de bronzage — Goudeket était hollandais, d'origine —, sa présence paraissait insolite. Je n'ai pas immédiatement été de plain-pied avec elle, comme à Saint-Sauveur par exemple, où sa maison restaurée à l'identique de ce qu'elle avait pu être renvoie d'elle une image fidèle et émouvante, pleine de souvenirs de famille, chaises, lits, pendules, semblant sortir tout droit de ses livres, dans leurs moindres détails. À Saint-Tropez, c'est à l'extérieur de la maison qu'on la retrouve : dans l'enceinte du jardin, en particulier sous la glycine aux lourdes branches, emmêlée à des rosiers grimpants, qui couvre un mur entier jusqu'au toit. Cette glycine, Colette l'a connue, humée, caressée, et elle avait installé au-dessous un bon fauteuil pour y dormir entre ses devoirs d'écriture, dans le bruit des cigales et des guêpes.

Un puits à godets qui servait à l'arrosage du verger et du

potager, des palmiers, un figuier croulant sous ses fruits, l'herbe envahissante, libre et jamais tondue, les chats du voisin... C'est un jardin comme elle les aimait, moins embaumant qu'en Bourgogne et même qu'en Bretagne, mais avec des odeurs de sauge et de pierres brûlantes, et puis ces roses solides, tenaces, exubérantes, ces roses sans fragilité qui s'accrochaient au lierre de la vie. La mer, elle ne la voyait pas d'en bas, il lui fallait monter dans sa chambre pour observer ses reflets changeants, mais elle pouvait l'entendre et la respirer. La glycine en fleur avait une senteur entêtante : comme l'opium, qu'elle ne fumait pas, mais dont elle a si bien décrit le parfum et les effets dans *Le Pur et l'Impur*, elle avait dû nourrir ses rêves. Une grille, rouillée et bringuebalante, datant elle aussi du temps de Colette, fermait d'un cadenas cette enceinte merveilleuse. « Des fleurs, des bêtes, de l'ail, du poisson. » Elle avait été tentée de voir dans la Treille-Muscate la promesse d'un repos désiré et mérité : la dernière maison, celle qui la verrait fidèle et qu'elle n'abandonnerait pas.

Elle l'a pourtant revendue. Elle n'en pouvait plus, déjà en 1940, du trafic incessant, du bruit des voitures, des fêtes et des délires du village, où elle avait pu goûter jadis « l'odeur mêlée du melon éventré, du nougat et des oursins ». Elle a abandonné Saint-Tropez sans états d'âme, bien avant que Sagan n'y arrive. Elle rompt les amarres facilement, Colette. Et elle s'éloigne avec autant de tranquillité qu'elle a mis de passion dans la venue et dans la découverte. Je n'ai pu m'empêcher d'avoir le cœur serré en repartant de chez elle, tandis que le jeune hôte des lieux refermait portes et volets bleus — la famille n'habitait ici que l'été. Nous étions au printemps, il faisait chaud déjà, la mer était calme et d'un bleu qui donnait envie de se baigner. « Demain je surprendrai l'aube rouge sur les tamaris mouillés de rosée saline. Et puis, le bain, le travail, le repos... Comme tout pourrait être simple... Aurais-je atteint ici ce que l'on ne recommence point ? »

La dernière maison, j'aurais voulu qu'elle soit pour moi la première : le mas de l'enfance heureuse. Celui où j'ai écrit mon premier roman et où mes enfants ont grandi. Il s'est éloigné comme s'éloignent les livres qu'on écrit, prenant avec les années l'allure d'esquifs qui disparaissent à l'horizon. Le courant les emporte, on ne sait pas où ils vont, mais on garde leur image. Parfois, un lecteur demande un renseignement sur un des personnages, j'aimerais lui répondre avec science et précision, comme il se doit pour un biographe. Il m'arrive de rester interloquée, gênée devant lui, et muette, au moins un certain temps. Non que j'aie rien oublié, mais je me sens tout à coup étrangère à mon propre travail, qui a pris tant de temps, tant d'efforts, et s'est dilué sans que je m'en aperçoive dans une unité imprécise et mouvante qui me rappelle la mer. Le lecteur sent mon hésitation, croit que je suis victime d'une maladie de la mémoire ou pense peut-être que je ne suis pas l'auteur de mon propre livre... Je redescends vite sur terre, m'empresse de lui répondre, mais au fond je n'ai qu'une envie, laisser les personnages que j'ai tous tant aimés suivre loin de moi un cours inconnu, et que la vie recommence.

17

« Là sont les secrets de votre cœur »

J'avais devant moi une éminence grise. L'un des critiques les plus importants et les plus influents de Paris, son autorité s'exerçait depuis des zones auxquelles le commun des mortels n'avait pas accès. Membre du jury Goncourt, dont il était le secrétaire général et deviendrait bientôt le président, conseiller tout-puissant d'une maison d'édition prestigieuse, mêlant des pouvoirs occultes à ses fonctions officielles, c'était l'incontournable grand manitou des Lettres. Pétri de cinquante ou soixante ans de lectures, ce myope qui me regardait au travers de ses épaisses lunettes à montures d'écaille portait sur les livres un regard au laser, d'une lucidité et d'une exigence que redoutaient tous les auteurs, illustres, confirmés ou débutants. Je n'étais déjà plus du nombre de cette dernière catégorie et m'avançais timidement vers celle du milieu : je venais de publier un livre sur Berthe Morisot, ma cinquième biographie.

Tout était gris chez cette éminence : sa barbe de père Noël et ses cheveux mi-longs, son chandail aux coudes usés, ses pantalons de velours. Il me recevait chez lui, en tenue d'intérieur, et s'en était excusé — il aimait l'élégance et jadis s'était appliqué à la mondanité. La maladie de Parkinson, qui finirait par le détruire, n'affectait encore ni son allure ni son langage. Mais une tristesse l'enveloppait, une mélancolie profonde et contagieuse : à son contact, je sentais mon cœur se serrer, tout comme l'horizon. Gris était son sourire et gris ses yeux, d'un bleu qui avait dû déteindre et prendre avec les années des reflets d'eau grise — titre de son tout premier roman, *L'Eau grise*. François Nourissier était déjà triste, à vingt ans.

Dans sa villa du XVIᵉ arrondissement, donnant sur une rue calme et fleurie, la solitude suintait des murs. C'est qu'elle habitait là, elle était même chez elle, la solitude, dans cette demeure d'écrivain, et lui, l'hôte des lieux, avait l'air d'être son invité, en même temps que moi, venue voler un moment de silence et d'intimité. Loin de me mettre à l'aise, ce qui n'était pas dans ses manières, il m'avait désarçonnée dès le début en me demandant, à peine assise, pourquoi je n'écrivais plus de romans. Et pourquoi je semblais préférer désormais l'exercice de la biographie ?

« Je le sens bien, vous n'écrirez plus de romans... »

La phrase m'avait atteinte, sinon blessée. Écrire une biographie, était-ce renoncer au roman ? Je ne savais que lui répondre. N'ayant jamais développé de théorie sur la littérature, encore moins sur ce que j'écrivais au jour le jour et à la petite semaine, comment me serais-je tout à coup fixé un but ou un programme ? Je n'en avais aucun. J'avais aimé écrire des romans — Nourissier avait rendu compte de deux d'entre eux. Mais depuis que j'avais pris goût à la biographie, et malgré les difficultés qu'elle suscite, je commençais de perdre le goût du roman et en prenais tout à coup conscience. Nourissier avait vu juste : le genre s'éloignait de moi et me menaçait d'un départ définitif. Je n'y avais pas réfléchi, je ne crois pas avoir eu le sentiment de vivre une crise intérieure, un tournant majeur, un moment décisif. J'écrivais ce que j'avais envie d'écrire, c'était à peu près toute ma philosophie et, honteuse de mes limites, comme une petite fille prise en faute, n'osais évidemment pas l'avouer. La question du grand expert, formulée avec une implacable clarté, a soulevé en moi une vague d'inquiétudes et tout autant d'incertitudes. Était-ce la vérité ? Le roman m'avait-il donc quittée ? Ou avais-je renoncé à lui ?

Je restais muette, décontenancée, vaguement triste comme après une rupture dont l'annonce vous surprend et dont vous ne mesurez pas encore l'ampleur des dégâts. Allais-je succomber à cet abandon ? En sortirais-je comme une victime, amputée, minorée d'un talent perdu et que je ne retrouverais pas ? Ou étais-je au contraire libérée malgré moi ? Marchant vers une autre vie, dans une autre compagnie que ce roman qui prenait l'allure chez Nourissier d'un personnage omnipotent ?

La tyrannie du roman était incontestable. Non seulement tout le monde en écrivait, mais le genre régnait en maître dans les librairies, les cercles de lecture, les différents médias. C'était un despote sans rival, comme pouvaient l'être la poésie au XIXᵉ siècle ou le théâtre au siècle d'or. Neuf sur dix des chroniques de François Nourissier portaient d'ailleurs sur lui. De nos jours, le romancier continue d'apparaître en habits de lumière. Il brille en solo, capte les regards et attise les vivats, les olas. Les grandes fêtes sont pour lui, les salons du livre lui sont consacrés, les lecteurs ne jurent que par lui et on lui donne tous les prix. Seul le romancier passe pour un écrivain. Le biographe écrit à l'ombre de sa gloire.

Ce qui n'est pas roman, dans la littérature, pâtit du contraste. Tout ce reste, en vrac, est rejeté dans une lumière de cave ou de sous-bois : essais et Mémoires, chroniques et témoignages, récits peinent à se faire voir, et les biographies sont du nombre, comme si une fine pellicule de poussière les recouvrait. Poussière associée aux archives, aux vieilles bibliothèques, aux tombereaux de documentation et à l'austérité d'un travail supposé accompagner ces cimetières du savoir et de la connaissance. Savoir et Connaissance, mots effrayants, fastidieux ou scolaires. Mots gris. Comment ne pas leur préférer le feu de l'imagination, le délire et l'amour, les aventures du romanesque qui règne avec le plus grand charme et dispose de tant d'atouts ? J'étais en train de verser du mauvais côté sinon dans le mauvais genre — du côté de l'eau grise et des cendres.

Il fallait que je trouve quelque chose à dire à François Nourissier... Du fond de mon malaise, j'extirpai une évidence : le roman et la biographie, pour moi c'était pareil. Puisque c'était raconter une vie.

Les yeux gris-bleu se firent malicieux.

« Savez-vous que j'ai failli écrire une biographie moi aussi ? Une biographie de Morny. »

Il ne l'avait pas fait. Il avait eu « des scrupules ». Je ne saurai jamais lesquels. Scrupules vis-à-vis des historiens, dont l'Empire est une chasse gardée ? Ou vis-à-vis des romanciers, qui l'auraient vu abandonner leur voie royale et pour ainsi dire déroger, descendre d'une marche ? À moins que ce ne fût vis-à-vis de ce personnage historique, qu'il aurait annexé comme un héros de fiction ou, pire, comme un autre lui-même ?

De fait les romans de Nourissier, la plupart tirés de sa propre vie, étaient des autobiographies déguisées. De l'autofiction, selon un vocable trompeur — il y a souvent plus d'auto que de fiction dans ces pseudo-romans, qui se réclament de la vérité plutôt que de l'imaginaire.

Et il y a paradoxalement souvent plus de rêve et d'imagination qu'on ne croit dans les vraies vies qu'on raconte. Certaines vies sont même si romanesques qu'elles passent les bornes de la crédibilité et qu'on serait gêné de les faire entrer dans un roman. Beaucoup de vies réelles sont un défi à la vraisemblance. Un exemple ? Le jeune Malraux s'en allant piller le temple de Banteay Srei à dos de mulet, après avoir commandé une panoplie d'explorateur et des outils de terrassier à la Samaritaine !

Entre le roman et la biographie, la frontière est imperceptible : certains romanciers n'inventent rien du tout en guise de fictions ; ils se contentent de raconter ce qu'ils connaissent. Et les biographes ont à affronter délires et hasards d'une destinée, que l'étude seule ne suffit pas à cerner, comprendre ou élucider. Il faut se projeter dans le temps, quand on écrit une biographie, et souvent dans un autre monde, abandonner comme un serpent sa peau pour tenter d'en revêtir une autre, changer parfois de sexe, de milieu, de famille et se réincarner, afin d'essayer — juste essayer — de mettre ses pas incertains dans les pas d'un individu qui vous est d'abord aussi étranger et aussi mystérieux qu'un assassin, ou son cadavre, chez Agatha Christie. Qui peut prétendre que l'imagination du biographe est au repos, ou qu'il n'a pas la même propension que le romancier à vivre d'autres vies que la sienne?

Je me disais tout cela à moi-même, à retardement et avec une flagrante absence d'à-propos, en sortant de chez Nourissier avec lequel j'avais préféré parler de ses livres, plutôt que des miens, et de sa vie, tout entière confinée aux lettres, qui l'avait amené à fréquenter les arcanes de la littérature — ses corridors et ses coulisses. Nous avions évoqué ensemble ses « campagnes » comme il les appelait, le Lubéron, les Vosges et l'Engadine, ainsi que sa passion des maisons qu'il achetait sur un coup de foudre, décorait à en devenir fou et quittait pour une autre dès qu'il était lassé, comme une femme désaimée pour une rivale plus jeune et plus tentante, afin de s'arracher à la mélancolie. De sa vie qui me parut plutôt routinière et oppressante, l'écrivain de *La Crève*, gardien de ses propres ruines, « déprimiste » revendiqué — définition qu'il aurait méritée bien avant Houellebecq —, m'avait livré de mornes bribes, des éclats sans éclat, où la blessure était chaque fois sensible. Il parlait d'une voix basse, presque un murmure, avec la maladresse, vraie ou imitée?, d'un vieil enfant qui tâche de se consoler de ses chagrins diffus en parlant à une visiteuse tardive et inespérée. Mais la question initiale de Nourissier me poursuivait. En rentrant chez moi, retraversant la Seine, je me la répétais encore et me livrais intérieurement à une pénible autocritique : pourquoi la biographie m'avait-elle arrachée au roman ?

Les biographies que j'aimais et qui étaient mes modèles, c'étaient les livres de Mauriac, de Maurois, de Zweig, de Troyat. Des récits vivants et généreux. Des portraits à l'encre sèche, incluant de belles analyses, mais privilégiant la synthèse de tous les éléments soigneusement rassemblés, dirigés, orchestrés, pour le plaisir de lire et la joie de partager. Avant tout des livres de romanciers, mais des romanciers capables de respecter une vérité qui n'était pas romancée. J'en aimais le style qu'on pouvait identifier, les phrases que j'avais envie de retenir, tout un enchantement du récit qui vous prend dans ses bras et vous entraîne.

L'Université ne considérait que les biographies dites à l'anglo-saxonne, sur le modèle venu d'Angleterre ou d'Amérique : des pavés de mille pages, pour les plus modestes, des sommes dont l'exhaustivité est le maître mot, la compilation des documents la règle et la psychologie jugée comme une hérésie. Biographies de professeurs ou d'érudits, proches par l'esprit et par la forme des thèses qui furent leur matrice, elles témoignent d'une science, apportent un trésor de détails méticuleusement répertoriés, répondent à une spécialité. Leur objectif, fondé sur une analyse critique des documents, est totalitariste. Obsession de tout enregistrer, de tout savoir, elles tiennent pour moi du gavage et m'évoquaient des punitions de fins de repas où il fallait à tout prix, dans mon enfance, finir son assiette. Cela ne m'avait pas empêchée de lire de bout en bout les deux tomes du *Proust* de George Painter, cette exploration d'un monde et d'un écrivain vertigineux.

De ceux qui étaient à mes yeux les maîtres de la biographie, l'Université avait le profond mépris de leur méthode. J'en étais désolée et meurtrie, mais ne changeais rien à mes lectures ni à mon attirance pour ce genre décrié. Le *Racine* de Mauriac, le *Balzac* de Stefan Zweig me laissaient des souvenirs plus vivants que mes cours sur les mêmes sujets à la Sorbonne. Les biographies de romanciers étaient colorées de la personnalité de leur auteur : elles reflétaient leur propre vision du monde, à travers celle des personnages étudiés. Au lieu que les historiens cherchaient une vérité objective, qui m'apparaissait sans racines, évidée de la sève, au profit d'une thèse toute intellectuelle, paradoxalement déconnectée de la vie qui aurait dû l'irriguer. Il faut se méfier de la prétendue vérité objective. Personnellement, je n'y crois pas. Il n'y a jamais d'objectivité dans un livre. Tout auteur, et qu'il soit historien ou romancier n'y change rien, est présent dans ce qu'il écrit. Ne serait-ce que par le choix du sujet ou l'adoption du point de vue. Voilà ce que j'aurais pu dire avec sincérité à François Nourissier, dans le désordre de mes émotions, si je n'avais été paralysée par sa question de prime abord sur ma rupture, ou possible rupture, avec le roman. J'avais à cœur de défendre l'art de la biographie — un art littéraire qui avait connu son apogée dans la première moitié du XXᵉ siècle et qui, tombé depuis en désuétude, sous les coups portés par d'austères détracteurs, avait perdu une grande part de sa lumière. Je m'en voulais de n'avoir pas su plaider sa cause devant le roi de la critique, le redoutable Raminagrobis devant lequel je n'étais qu'une toute petite souris, évidemment grise, et d'autant plus grise que je n'écrivais plus de romans.

Je n'invente rien dans mes biographies. Je ne m'interdis pas le romanesque, mais je le tire de la vie de mes personnages. Je m'attache à leur magie. Je ne comble pas les vides, qui sont inévitables pour le chercheur le plus appliqué et le plus aguerri. Je fuis les dialogues fictifs : quand les personnages parlent, ce sont des mots qu'ils ont prononcés ou écrits et dont j'ai retrouvé la trace. J'évite de me projeter dans les scènes d'amour qui n'ont pas eu lieu et que j'ai la tentation de rajouter, de même que d'autres épisodes de mon cru pour agrémenter de mornes passages d'une existence qui n'est pas toujours dans le rythme ou perd son tempo. J'ai souvent songé à dévier le cours de l'histoire, à la détourner de son flux. Je ne l'ai jamais fait. Cela n'en valait pas la peine : toute vie a sa part de mystère, et je ne prétends pas en posséder les clefs. Le mystère est même un des attraits d'une vie.

Mauriac a lui-même réfléchi à ce paradoxe, sur lequel se fonde l'écriture de la biographie : « Nous haïssons les vies romancées, et pourtant toute biographie est romancée et ne peut pas ne pas l'être. Quand j'essayais de pénétrer le secret de Racine, je sentais bien que je n'allais pas au-delà du seuil[1]. » La vérité, qui n'est pas l'exactitude, est-elle

---

1. François Mauriac, *Les Maisons fugitives*, Grasset, 1939.

au-delà de ce seuil, que le temps a éloigné de nous et l'oubli recouvert d'un linceul ? Le biographe se donne pour mission d'aller aussi loin que possible dans la découverte du personnage, dans son intimité profonde, cachée. Mais il demeure et demeurera toujours en deçà de l'inaccessible secret de chacun.

Les biographies d'écrivains savent considérer la part de la nuit et c'est pourquoi je les aime, tandis que les biographies romancées, qui dénaturent les deux genres en tâchant de les associer, y entrent de plain-pied, avec une grosse lampe torche, et n'éclairent que les murs vides de leurs propres romances. Il y a une différence d'éthique, plutôt que d'esthétique, entre le roman et la biographie : le roman cultive le mentir-vrai, y compris et peut-être plus encore dans l'autofiction. La biographie ne peut pas mentir. Elle repose tout entière sur le vrai ou tente de s'en approcher. Ce vrai, synonyme de réel ou d'authentique, selon les dictionnaires, est le diamant brut du genre, son trésor, son orgueil. Et jamais un Mauriac n'aurait romancé la vie de Racine, d'un seul dialogue ou d'un seul cheveu.

Un ami, excellent biographe, Ghislain de Diesbach, m'a raconté que, dans chacun de ses livres, tous admirablement documentés, il introduit un petit détail de son invention. Détail sans importance, qui ne va rien changer au cours du récit, mais qui est tout de même mensonger, une atteinte à la toute-puissante observance de la loi biographique. Qu'Anna de Noailles portait ce jour-là, par exemple, une robe bleue — alors qu'il n'en savait rien —, ou que la raquette de Marcel Proust lui était tombée des mains en découvrant le visage de Jeanne Pouquet — ce qu'il apprenait à l'instant où il l'écrivait — (et là c'est moi qui invente!), cela l'amusait de jouer à titre d'exception — d'exception unique — avec la règle d'or du vrai. Mais c'était surtout un piège pour les futurs biographes qui viendraient après lui raconter la même histoire, la ronde des sujets étant comme on le sait sans fin. Retrouvant sous leur plume ce détail qu'il avait lui-même inventé, il les prendrait en flagrant délit de plagiat! Il saurait par cet emprunt que ces confrères ou concurrents n'avaient pas eu recours aux sources, puisqu'ils avaient puisé dans ses propres pages le détail romanesque compromettant! Cette perversité m'avait stupéfiée. Je n'ai jamais suivi son exemple mais me méfie depuis des emprunts trop vite acquiescés.

« Le secret d'ennuyer est celui de tout dire », ironisait Voltaire. Le plus grand défi de la biographie devrait être d'effacer, plutôt que d'ajouter. C'est un art du choix et de l'élaguement, parmi la masse des documents qui menacent d'étouffer le récit. Un art de la coupe. Un art du moins, et non du plus. Le premier biographe vivant que je rencontrai, alors que je n'étais qu'une apprentie journaliste, est resté l'exemple de ce travail de synthèse et de concision. J'étais venue voir Jacques Benoist-Méchin chez lui, pour une interview, dans son appartement de l'avenue de Clichy où il avait vécu depuis son enfance. Condamné à mort à la Libération, puis gracié, il avait passé pas mal d'années en prison — un lieu, disait-il, formidable pour écrire! On y est au calme, sans les tentations de la mondanité, et on n'y perd pas son temps dans la conversation!

C'était un écrivain sulfureux, déjà dans son grand âge et qui allait bientôt mourir, et un biographe d'un très grand talent. L'auteur d'*Ibn Séoud*, de *Bonaparte en Égypte*, de *Frédéric de Hohenstaufen* et de tant d'autres biographies historiques, où le Rêve conduit les destinées, m'avait montré ses cahiers. Je le tenais pour un esprit clair, ce qu'il était, et son écriture des plus fluides me paraissait couler de source, d'un flux naturel et aisé. Sur ce dernier point, je me trompais : à mon grand étonnement, les cahiers étaient tous surchargés de ratures, pas une ligne n'échappait à la torture, l'encre rouge des corrections recouvrait presque entièrement l'encre bleu foncé du premier jet. En bref, ce style d'une fluidité sans pareille était le résultat d'efforts et de souffrances. « Vingt fois sur le métier remettez votre ouvrage, Polissez-le sans cesse et le repolissez », m'avait-il dit, citant Boileau. Et ceci encore : « Le seul souci qui importe est celui du lecteur, qui ne doit pas soupçonner l'ampleur de votre travail, ni souffrir avec vous. Il doit croire que c'est facile d'écrire, puisqu'il vous lit facilement. »

La biographie répondait-elle chez moi à une exigence de vérité ? À une volonté de me cantonner à la vraie vie, au détriment des vies imaginaires ? Ou n'était-elle pas plutôt la forme la plus extrême du roman, l'alliage du rêve et de la vérité dans une union parfaite ? Sans recours à l'invention, en respectant la vie telle qu'elle avait été, rien qu'en suivant les pistes diverses, improvisées, hasardeuses, d'une existence humaine, mais en ne se privant pas de puiser à tous ses sortilèges, elle était le genre absolu.

Voilà ce que je n'ai pas dit à François Nourissier et que

j'aurais dû lui dire, en toute sincérité. Quelques mois plus tard, il me remit un prix, dont il présidait le jury, pour *Berthe Morisot*. La cérémonie se déroulait à l'hôtel de ville de Nancy, lors du salon du Livre de la ville qui se tient tous les ans à l'automne. Une foule bruyante nous bousculait et sa voix feutrée, à peine audible malgré le micro, eut du mal à dominer le chahut. Je remarquai qu'il tremblait. Un petit papier à la main, contenant quelques notes, devait l'aider à prononcer son discours. Mais il n'y eut pas recours, il le froissait en parlant, comme un moine bouddhiste ses grains de chapelet. Il parlait doucement, dans sa barbe, les gens finirent par se taire pour pouvoir l'entendre. Berthe l'avait séduit, je crois qu'il était tombé amoureux d'elle. Il s'attarda sur sa peinture, qui l'enchantait. C'est la première fois que je surprenais chez ce critique sévère et pénétrant une once de faiblesse, une fragilité. Berthe aurait pu être une héroïne de roman, il ne l'aurait pas évoquée avec plus de tendresse ni de subtilité.

Je le remerciai, puis nous nous sommes dirigés, avec la foule et l'ensemble du jury, vers les coupes de champagne. Je lui demandai en chemin s'il voulait bien me donner son discours, ou ce qui en tenait lieu : le bout de papier froissé, fripé, roulé en boule dans sa main. Je fus surprise d'y découvrir un vrai et long discours, rédigé au mot près, d'une écriture minuscule et précise. Je pus le lire en rentrant à l'hôtel. Est-ce nécessaire d'ajouter que j'ai gardé le bout de papier ?

François Nourissier était malade, torturé par celle qu'il appelait Miss P. — sa maladie de Parkinson. Il aurait encore la force d'écrire un livre sur ses tourments. J'allai le voir une dernière fois chez lui où il me parut encore plus gris que d'habitude, encore plus déprimé. Les épaules voûtées, penché sur sa canne comme le vieillard qu'il n'était pas encore, il avait le regard voilé, sans lumière, d'un homme devenu indifférent au monde. Il semblait content de bavarder, me demandait des nouvelles d'auteurs perdus de vue. Il me montrait les livres éparpillés autour de lui, il en lisait encore. Il me demandait mon avis sur des nouveautés, je tâchais de le lui donner et, pour animer l'entretien, lui en racontais des pages, comme on raconte une histoire à un enfant pour l'apaiser. C'est alors que je vis ses yeux se réveiller, reprendre leur couleur bleue. Illusion de romancière ? Ou exact réflexe de biographe, prompte à enregistrer les moindres détails d'une scène ? François Nourissier allait mieux dès qu'on parlait de livres, tous genres confondus. Et mieux encore, quand une présence féminine apportait un bref répit à son âpre existence, rongée de cauchemars auxquels il donnait le nom d'une muse cruelle.

Juste avant que je ne parte, le vieil écrivain se pencha vers moi et me dit, de sa voix douce, exténuée, comme une confidence : « Dominique, la biographie..., c'est par là que vous nous livrez les secrets de votre cœur. »

Composition : PCA/CMB.
Achevé d'imprimer
sur Roto-Page
par l'Imprimerie Floch
à Mayenne, en mars 2019.
Dépôt légal : mars 2019.
1ᵉʳ dépôt légal : décembre 2018.
Numéro d'imprimeur : 94091.

ISBN 978-2-07-283072-3 / Imprimé en France.

356266